はじめに

　FPとは「**F**inancial（ファイナンシャル）・**P**lanning（プランニング）＝資金計画・立案」と「**F**inancial（ファイナンシャル）・**P**lanner（プランナー）」の2つを表す略称です。

　個人の夢や目標の達成に向けたライフプラン（＝人生設計）には、さまざまな「お金」の問題が発生します。そこで、個人のライフプランに合わせた資金計画の立案には、一つの分野に特化した知識だけでなく、「年金」「保険」「不動産」「金融資産」「税金」「相続」など、さまざまな種類の「お金」の知識が必要となります。
　「FP」は、これらの「お金」の知識を総合的に身に付けて、お客様のライフプランの実現に向けたアドバイスをする専門家です。

　人生100年時代を迎え「お金」の知識を身に付けることは、当然、ビジネスとして活用することができますが、同時に、本書を手に取られているみなさまの人生の羅針盤にもなります。学ぶことで「経済」が見える。「社会」が見える。「人生」が見える。そんな資格が「FP」なのです。

　本格的に「FP」を目指すみなさまのステップアップとなる資格が「2級ファイナンシャル・プランニング技能士（FP技能士）」です。
　3級FP技能士をFP資格の基礎編とするならば、2級FP技能士は応用編です。金融商品、保険商品や不動産などの販売員の多くが2級FP技能士資格を有していることから、その知識レベルの高さが想像できるでしょう。
　本書を執筆いたしました「資格の大原　FP講座の専任講師」は、これまで数多くの2級FP技能士の合格者を輩出しております。試験傾向はもちろん、受検生が苦手な論点などを熟知しておりますので、本書の中に「合格のノウハウ」が余すことなく集約されております。

　本書をご利用されるみなさまが必ず「2級FP技能士」の栄冠を勝ち取られることを、資格の大原　FP講座専任講師一同、心より祈念いたしております。

資格の大原　FP講座

本書の利用方法

本書は、NPO法人 日本ファイナンシャル・プランナーズ協会(以下、協会)と一般社団法人金融財政事情研究会(以下、金財)が実施する「2級FP技能検定」の過去の本試験問題の中から頻出度・重要度の高い問題を厳選した問題集です。

〈学科編〉

テキスト(別冊)と対応
『資格の大原公式FP2級AFP合格テキスト』と対応していますので、本書とともに利用できます。

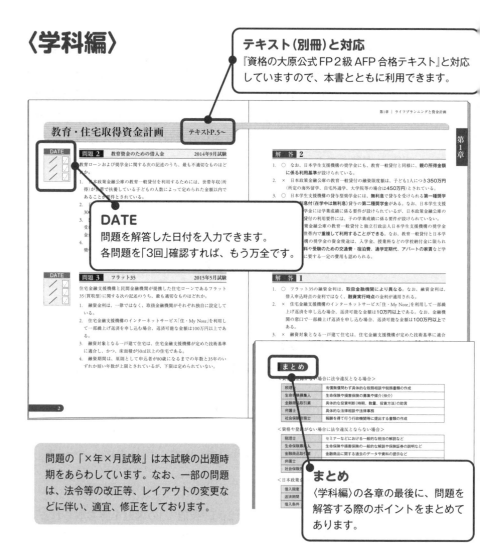

DATE
問題を解答した日付を入力できます。
各問題を「3回」確認すれば、もう万全です。

まとめ
〈学科編〉の各章の最後に、問題を解答する際のポイントをまとめてあります。

問題の「×年×月試験」は本試験の出題時期をあらわしています。なお、一部の問題は、法令等の改正等、レイアウトの変更などに伴い、適宜、修正をしております。

本書は、2024年4月1日現在の施行法令等により作成されています。

〈実技編〉

〈実技編〉
ファイナンシャル・プランニング技能検定・実技試験

2級 資産設計 提案業務
（日本ファイナンシャル・プランナーズ協会）

問　題

科目別
過去の本試験より厳選した問題を科目別に掲載しています。
受検予定の問題をしっかり確認しましょう。

【実技試験の試験範囲】

【資産設計提案業務】（協会：実施）
1. 関連業法との関係及び職業上の倫理を踏まえたファイナンシャル・プランニング
2. ファイナンシャル・プランニングのプロセス
3. 顧客のファイナンス状況の分析と評価
4. プランの検討・作成と提示

【個人資産相談業務】（金財：実施）
1. 関連業法との関係及び職業上の倫理を踏まえたファイナンシャル・プランニング
2. 個人顧客のニーズ及び問題点の把握
3. 問題の解決策の検討・分析
4. 顧客の立場に立った相談

【生保顧客資産相談業務】（金財：実施）
1. 関連業法との関係及び職業上の倫理を踏まえたファイナンシャル・プランニング
2. 生保顧客のニーズ及び問題点の把握
3. 問題の解決策の検討・分析
4. 顧客の立場に立った相談

【試験実施機関による比較】

	協　　会	金　　財※
出題科目	資産設計提案業務	個人資産相談業務 生保顧客資産相談業務 〔1つ選択〕
出題形式	記述式　筆記40問	記述式　筆記5題（15問）
試験時間	90分	90分
合格基準	100点満点で60点以上	50点満点で30点以上

※金財実施の出題科目には、上記の他に「個人事業主資産相談業務（1月、9月実施）」「損保顧客資産相談業務（5月実施）」がある。（本書では対応しておりません）

2級FP技能検定■合格スケジュール

次の日程を参考に各自の合格スケジュールを立てましょう！

学習内容	学習範囲		9月検定の モデルケース	1月検定の モデルケース	5月検定の モデルケース
テキスト※ を読む	第1章	ライフプランニングと資金計画	6月上旬	10月上旬	2月上旬
	第2章	リスク管理			
	第3章	金融資産運用			
問題集（本書） （学科）を解く	第1章	ライフプランニングと資金計画	7月上旬	11月上旬	3月上旬
	第2章	リスク管理			
	第3章	金融資産運用			
テキストを読む	第4章	タックスプランニング	7月中旬	11月中旬	3月中旬
	第5章	不動産			
	第6章	相続・事業承継			
問題集（学科）を 解く	第4章	タックスプランニング	8月中旬	12月中旬	4月中旬
	第5章	不動産			
	第6章	相続・事業承継			
問題集（実技）を 解く	受検予定の実技試験の問題		8月下旬	12月下旬	4月下旬
問題集の正解率80%を達成			9月上旬	1月上旬	5月上旬
最終確認や弱点補強など			本試験の直前1週間前		
2級FP技能検定　本試験			**9月上旬**	**1月下旬**	**5月下旬**

※テキストは別冊となります。
※本試験の日程は予定となります。
※2025年度以降はCBT試験に移行予定となります。

― 法令基準日 ―

　2級FP技能検定は、9月、1月、5月の年3回実施され、各試験の法令基準日は、次のとおりとなります。

本 試 験 日	2024.9月下旬	2025.1月下旬	2025.5月下旬
法令基準日	2024.4.1	2024.10.1	2024.10.1

目　次

〈学科編〉

〈実技編〉

一般社団法人金融財政事情研究会　ファイナンシャル・プランニング技能検定
2級実技試験（個人資産相談業務、生保顧客資産相談業務）
【許諾番号】1708K000002

第 **1** 章

ライフプランニングと資金計画

頻出項目ポイント

- 法令順守
- 公的医療保険
- 介護保険
- 雇用保険
- 国民年金の被保険者
- 老齢厚生年金
- 遺族厚生年金
- 公的年金の併給調整
- 国民年金基金
- 中小企業退職金共済および小規模企業共済

FPとライフプランニング

テキストP.3〜

DATE

問題 1 法令順守

2015年5月試験

ファイナンシャル・プランナーの顧客に対する行為に関する次の記述のうち、最も不適切なものはどれか。

1. 税理士資格を有しないファイナンシャル・プランナーが、税理士と顧問契約を結び、顧客の同意を得たうえで、顧客のファイナンシャル・プランニングに関する具体的な税額計算を当該税理士に依頼した。

2. 弁護士資格を有しないファイナンシャル・プランナーが、顧客の公正証書遺言の作成時に証人として立ち会い、顧客から適正な報酬を受け取った。

3. 社会保険労務士資格を有しないファイナンシャル・プランナーが、年金の相談に来た顧客からの求めに応じ、有償で公的年金の裁定請求手続きを代行した。

4. 司法書士資格を有しないファイナンシャル・プランナーが、ライフプランの相談に来た顧客からの求めに応じ、顧客の代理人(任意後見受任者)となることを引き受け、任意後見契約を締結した。

解 答 3

1. ○ 税理士資格を有しない者が、顧客の同意を得たうえで、顧客の具体的な税額計算を当該税理士に依頼することは、法令に違反しない。なお、税理士資格を有しない者が、顧客の具体的な税額計算を**自ら行う**場合は、**有償・無償にかかわらず**、法令違反となる。

2. ○ 遺言者の推定相続人などの利害関係者は公正証書遺言の証人になれないが、弁護士や司法書士**資格を有しなくても**公正証書遺言の証人にはなれる。

3. × 年金事務所などの行政官庁等に申請書類等を提出する手続きを代行することは、社会保険労務士の独占業務となっている。したがって、社会保険労務士資格を有しない者が、有償で公的年金の裁定請求手続きを代行する行為は、法令違反となる。なお、社会保険労務士資格がなくても、顧客の公的年金の**受給見込み額の計算**を行うことは、法令違反とならない。

4. ○ 任意後見制度に基づく任意後見受任者（任意後見人）には、弁護士や司法書士資格などを有しない個人でも就任することが可能である。したがって、司法書士資格を有しない者が、顧客からの求めに応じて代理人（任意後見受任者）となることを引き受け、**任意後見契約を締結**することは、法令違反とならない。

教育・住宅取得資金計画　テキストP.5〜

DATE

問題 2　教育資金のための借入金　　　2014年9月試験

教育ローンおよび奨学金に関する次の記述のうち、最も不適切なものはどれか。

1. 日本政策金融公庫の教育一般貸付を利用するためには、世帯年収(所得)が世帯で扶養している子どもの人数によって定められた金額以内であることが要件とされている。

2. 日本政策金融公庫の教育一般貸付の融資限度額は、子ども1人につき300万円とされている。

3. 独立行政法人日本学生支援機構の貸与型奨学金には、無利息で貸与を受けられる第一種奨学金と、利息付(在学中は無利息)貸与の第二種奨学金がある。

4. 日本政策金融公庫の教育一般貸付と独立行政法人日本学生支援機構の奨学金は、同一世帯内で重複して利用することができる。

DATE

問題 3　フラット35　　　　　　　2015年5月試験

住宅金融支援機構と民間金融機関が提携した住宅ローンであるフラット35(買取型)に関する次の記述のうち、最も適切なものはどれか。

1. 融資金利は、一律ではなく、取扱金融機関がそれぞれ独自に設定している。

2. 住宅金融支援機構のインターネットサービス「住・My Note」を利用して一部繰上げ返済を申し込む場合、返済可能な金額は100万円以上である。

3. 融資対象となる一戸建て住宅は、住宅金融支援機構が定めた技術基準に適合し、かつ、床面積が50㎡以上の住宅である。

4. 融資期間は、原則として申込者が80歳になるまでの年数と35年のいずれか短い年数が上限とされているが、下限は定められていない。

解　答 2

1. ○　なお、日本学生支援機構の奨学金にも、教育一般貸付と同様に、**親の所得金額に係る利用基準**が設けられている。

2. ×　日本政策金融公庫の教育一般貸付の融資限度額は、子ども1人につき**350万円**（所定の海外留学、自宅外通学、大学院等の場合は**450万円**）とされている。

3. ○　日本学生支援機構の貸与型奨学金には、**無利息で貸与を受けられる第一種奨学金**と、**利息付（在学中は無利息）貸与の第二種奨学金**がある。なお、日本学生支援機構の奨学金には学業成績に係る要件が設けられているが、日本政策金融公庫の教育一般貸付の利用要件には、子の学業成績に係る要件が設けられていない。

4. ○　日本政策金融公庫の教育一般貸付と独立行政法人日本学生支援機構の奨学金は、同一世帯内で**重複して利用することができる**。なお、教育一般貸付と日本学生支援機構の奨学金の資金使途は、入学金、授業料などの学校納付金に限られず、**受験料や受験のための交通費・宿泊費、通学定期代、アパートの家賃**など学生の居住に要する一定の費用も認められる。

解　答 1

1. ○　フラット35の融資金利は、**取扱金融機関により異なる**。なお、融資金利は、借入申込時点の金利ではなく、**融資実行時点**の金利が適用される。

2. ×　住宅金融支援機構のインターネットサービス「住・My Note」を利用して一部繰上げ返済を申し込む場合、返済可能な金額は**10万円以上**である。なお、金融機関の窓口で一部繰上げ返済を申し込む場合、返済可能な金額は**100万円以上**である。

3. ×　融資対象となる一戸建て住宅は、住宅金融支援機構が定めた技術基準に適合し、かつ、床面積が**70㎡以上**の住宅である（共同住宅の場合は、**30㎡以上**）。なお、住宅ローン控除の適用対象となる住宅は、一戸建て・共同住宅ともに**50㎡以上**であることが要件とされる。

4. ×　融資期間は、原則として**15年**（申込者または連帯債務者が60歳以上の場合は10年）**以上35年以下**となっており、上限も下限も定められている。

問題 4 住宅ローンの返済計画   **2014年5月試験**

一般的な全期間固定金利型住宅ローンの返済方式ならびに一部繰上げ返済に関する次の記述のうち、最も不適切なものはどれか。

1. 借入金額や返済期間等の他の条件が同一であれば、元利均等返済方式は、元金均等返済方式よりも、返済初回の元金部分の返済額が少ない。
2. 繰上げ返済は、繰上げ返済額が一定額であれば、返済期間短縮型、返済額軽減型ともに、繰上げ実行時期が早ければ早いほど利息の軽減効果が大きくなる。
3. 繰上げ返済額などの他の条件が同一であれば、返済額軽減型の繰上げ返済は返済期間短縮型の繰上げ返済よりも利息の軽減効果が大きい。
4. 民間金融機関の住宅ローンを繰上げ返済する場合、金融機関により最低返済額や必要となる手数料が異なるため、事前に確認する必要がある。

社会保険   テキストP.21〜

問題 5 健康保険・後期高齢者医療制度   **2011年9月試験**

公的医療保険に関する次の記述のうち、最も適切なものはどれか。

1. 健康保険の被保険者である子に生計を維持されている者は、子と同居していない場合、他の要件にかかわらず、その子の加入する健康保険の被扶養者になることはできない。
2. 全国健康保険協会管掌健康保険（協会けんぽ）の一般保険料率は、都道府県ごとに定められている。
3. 組合管掌健康保険（組合健保）の保険料の負担割合について、健康保険組合は規約により被保険者の負担割合を2分の1超とすることができる。
4. 健康保険の被保険者が後期高齢者医療制度の被保険者へ切り替わると、同時にその被扶養者は後期高齢者医療制度の被扶養者となる。

解答 3

1. ○ 借入金額や返済期間等の他の条件が同一であれば、**元利均等返済方式**は、元金均等返済方式よりも、**返済初回の元金部分の返済額が少ない**。よって、借入金額や返済期間等の他の条件が同一であれば、**元利均等返済方式**の方が、元金均等返済方式よりも、**利息の支払総額が多くなる**。

2. ○ 繰上返済は、繰上げ実行時期が**早ければ早いほど利息の軽減効果が大きくな**る。なお、返済期間短縮型は、毎月の返済額を変更せずに残りの返済期間を短くする方法であり、返済額軽減型は、返済期間を変更せずに毎月の返済額を減額する方法である。

3. × 繰上げ返済額などの他の条件が同一であれば、**返済期間短縮型**の繰上げ返済の方が返済額軽減型の繰上げ返済よりも**利息の軽減効果が大きい**。

4. ○ なお、フラット35の場合は、**繰上返済手数料は無料**である。

解答 2

1. × 健康保険の被保険者である子に生計を維持されている者(親)は、**子と同居していなくても**、収入など他の要件を充足すれば、その子の加入する健康保険の被扶養者になることができる。

2. ○ 協会けんぽの一般保険料率は、**都道府県ごとに定められており**、全国平均では約10%となっている。なお、保険料は事業主と被保険者が2分の1ずつ負担する。

3. × 組合管掌健康保険(組合健保)の保険料の負担割合について、健康保険組合は規約により**事業主の負担割合を2分の1超**とすることができる。

4. × 後期高齢者医療制度には**被扶養者という区分がない**。したがって、健康保険の被保険者が後期高齢者医療制度の被保険者へ切り替わった場合、健康保険の被扶養者であった者は、新たに国民健康保険に加入するか、他の者の被扶養者になる必要がある。

問題 6　健康保険（保険給付）　　　　2014年5月試験

健康保険の保険給付に関する次の記述のうち、最も適切なものはどれか。

1. 人間ドックによる検査や美容を目的とする隆鼻術や二重まぶたなどの手術は、健康保険で受けることのできる療養の給付の範囲に含まれる。
2. 入院時の食事代や差額ベッド代は、高額療養費の対象となる。
3. 被保険者が業務外の事由による負傷または疾病の療養のため仕事を連続して4日以上休み、報酬を受けられなかった場合は、4日目以降の労務に服することができない日に対して傷病手当金が一定期間支給される。
4. 被保険者が産科医療補償制度に加入する医療機関で出産した場合に支給される出産育児一時金の額は、1児につき45万円である。

問題 7　国民健康保険　　　　　　　2015年1月試験

国民健康保険に関する次の記述のうち、最も不適切なものはどれか。

1. 国民健康保険の被保険者の資格取得の届出は、資格を取得した日から14日以内に行うものとされている。
2. 国民健康保険の各年度における保険料（税）には、最高限度額が定められている。
3. 国民健康保険には被扶養者という区分はなく、加入者全員が被保険者となる。
4. 国民健康保険の医療費の一部負担金（自己負担額）の割合は、被保険者の年齢にかかわらず、一律3割とされている。

解　答 3

1.　×　**人間ドックによる検査**や**美容を目的**とする隆鼻術や二重まぶたなどの手術は、健康保険で受けることのできる療養の給付の範囲には含まれない。

2.　×　**入院時の食事代**や**差額ベッド代**は、高額療養費の対象とならない。

3.　○　傷病手当金は、業務外の事由による負傷または疾病の療養のために仕事を休んだ日が**連続して3日間**あったときに、**4日目以降**の休んだ日について支給される。したがって、被保険者が業務外の事由による負傷または疾病の療養のため仕事を連続して4日以上休み、報酬を受けられなかった場合は、4日目以降の労務に服することができない日に対して傷病手当金が支給される。なお、傷病手当金は**1年6ヵ月**を限度として支給される。

4.　×　被保険者が産科医療補償制度に加入する医療機関で出産した場合に支給される出産育児一時金の額は、1児につき**50万円**である。

解　答 4

1.　○　国民健康保険の被保険者の資格取得の届出は、資格を取得した日から**14日以内**に行うものとされている。なお、任意継続被保険者の加入申出期限は、健康保険の資格喪失日から**20日以内**である。

2.　○　国民健康保険の各年度における保険料（税）には、**最高限度額**が定められている。なお、国民健康保険の保険料は、所得割や均等割等により計算され、その保険料率は**市町村（特別区を含む）**により異なる。

3.　○　国民健康保険には被扶養者という区分はなく、**加入者全員が被保険者**となる。なお、国民健康保険では、被保険者の**業務上の疾病、負傷**についても、労働者災害補償保険の給付等がある場合を除き、保険給付の対象となる。

4.　×　国民健康保険の医療費の一部負担金（自己負担額）の割合は、原則として**3割**であるが、6歳未満は**2割**、70歳以上は**2割**（現役並み所得者は**3割**）となっている。

問題 8 健康保険の任意継続被保険者制度　　2015年5月試験

健康保険の任意継続被保険者に関する次の記述のうち、最も適切なものはどれか。

1. 任意継続被保険者となるためには、健康保険の被保険者資格を喪失した日の前日まで継続して6ヵ月以上の被保険者期間がなければならない。

2. 健康保険の被保険者が自己都合による退職により被保険者資格を喪失した場合には、他の要件を満たしていたとしても、任意継続被保険者となることはできない。

3. 健康保険の被保険者が退職後に任意継続被保険者となった場合、保険料については、任意継続被保険者と事業主であった者が折半して負担する。

4. 任意継続被保険者に所定の要件を満たす配偶者や子がいる場合、所定の手続きにより、それらの者を健康保険の被扶養者とすることができる。

問題 9 介護保険　　2020年1月試験

公的介護保険に関する次の記述のうち、最も不適切なものはどれか。

1. 公的介護保険の保険給付は、保険者から要介護状態または要支援状態にある旨の認定を受けた被保険者に対して行われるが、第1号被保険者については、要介護状態または要支援状態となった原因は問われない。

2. 公的介護保険の第2号被保険者のうち、前年の合計所得金額が220万円以上の者が介護サービスを利用した場合の自己負担割合は、原則として3割である。

3. 要介護認定を受けた被保険者の介護サービス計画(ケアプラン)は、一般に、被保険者の依頼に基づき、介護支援専門員(ケアマネジャー)が作成するが、所定の手続きにより、被保険者本人が作成することもできる。

4. 同一月内の介護サービス利用者負担額が、所得状況等に応じて定められている上限額を超えた場合、所定の手続きにより、その上限額を超えた額が高額介護サービス費として支給される。

解 答 4

1. ×　任意継続被保険者となるためには、健康保険の被保険者資格を喪失した日の前日まで**継続して2ヵ月以上の**被保険者期間がなければならない。

2. ×　離職事由は、任意継続被保険者となるための要件とはなっていない。

3. ×　健康保険の被保険者が退職後に任意継続被保険者となった場合、保険料については、任意継続被保険者が**全額負担**する。

4. ○　なお、任意継続被保険者として加入できる期間は最長で**2年間**である。

解 答 2

1. ○　なお、**第2号被保険者**(40歳以上65歳未満)については、**老化を原因**とした疾病による要介護状態または要支援状態となった場合に限定される。

2. ×　公的介護保険の**第2号被保険者**が介護サービスを利用した場合の自己負担割合は、**1割**である。なお、**第1号被保険者**の自己負担割合は、**1割**または所得水準の高さに応じて**2割**または**3割**となる。

3. ○　要介護認定を受けた被保険者の介護サービス計画(ケアプラン)は、一般に、被保険者の依頼に基づき、**介護支援専門員(ケアマネジャー)**が作成するが、所定の手続きにより、**被保険者本人**が作成することもできる。

4. ○　同一月内の介護サービス利用者負担額が、所得状況等に応じて定められている上限額を超えた場合、所定の手続きにより、その**上限額を超えた額**が高額介護サービス費として支給される。

問題10　労働者災害補償保険　2021年9月試験

労働者災害補償保険(以下「労災保険」という)に関する次の記述のうち、最も適切なものはどれか。

1.　労災保険の適用を受ける労働者には、雇用形態がアルバイトやパートタイマーである者は含まれない。

2.　業務上の負傷または疾病が治癒したときに身体に一定の障害が残り、その障害の程度が労働者災害補償保険法に規定する障害等級に該当する場合、障害補償給付が受けられる。

3.　労災保険の適用事業所の事業主は、その営む事業において使用する労働者数の多寡にかかわらず、労災保険の特別加入の対象となる。

4.　労災保険の保険料を計算する際に用いる保険料率は、適用事業所の事業の種類による差異はない。

問題11　雇用保険(基本手当)　2019年9月試験

雇用保険の基本手当に関する次の記述のうち、最も適切なものはどれか。

1.　基本手当は、原則として、離職の日以前2年間に雇用保険の一般被保険者であった期間が通算して6ヵ月以上あるときに受給することができる。

2.　基本手当の所定給付日数は、離職理由や被保険者期間、離職時の年齢等に応じて定められており、特定受給資格者等を除く一般の受給資格者は、被保険者期間が20年以上の場合、最長で180日である。

3.　基本手当の受給期間は、原則として、離職の日の翌日から起算して1年である。

4.　正当な理由がなく自己の都合により離職した者に対する基本手当は、待期期間満了後、原則として4ヵ月間の給付制限期間がある。

解 答 2

1. × 労災保険の適用事業所の労働者であれば、常用、日雇い、アルバイト、パートタイマーなどの**雇用形態や労働時間の長短を問わず**、労災保険の適用を受ける。

2. ○ なお、同一の事由により労働者災害補償保険の障害補償年金と障害厚生年金が支給される場合、**障害補償年金**は、所定の調整率により**減額**されて支給される。

3. × 労災保険の適用事業所の事業主は、その営む事業において使用する労働者数が金融業・保険業・不動産業・小売業は50人以下、卸売業・サービス業は100人以下、これら以外の業種は300人以下の場合に、労災保険の特別加入の対象となる。

4. × 労災保険の保険料を計算する際に用いる保険料率は、適用事業所の**事業の種類**によって異なる。

解 答 3

1. × 基本手当は、原則として、離職の日以前**2年間**に雇用保険の一般被保険者であった期間が通算して**12ヵ月以上**あるときに受給することができる。

2. × 基本手当の所定給付日数は、離職理由や被保険者期間、離職時の年齢等に応じて定められており、特定受給資格者等を除く一般の受給資格者は、被保険者期間が20年以上の場合、最長で**150日**である。

3. ○ なお、傷病等で30日以上働くことができなくなったときは、最長**3年間**の延長が認められる。

4. × 正当な理由がなく自己の都合により離職した者に対する基本手当は、待期期間満了後、最長3ヵ月間(5年間のうち2回目の離職までは**2ヵ月間**)の給付制限期間がある。

問題12 　雇用保険（高年齢雇用継続給付） 　　2018年5月試験

雇用保険の高年齢雇用継続給付に関する次の記述のうち、最も適切なものはどれか。

1. 高年齢雇用継続基本給付金の支給を受けるためには、原則として60歳到達時に雇用保険の一般被保険者であった期間が1年以上あることが必要である。

2. 高年齢雇用継続基本給付金の支給を受けるためには、一定の一般被保険者に対して支給対象月に支払われた賃金の額が、原則として60歳到達時の賃金月額の85％未満となっていることが必要である。

3. 老齢厚生年金と高年齢雇用継続基本給付金との間で調整が行われる場合、その調整による老齢厚生年金の支給停止額(月額)は、最高で受給権者の標準報酬月額の6％相当額である。

4. 高年齢再就職給付金を受給するためには、再就職した日の前日における基本手当の支給残日数が150日以上あること等の要件を満たすことが必要である。

公的年金制度の概要 　　　テキストP.45〜

問題13 　国民年金（被保険者） 　　　2015年5月試験

国民年金の被保険者に関する次の記述のうち、最も適切なものはどれか。

1. 第1号被保険者は、日本国内に住所を有する20歳以上65歳未満の者で、第2号被保険者および第3号被保険者のいずれにも該当しない者である。

2. 第2号被保険者は、厚生年金保険の被保険者で、20歳以上70歳未満の者である。

3. 第3号被保険者は、第2号被保険者の被扶養配偶者で、20歳以上60歳未満の者である。

4. 日本国内に住所を有する20歳未満の者は、厚生労働大臣に申し出ることにより任意加入被保険者となることができる。

解 答 **3**

1. ×　高年齢雇用継続基本給付金の支給を受けるためには、原則として60歳到達時に雇用保険の一般被保険者であった期間が**5年以上**あることが必要である。
2. ×　高年齢雇用継続基本給付金の支給を受けるためには、一定の一般被保険者に対して支給対象月に支払われた賃金の額が、原則として60歳到達時の賃金月額の**75%未満**となっていることが必要である。
3. ○　なお、この調整は在職老齢年金制度と合わせて調整される。
4. ×　高年齢再就職給付金を受給するためには、再就職した日の前日における基本手当の支給残日数が**100日以上**あること等の要件を満たすことが必要である。

解 答 **3**

1. ×　第1号被保険者は、日本国内に住所を有する**20歳以上60歳未満**の者で、第2号被保険者および第3号被保険者のいずれにも該当しない者である。
2. ×　第2号被保険者は、厚生年金保険の被保険者で、**65歳未満**の者である。
3. ○　第3号被保険者は、**第2号被保険者**の被扶養配偶者で、**20歳以上60歳未満の**者である。
4. ×　日本国内に住所を有する20歳未満の者は、任意加入被保険者の要件を満たさないため任意加入被保険者になることはできない。なお、国民年金の任意加入被保険者になることができるのは、**20歳以上65歳未満**の者で**日本国内に住所を有していない者**(日本国籍を有している者に限る)その他一定の要件を満たした者である。

問題14 国民年金（保険料） 2014年5月試験

国民年金に関する次の記述のうち、最も不適切なものはどれか。

1. 第1号被保険者で一定の大学等の学生は、年齢および本人の所得にかかわらず、学生納付特例の適用を受けることができる。

2. 学生を除く50歳未満の第1号被保険者は、本人および配偶者の前年の所得がそれぞれ一定金額以下の場合、同居の世帯主の所得にかかわらず、保険料納付猶予制度の対象となる。

3. 第1号被保険者が納付すべき保険料について、その者の配偶者やその者が属する世帯の世帯主は、当該保険料を被保険者本人と連帯して納付する義務を負う。

4. 保険料免除期間に係る保険料のうち、追納することができる保険料は、追納に係る厚生労働大臣の承認を受けた日の属する月前10年以内の期間のものとされている。

問題15 厚生年金保険 2015年1月試験

厚生年金保険に関する次の記述のうち、最も不適切なものはどれか。

1. 産前産後休業期間中の被保険者に係る厚生年金保険の保険料は、事業主の申出により被保険者負担分の納付が免除されるが、事業主負担分については免除されない。

2. 厚生年金保険法に定める業種であって、常時5人以上の従業員を使用している個人事業所は、厚生年金保険の強制適用事業所となる。

3. 老齢厚生年金の繰上げ支給を請求するときは、その請求と同時に老齢基礎年金の繰上げ支給の請求もしなければならない。

4. 老齢厚生年金の繰下げ支給の増額率は、繰り下げた月数に0.7％を乗じて得た率（最大84％）となる。

解答 1

1. ×　第1号被保険者で一定の大学等の学生は、同居の世帯主の所得にかかわらず、**本人**の所得が一定金額以下であれば、学生納付特例の適用を受けることができる。

2. ○　学生を除く50歳未満の第1号被保険者は、**本人および配偶者**の前年の所得がそれぞれ一定金額以下の場合、同居の世帯主の所得にかかわらず、保険料納付猶予制度の対象となる。なお、学生納付特例および保険料納付猶予制度に係る保険料の**追納がない場合**、老齢基礎年金の**受給資格期間には算入される**が、老齢基礎年金の**年金額には反映されない**。

3. ○　なお、学生納付特例および保険料納付猶予制度以外の保険料免除期間において保険料の追納がない場合、老齢基礎年金の年金額の計算上、所定の期間が反映される。

4. ○　保険料免除期間に係る保険料のうち、追納することができる保険料は、追納に係る厚生労働大臣の承認を受けた日の属する月前**10年以内**の期間のものとされている。

解答 1

1. ×　産前産後休業期間中や育児休業期間中の被保険者に係る厚生年金保険の保険料は、事業主の申出により**被保険者負担分**および**事業主負担分**が免除される。

2. ○　なお、**法人の事業所**は、使用している**従業員の数を問わず**、厚生年金保険の強制適用事業所となる。

3. ○　老齢厚生年金の**繰上げ支給**を請求するときは、その請求と**同時に**老齢基礎年金の**繰上げ支給**の請求もしなければならない。なお、老齢厚生年金および老齢基礎年金の繰上げ支給を請求した場合、老齢厚生年金および老齢基礎年金ともに繰上げ月数1月当たり**0.4%**（2022年4月1日前に60歳に到達していた人は0.5%）の割合で減額される。

4. ○　老齢厚生年金の**繰下げ支給**の増額率は、繰り下げた月数に**0.7%**を乗じて得た率（**最大84%**）となる。老齢厚生年金の**繰下げ支給**の申出を行う場合、老齢基礎年金の**繰下げ支給**の申出と同様、その申出は66歳到達日以降に**それぞれ別々に行う**ことができる。

老後の生活資金設計と公的年金　テキストP.51〜

問題16　老齢基礎年金(受給開始年齢の繰上げ・繰下げ)　2013年5月試験

老齢基礎年金の繰上げ支給および繰下げ支給に関する次の記述のうち、最も不適切なものはどれか。

1.　59歳の人が60歳到達時に老齢基礎年金の繰上げ支給の請求をした場合、老齢基礎年金の額は繰上げ月数1月当たり0.4%の割合で減額される。
2.　老齢基礎年金の繰上げ支給の請求後は、その請求の取消しまたは受給開始年齢の変更をすることはできない。
3.　65歳到達時に老齢基礎年金の受給権を有する者が、老齢基礎年金の繰下げ支給の申出をする場合、その申出は66歳到達日以降に行うことができる。
4.　付加年金を受給できる者が老齢基礎年金の繰下げ支給の申出をした場合、付加年金は、支給開始は繰り下がるが、繰下げによる増額はない。

問題17　老齢厚生年金　2013年9月試験

老齢厚生年金に関する次の記述のうち、最も不適切なものはどれか。

1.　65歳からの老齢厚生年金が支給されるためには、老齢基礎年金の受給資格期間を満たし、厚生年金保険の被保険者期間が1ヵ月以上あることが必要である。
2.　老齢厚生年金に加給年金額が加算されるためには、老齢厚生年金の受給権者本人の厚生年金保険の被保険者期間が20年以上あることが必要である。
3.　老齢厚生年金の支給繰下げの申出をする場合、その申出は老齢基礎年金の支給繰下げの申出と同時に行わなければならない。
4.　特別支給の老齢厚生年金は、定額部分に続き報酬比例部分も段階的に支給開始年齢が引き上げられ、最終的には廃止されることになっている。

解答 4

1. ○ なお、老齢基礎年金の繰上げ支給の請求は**60歳**到達月から行うことができ、この場合、減額率は24%（**0.4%**×60ヵ月）となる。

2. ○ 老齢基礎年金の繰上げの請求書が受理された後は、請求の取消しや受給開始年齢の変更をすることができず、**減額された額が一生続く**ことになる。

3. ○ 65歳到達時に老齢基礎年金の受給権を有する者が、老齢基礎年金の**繰下げ支給**の申出をする場合、その申出は**66歳**到達日以降に行うことができる。なお、老齢基礎年金の**繰下げ支給**の請求をした場合、老齢基礎年金の額は繰下げ月数1月当たり**0.7%**の割合で増額される。

4. × 付加年金を受給できる者が老齢基礎年金の**繰下げ支給**の申出をした場合、付加年金の支給開始も繰り下がるが、老齢基礎年金の増額割合と**同じ割合で増額**される。なお、**繰上げ支給**の場合にも、老齢基礎年金の減額割合と**同じ割合で減額**されることになる。

解答 3

1. ○ **65歳からの老齢厚生年金**が支給されるためには、老齢基礎年金の受給資格期間を満たし、厚生年金保険の被保険者期間が**1ヵ月以上**あることが必要である。なお、**特別支給の老齢厚生年金**を受給するためには、老齢基礎年金の受給資格期間を満たし、厚生年金保険の被保険者期間が**1年以上**あることが必要である。

2. ○ 受給権者本人の厚生年金保険の被保険者期間が**20年以上**ある場合に、所定の要件を満たせば、特別支給の老齢厚生年金の定額部分の支給開始年齢到達時または65歳以降の老齢厚生年金の受給権を取得したときから加給年金額が加算される。

3. × 老齢厚生年金の支給繰下げの申出と老齢基礎年金の支給繰下げの申出は**別々に**行うことができる。

4. ○ 特別支給の老齢厚生年金は、**1961（昭和36）**年4月2日以後生まれの**男性**および**1966（昭和41）**年4月2日以後生まれの**女性**には支給されない。

公的年金における障害給付　テキストP.65〜

問題18　公的年金における障害給付1　　　　2014年9月試験

障害基礎年金および障害厚生年金に関する次の記述のうち、最も適切なものはどれか。

1.　障害基礎年金および障害厚生年金における障害認定日とは、障害の原因となった傷病の初診日から起算して1年を経過した日とされる。
2.　国民年金の被保険者でない20歳未満の期間に初診日のある傷病に係る障害については、20歳以後の障害の状態にかかわらず、障害基礎年金は支給されない。
3.　障害等級1級に該当する者に支給される障害基礎年金の額は、障害等級2級に該当する者に支給される障害基礎年金の額の100分の150相当額である。
4.　障害等級1級または2級に該当する者が所定の要件を満たす配偶者を有する場合、その者に支給される障害厚生年金には、加給年金額が加算される。

問題19　公的年金における障害給付2　　　　2021年9月試験

公的年金制度の障害給付に関する次の記述のうち、最も適切なものはどれか。

1.　障害厚生年金の額を計算する際に、その計算の基礎となる被保険者期間の月数が300月に満たない場合、300月として計算する。
2.　国民年金の被保険者ではない20歳未満の期間に初診日および障害認定日があり、20歳に達した日において障害等級1級または2級に該当する程度の障害の状態にある者に対しては、その者の前年の所得の額にかかわらず、障害基礎年金が支給される。
3.　障害基礎年金の受給権者が、所定の要件を満たす配偶者を有する場合、その受給権者に支給される障害基礎年金には、配偶者に係る加算額が加算される。
4.　障害手当金の支給を受けようとする者が、同一の傷病により労働者災害補償保険の障害補償給付の支給を受ける場合、障害手当金と障害補償給付の支給を同時に受けることができる。

解 答 4

1. ×　障害基礎年金および障害厚生年金における障害認定日とは、障害の原因となった傷病の初診日から起算して**1年6ヵ月**を経過した日（その期間内に傷病が治った場合は、その治った日）とされる。

2. ×　国民年金の被保険者でない**20歳未満**の期間に初診日のある傷病に係る障害については、原則として**20歳**に達した日に障害基礎年金の受給権が発生する。

3. ×　障害等級1級に該当する者に支給される障害基礎年金の額は、障害等級2級に該当する者に支給される障害基礎年金の額の**100分の125**相当額である。

4. ○　障害等級1級または2級に該当する者が所定の要件を満たす配偶者を有する場合、その者に支給される障害厚生年金には、**配偶者の加給年金額**が加算される。なお、障害等級1級または2級に該当する者が所定の要件を満たす子を有する場合、その者に支給される障害基礎年金には、**子の加算額**が加算される。

解 答 1

1. ○　障害厚生年金の額を計算する際に、その計算の基礎となる被保険者期間の月数が**300月**に満たない場合、**300月**として計算する。

2. ×　障害認定日が**20歳前**であるときは、**20歳**に達した時に障害基礎年金の受給権が発生するが、前年の所得が一定額を超えると、障害基礎年金の**全額または2分の1**が支給停止となる。

3. ×　障害基礎年金の受給権者が、所定の要件を満たす子を有する場合、その受給権者に支給される障害基礎年金には、**子の加算額**が加算される。

4. ×　同一の傷病により労働者災害補償保険の障害補償給付の支給を受ける場合、**障害手当金は支給されない**。

問題20 公的年金における遺族給付　2015年1月試験

公的年金の遺族給付に関する次の記述のうち、最も適切なものはどれか。

1. 遺族基礎年金を受給することができる遺族は、国民年金の被保険者等の死亡の当時、その者によって生計を維持され、かつ、所定の要件を満たす妻および子に限られる。

2. 厚生年金保険の被保険者が死亡し、その者によって生計を維持されていた30歳未満の妻が遺族厚生年金の受給権のみを取得した場合、その妻に対する遺族厚生年金の支給期間は、最長で10年間となる。

3. 寡婦年金と死亡一時金は、受給要件をいずれも満たしている場合は、併給される。

4. 寡婦年金の受給権者が老齢基礎年金の繰上げ支給の請求をした場合、寡婦年金の受給権は消滅する。

解答 4

1.　×　遺族基礎年金を受給することができる遺族は、国民年金の被保険者等の死亡の当時、その者によって生計を維持され、かつ、**子**（18歳に到達する年度の末日までの間にあり、かつ、現に婚姻していない者など）**のある配偶者**および**子**に限られる。

2.　×　厚生年金保険の被保険者が死亡し、その者によって生計を維持されていた**30歳未満の妻**が遺族厚生年金の受給権のみを取得した場合、その妻に対する遺族厚生年金の支給期間は、最長で**5年間**となる。

3.　×　寡婦年金と死亡一時金のいずれの受給要件も満たしている妻は、**いずれか一方の支給を選択**する。なお、寡婦年金は、受給要件を満たした妻に、妻が**60歳**に達した日の属する月の翌月から**65歳**に達する日の属する月までの間、支給される。

4.　○　寡婦年金の受給権者が老齢基礎年金の繰上げ支給の請求をした場合、寡婦年金（遺族年金）と老齢基礎年金（老齢年金）は事由の異なる年金となるため、**寡婦年金の受給権は消滅**する。

DATE	
/ /	☑
/ /	☑
/ /	☑

問題21 遺族厚生年金　　　　　　　　　　2015年5月試験

遺族厚生年金に関する次の記述のうち、最も適切なものはどれか。

1. 遺族厚生年金を受けられる遺族は、厚生年金保険の被保険者または被保険者であった者の死亡の当時、その者によって生計を維持されていた配偶者および子に限られる。
2. 遺族厚生年金の年金額は、死亡した者の厚生年金保険の被保険者期間を基礎として計算した老齢厚生年金の報酬比例部分の額の3分の2相当額である。
3. 厚生年金保険の被保険者である夫が死亡し、子のない35歳の妻に支給される遺族厚生年金には、中高齢寡婦加算額が加算される。
4. 遺族厚生年金の受給権者が特別支給の老齢厚生年金の受給権を取得した場合、その者は65歳に達するまではいずれか一方の年金を選択して受給することになる。

公的年金制度の共通事項　　テキストP.77〜

問題22 年金の併給調整　　　　　　　　　　2015年9月試験

公的年金の併給調整に関する次の記述のうち、最も不適切なものはどれか。

1. 遺族厚生年金を受給している者が、65歳以降に老齢基礎年金の受給権を取得した場合、遺族厚生年金と老齢基礎年金は併給される。
2. 障害基礎年金を受給している者が、65歳以降に老齢厚生年金の受給権を取得した場合、障害基礎年金と老齢厚生年金は併給される。
3. 障害厚生年金を受給している者が、65歳以降に老齢基礎年金の受給権を取得した場合、障害厚生年金と老齢基礎年金は併給される。
4. 特別支給の老齢厚生年金は、その受給権者が雇用保険の基本手当を受給している期間、原則として、支給停止となる。

解 答 4

1. × 遺族厚生年金を受けられる遺族は、厚生年金保険の被保険者または被保険者で
あった者の死亡の当時、その者によって生計を維持されていた**配偶者、子、父
母、孫**または**祖父母**である。

2. × 遺族厚生年金の年金額は、死亡した者の厚生年金保険の被保険者期間を基礎と
して計算した老齢厚生年金の報酬比例部分の額の**4分の3**相当額である。

3. × 中高年齢寡婦加算額は、遺族基礎年金の要件に該当する子がいない場合、厚生
年金保険の被保険者である夫の死亡時に**40歳以上**である妻の遺族厚生年金に加
算される。したがって、夫死亡時に35歳である子のない妻には、中高齢寡婦加算
額は加算されない。

4. ○ 遺族年金と老齢年金など異なる事由の受給権を有する場合、**65歳**に達するま
では、いずれか一方の年金を**選択して受給**することになる。よって、遺族厚生年
金の受給権者が特別支給の老齢厚生年金の受給権を取得した場合、その者は65歳
に達するまではいずれか一方の年金を選択して受給することになる。なお、65歳
以上で異なる事由の受給権を有する場合、組み合わせによっては併給できる場合
がある。

解 答 3

1. ○ 老齢基礎年金を受給している者が、**65歳**以降に遺族厚生年金の受給権を取得
した場合も、**老齢基礎年金**と**遺族厚生年金**は併給される。

2. ○ なお、障害基礎年金を受給している者が、**65歳**以降に遺族厚生年金の受給権
を取得した場合も、**障害基礎年金**と**遺族厚生年金**は併給される。

3. × 障害厚生年金と老齢基礎年金は併給されない。

4. ○ なお、厚生年金保険の被保険者が特別支給の老齢厚生年金と雇用保険の高年齢
雇用継続給付を受給する場合、特別支給の老齢厚生年金は、在職老齢年金の仕組
みによる支給調整に加え、高年齢雇用継続給付との調整も行われる。

問題23　確定拠出年金　　　　　　　　　2020年1月試験

確定拠出年金の個人型年金に関する次の記述のうち、最も適切なものはどれか。

1.　個人型年金は、いずれの運営管理機関であっても口座管理手数料や運用できる金融商品は同一である。

2.　個人型年金の加入者期間が10年以上ある者が、老齢給付金の支給を受けることができるのは、原則として、65歳からである。

3.　個人型年金の加入者が国民年金の第3号被保険者である場合、原則として、掛金の拠出限度額は年額240,000円である。

4.　個人型年金の加入者が国民年金の第1号被保険者である場合、原則として、掛金の拠出限度額は年額816,000円である。

問題24　中小企業退職金共済・小規模企業共済　2013年9月試験

中小企業退職金共済および小規模企業共済に関する次の記述のうち、最も適切なものはどれか。

1.　中小企業退職金共済に新たに加入する事業主は、加入後4ヵ月目から1年間にわたり、国から掛金月額の全額の助成を受けることができる。

2.　中小企業退職金共済の掛金は、事業主と従業員が折半して負担する。

3.　加入者が小規模企業共済から一括で受け取った共済金は、退職所得として所得税（および復興特別所得税）・住民税の課税対象となる。

4.　小規模企業共済に加入することができるのは、常時使用する従業員が20人以下（商業・サービス業は5人以下）の小規模企業の従業員、個人事業主等である。

解 答 4

1. ×　個人型年金は、運営管理機関により、口座管理手数料や運用できる金融商品が異なる。

2. ×　個人型年金の加入者期間が**10年以上**ある者が、老齢給付金の支給を受けることができるのは、原則として、**60歳**からである。なお、通算加入者期間が10年未満の場合、受給年齢が順次繰り下げられるが、遅くても65歳から受給することができる。

3. ×　個人型年金の加入者が国民年金の第3号被保険者である場合、原則として、掛金の拠出限度額は**年額276,000円**である。

4. ○　個人型年金の加入者が国民年金の第1号被保険者である場合、原則として、掛金の拠出限度額は**年額816,000円**である。

解 答 3

1. ×　中小企業退職金共済に新たに加入する事業主は、加入後**4ヵ月目**から**1年間**にわたり、国から掛金月額の一部（**2分の1**）の助成を受けることができる。

2. ×　中小企業退職金共済の掛金は、**事業主**が全額負担する。

3. ○　なお、共済金の受取方法には、「一括受取り」、「分割受取り」、「一括受取り・分割受取りの併用」がある。

4. ×　小規模企業共済に加入することができるのは、常時使用する従業員が20人以下（商業・サービス業は5人以下）の小規模企業の**個人事業主等**である。よって、従業員は加入できない。

問題25　国民年金基金　　　　　2015年9月試験

国民年金基金に関する次の記述のうち、最も不適切なものはどれか。

1.　国民年金基金の加入員は、所定の事由に該当した場合を除き脱退することはできない。

2.　国民年金基金の加入員が支払う掛金は、社会保険料控除として所得控除の対象となる。

3.　国民年金基金の老齢年金の基本年金額は、積立金の運用状況によって変動する。

4.　国民年金基金の加入員は、国民年金の付加保険料を納めることができない。

中小法人の資金計画　　　　テキストP.99〜

問題26　中小企業の資金調達　　　　2021年5月試験

中小企業による金融機関からの資金調達に関する次の記述のうち、最も不適切なものはどれか。

1.　手形貸付は、借入れについての内容や条件等を記載した金銭消費貸借契約証書によって資金を調達する方法である。

2.　インパクトローンは、米ドル等の外貨によって資金を調達する方法であり、その資金使途は限定されていない。

3.　ABL（動産・債権担保融資）は、企業が保有する売掛債権等の債権や在庫・機械設備等の動産を担保として資金を調達する方法である。

4.　信用保証協会保証付融資（マル保融資）の対象となる企業には、業種に応じた資本金または常時使用する従業員数の要件がある。

解答 3

1. ○ 国民年金基金の加入員は、厚生年金保険の被保険者になるなどの所定の事由に該当したときに加入員の資格を喪失するが、自己の都合で任意に脱退することはできない。なお、国民年金基金には、国民年金の第1号被保険者のほか、日本国内に住所を有する**60歳以上65歳未満**の国民年金の**任意加入被保険者**も加入することができる。

2. ○ なお、掛金の上限は、確定拠出年金の個人型の掛金と国民年金基金の掛金との合計で**月額68,000円**となっている。

3. × 国民年金基金の老齢年金の基本年金額は、加入者が加入する口数などによって**加入時に確定**しており、積立金の運用状況によって変動するものではない。

4. ○ なお、国民年金基金の加入は口数制となっており、1口目は**終身年金**、2口目以降は**終身年金または確定年金から選択**することになる。

解答 1

1. × 手形貸付とは、銀行などの金融機関に対して約束手形を振り出し、短期資金の融資を受ける方法である。

2. ○

3. ○

4. ○

決算書の分析

テキストP.101〜

DATE

問題27 財務比率　　2015年9月試験

下記<A社の貸借対照表>に基づき算出されるA社の財務比率に関する次の記述のうち、最も不適切なものはどれか。

<A社の貸借対照表>　　（単位：百万円）

項　目	金　額	項　目	金　額
（資産の部）		（負債の部）	
流動資産		流動負債	
現金及び預金	100	流動負債合計	200
売掛金	100	固定負債	
製品及び商品	200	固定負債合計	300
流動資産合計	400	負債合計	500
固定資産		（純資産の部）	
固定資産合計	600	株式資本	
		資本金	100
		利益剰余金	400
		株主資本合計	500
		純資産合計	500
資産合計	1,000	負債・純資産合計	1,000

1. 当座比率は、「$\frac{100+100}{200} \times 100 = 100\%$」である。

2. 流動比率は、「$\frac{400}{200} \times 100 = 200\%$」である。

3. 固定比率は、「$\frac{600}{1,000} \times 100 = 60\%$」である。

4. 自己資本比率は、「$\frac{500}{1,000} \times 100 = 50\%$」である。

解 答 3

A社の貸借対照表に基づき計算する各財務比率は、次のとおり計算する。

1. ○ 当座比率 $= \dfrac{\text{当座資産（現金及び預金＋売掛金）}}{\text{流動負債}} \times 100 = \dfrac{100 + 100}{200} \times 100 = 100\%$

2. ○ 流動比率 $= \dfrac{\text{流動資産}}{\text{流動負債}} \times 100 = \dfrac{400}{200} \times 100 = 200\%$

3. × 固定比率 $= \dfrac{\text{固定資産}}{\text{自己資本（株主資本）}} \times 100 = \dfrac{600}{500} \times 100 = 120\%$

4. ○ 自己資本比率 $= \dfrac{\text{自己資本（株主資本）}}{\text{総資本（総資産）}} \times 100 = \dfrac{500}{1,000} \times 100 = 50\%$

問題28 決算書 2018年5月試験

決算書に関する次の記述のうち、最も適切なものはどれか。

1. 貸借対照表の資産の部の合計額と負債の部の合計額は、必ず一致する。

2. 貸借対照表の純資産の部の合計額は、マイナスになることはない。

3. 損益計算書の営業利益の額は、売上総利益の額から販売費及び一般管理費の合計額を差し引いて算出する。

4. 損益計算書の税引前当期純利益の額は、経常利益の額に営業外損益の額を加減算して算出する。

クレジットカードに関する基礎知識 テキストP.105〜

問題29 クレジットカード 2015年9月試験

クレジットカードに関する次の記述のうち、最も不適切なものはどれか。

1. クレジットカードは、クレジットカード会員の所有物であるため、自己の責任において第三者に自由に貸与することができる。

2. リボルビング払方式(元利定額方式)は、一般に、毎月の支払金額が一定となるが、所定の計算方式で算出される利息額が毎月の支払金額に含まれている。

3. クレジットカードの裏面の署名欄に署名(サイン)がない場合、カードの盗難や紛失等によって不正使用されたときには、その損害額が補償されないことがある。

4. クレジットカード会員は、所定の手続きにより、カード会社が加盟する信用情報機関によって登録されている自己の信用情報を確認することができる。

解 答 3

1. ×　貸借対照表の**資産の部**の合計額と、**負債の部**および**純資産の部**の合計額は、必ず一致する。

2. ×　貸借対照表の**純資産の部**の合計額は、**負債の部**が**資産の部**の合計額よりも多い場合(債務超過の場合)は、マイナスになることがある。

3. ○　損益計算書の**営業利益**の額は、**売上総利益**の額(売上高の額から売上原価の額を差し引いた額)から**販売費及び一般管理費**の合計額を差し引いて算出する。

4. ×　損益計算書の**税引前当期純利益**の額は、**経常利益**の額に**特別利益**および**特別損失**の額を加減算して算出する。なお、**営業利益**の額に**営業外損益**の額を加減算して算出した金額を**経常利益**という。

解 答 1

1. ×　クレジットカードは、クレジットカード会社から**貸与されたもの**であり、クレジットカード会員の所有物ではない。したがって、第三者(親族も含む)に自由に貸与することはできない。

2. ○　リボルビング払方式(元利定額方式)は、クレジットカードでの買い物が増えた場合でも**毎月の支払金額が一定**となる支払方式である。結果的にクレジットカード会社からお金を借りて商品を購入することと同じになるため、住宅ローンのように所定の計算方式で算出される利息額が毎月の支払金額に含まれている。

3. ○　クレジットカードの盗難や紛失等によって不正使用されたときには、カード利用規約に定める期間(一般的にはカード会社が不正利用の届出を受領した日の**60日前**)の被害に限り、損害額が補償される。しかし、裏面の署名欄に署名(サイン)がない場合や暗証番号をカードの裏面に記載しているなど、クレジットカードの利用者に過失やカード利用規約違反がある場合は、全額が補償されないことがある。

4. ○　なお、カード会社が加盟する信用情報機関は、一般的にカード利用規約に記載されている。

まとめ

<資格や登録がない場合に法令違反となる場合>

税理士	有償無償問わず具体的な税務相談や税務書類の作成
生命保険募集人	生命保険や損害保険の募集や媒介(仲介)
金融商品取引業	具体的な投資判断(時期、数量、投資方法)の助言
弁護士	具体的な法律相談や法律事務
社会保険労務士	報酬を得て行う行政機関等に提出する書類の作成

<資格や登録がない場合に法令違反とならない場合>

税理士	セミナーなどにおける一般的な税法の解説など
生命保険募集人	生命保険や損害保険の一般的な解説や保険証券の説明など
金融商品取引業	金融商品に関する過去のデータや資料の提示など
弁護士	民法など法律の一般的な解説など
社会保険労務士	将来支払われる年金額の計算など

<日本政策金融公庫の教育一般貸付>

借入限度	350万円(所定の海外留学、自宅外通学、大学院等の場合は450万円)
返済期間	18年以内
借入条件	世帯年収(所得)が子どもの人数によって定められた金額以内であること

<日本学生支援機構の貸与型奨学金>

	返済義務	利息の有無		家計支持者の年収・所得の上限額の有無
		在学中	卒業後	
第一種奨学金	あり	なし	なし	あり
第二種奨学金	あり	なし	あり	あり

<フラット35>

融資限度額	8,000万円
繰上返済手数料	無料
金利	固定金利(金融機関により異なる) 融資実行時点の金利が適用

<元利均等返済方式と元金均等返済方式の比較>

	元利均等返済方式	元金均等返済方式
毎回の返済額	同じ	減少
返済総額※	多い	少ない

※ 金利・返済回数・借入期間などの条件が同じ場合

＜繰上げ返済（元利均等返済の場合）のイメージ図＞

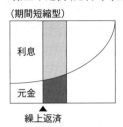

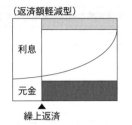

＜医療保険の給付＞

高額療養費	・1ヵ月（1日～月末）の自己負担額が一定の自己負担限度額を超えた場合、保険者に請求することによってその超えた金額が高額療養費として払い戻される ・先進医療は保険が適用されない診療のため、高額療養費の対象とならない
傷病手当金	・病気やけがなどで働けず連続して勤めを3日以上休んでいる場合に、4日目から通算して1年6ヵ月を限度として支給される
出産育児一時金	・被保険者または被扶養者が出産の場合、1児につき原則として50万円が支給される

＜医療保険の一部負担＞

健康保険・国民健康保険			後期高齢者医療制度
	6歳　　　　　70歳　　　　　75歳		
2割	3割	2割	1割（または2割）
		現役並み所得者は3割	

＜公的介護保険の被保険者と負担割合等＞

	第1号被保険者	第2号被保険者
年　　齢	65歳以上	40歳以上65歳未満
負担割合	1割 （一定以上の所得者は2割または3割）	1割
要介護または要支援の原因	問わない	特定疾病に限る

＜任意継続被保険者＞

要　　件	継続して2ヵ月以上、健康保険の被保険者期間であること
手　　続	資格喪失日から20日以内
保 険 料	全額自己負担
継続期間	2年

＜労災保険の給付＞

療養（補償）給付	・業務上の災害による傷病で受診したときの自己負担額はなく、労災病院や労災指定病院で必要な治療が治るまで受けられる
休業（補償）給付	・病気やケガの療養のため通算して4日以上会社を休み賃金が支給されない場合、休業4日目から給付基礎日額の60%が支給される
障害（補償）給付	・病気やケガが治癒したときの障害の程度が、労災保険法の障害等級に該当する場合に支給される
遺族（補償）給付	・支給額は受給権者と生計を同じくする受給権者の人数によって異なる

＜雇用保険の各種給付の受給要件＞

基 本 手 当	離職の日以前2年間に被保険者期間が通算して12ヵ月以上あること
高年齢雇用継続給付	60歳到達時点に比べて、賃金額が75%未満に低下したこと 算定基礎期間に相当する期間が5年以上あること
育 児 休 業 給 付 金	1歳未満（一定の場合には2歳未満）の子を養育するために育児休業をしたこと

＜国民年金の強制加入被保険者＞

第1号	日本国内に住所を有する20歳以上60歳未満の人であって、国民年金の第2号被保険者および第3号被保険者のいずれにも該当しない者
第2号	65歳未満の厚生年金の被保険者
第3号	第2号被保険者によって生計を維持している配偶者で20歳以上60歳未満の人

＜老齢基礎年金＞

受給要件	保険料納付済期間と保険料免除期間の合計が10年以上あること
繰上請求	繰上げ月数に応じて、1ヵ月当たり0.4%減額 ※2022年4月1日前に60歳に到達していた人の減額率は、1ヵ月当たり0.5%
繰下請求	繰下げ月数に応じて、1ヵ月当たり0.7%増額

＜特別支給の老齢厚生年金と老齢厚生年金の受給要件＞

特別支給の老齢厚生年金 （60歳以上65歳未満）	老齢厚生年金（65歳以上）
老齢基礎年金の受給資格期間（10年）を満たすこと	
厚生年金保険の被保険者期間1年以上	厚生年金保険の被保険者期間1ヵ月以上

<在職老齢年金>

在職老齢年金の仕組み	・総報酬月額相当額と基本月額の合計額が50万円以下の場合は、全額支給され、50万円超の場合は老齢厚生年金の一部または全額が支給停止となる
支給停止額	（総報酬月額相当額＋基本月額－50万円）×1/2

<障害基礎年金>

対象者	・障害認定日に、障害等級1級または2級の障害の状態にあること ・障害認定日とは、初診日から起算して1年6ヵ月を経過した日（その期間内に治ったときはその日）をいう	
年金額	1級障害	1,020,000円（＝2級の1.25倍）＋子の加算額
	2級障害	816,000円（基本年金額）＋子の加算額　※2024年度価格

<障害厚生年金>

対象者	・障害認定日に、障害等級1級～3級の障害の状態にあること	
年金額	1級障害	報酬比例の年金額×1.25＋配偶者加給年金額
	2級障害	報酬比例の年金額　　　　　＋配偶者加給年金額
	3級障害	報酬比例の年金額（最低保障額612,000円）　※2024年度価格

<遺族基礎年金>

遺族の範囲	①一定の要件を満たす子と生計を同じくしている配偶者（子のある配偶者） ②一定の要件を満たす子

<遺族厚生年金>

遺族の範囲	①妻、または一定の要件を満たす子 ②孫 ③被保険者の死亡当時55歳以上の夫、父母、祖父母（支給開始は60歳から）
年金額	・遺族厚生年金は、原則として報酬比例部分の年金額の4分の3相当額である

<年金の併給調整>

老齢基礎年金と遺族厚生年金の併給	・遺族厚生年金を受けている人が老齢基礎年金を受けられるようになったときや、65歳以降に遺族厚生年金を受ける場合は、65歳からの老齢基礎年金と遺族厚生年金を併給できる
障害基礎年金と老齢厚生年金・遺族厚生年金の併給	・障害を有しながら働いてきたことが年金制度上評価される仕組みとして、65歳以上の人は障害基礎年金と老齢厚生年金が併給できる ・65歳以上の人は障害基礎年金と遺族厚生年金の併給も可能

＜中小企業退職金共済制度＞

拠出時	・掛け金は全額事業主が負担 ・新規加入の事業主には、国の助成として、掛金の2分の1（上限5,000円）が加入後4ヵ月目から1年間補助され、掛金を増額する事業主には、増額分の3分の1が増額月から1年間補助される

＜国民年金基金と小規模企業共済＞

	国民年金基金	小規模企業共済
加入資格	・国民年金の第1号被保険者 ・65歳未満の国民年金の任意加入被保険者 ・国民年金の保険料を免除されている場合や滞納している場合は加入できない ・国民年金基金と付加年金は同時に加入することはできない	・従業員20人（商業とサービス業では5人）以下の個人事業主および会社役員など

第 2 章

リスク管理

頻出項目ポイント

- 保険契約者保護機構

- 各種死亡保険

- 個人年金保険

- 第三分野の保険

- 自動車に関する保険

- 傷害保険

- 損害保険を活用した家計のリスク管理

- 生命保険料控除

- 生命保険の課税関係

- 生命保険料の経理処理

保険制度全般　テキストP.109〜

問題 1　保険契約者保護機構　　2015年5月試験

わが国における保険契約者保護機構による補償に関する次の記述のうち、最も適切なものはどれか。

1.　生命保険の高予定利率契約は、生命保険契約者保護機構により保険会社破綻時の責任準備金等の90％までが補償される。

2.　国内銀行の窓口で契約した生命保険契約は、生命保険契約者保護機構による補償の対象とならず、預金保険制度による保護の対象となる。

3.　地震保険契約は、保険会社破綻後6ヵ月以内に保険事故が発生した場合に限り、損害保険契約者保護機構により支払われるべき保険金の全額が補償される。

4.　任意加入の自動車保険契約は、保険会社破綻から3ヵ月を経過した後に保険事故が発生した場合、損害保険契約者保護機構により保険会社破綻時の責任準備金等の80％までが補償される。

生命保険商品の種類と内容　テキストP.125〜

問題 2　保障重視の保険1　　2019年5月試験

死亡保障を目的とする生命保険の一般的な商品性に関する次の記述のうち、最も適切なものはどれか。なお、特約については考慮しないものとする。

1.　逓減定期保険は、保険期間の経過に伴い所定の割合で保険料が逓減するが、保険金額は一定である。

2.　特定疾病保障定期保険は、被保険者がガン、急性心筋梗塞、脳卒中以外で死亡した場合には、死亡保険金は支払われない。

3.　終身保険の保険料は、被保険者の年齢、死亡保険金額、保険料払込期間など契約内容が同一の場合、一般に、被保険者が女性である方が男性であるよりも高くなる。

4.　変額保険（終身型）は、一般に、契約時に定めた保険金額（基本保険金額）が保証されている。

解 答 4

1. ×　高予定利率契約を除く生命保険契約は、生命保険契約者保護機構により保険会社破綻時の**責任準備金等の90%**までが補償されるが、高予定利率契約は、一定率が控除されるため90%を下回る補償になる。

2. ×　銀行は単なる保険の代理店（窓口）になっているだけであり、生命保険契約そのものは生命保険会社の商品であるため、**国内銀行の窓口で契約**した生命保険契約は、生命保険契約者保護機構による**補償の対象**となる。

3. ×　地震保険契約および自動車損害賠償責任保険契約は、保険会社破綻後の経過期間にかかわらず、保険事故が発生した場合は、支払われるべき保険金の**全額**が補償される。

4. ○　任意加入の自動車保険契約は、破綻後**3ヵ月以内**に発生した保険事故に係る補償割合は**100%**であるが、**3ヵ月を超えて発生**した保険事故に係る補償割合は**80%**になる。

解 答 4

1. ×　逓減定期保険は、保険期間の経過に伴い所定の割合で保険金が逓減するが、**保険料は一定**である。

2. ×　特定疾病保障定期保険は定期保険であるため、被保険者が**ガン、急性心筋梗塞、脳卒中**以外で死亡した場合にも、死亡保険金は支払われる。

3. ×　終身保険の保険料は、被保険者の年齢、死亡保険金額、保険料払込期間など契約内容が同一の場合、平均寿命が短い男性の方が女性よりも先に死亡保険金を支払うことになるため、一般に、被保険者が**男性である方が女性であるよりも高く**なる。

4. ○　なお、変額保険（終身型）の**解約返戻金**については、契約時に定めた保険金額（基本保険金額）は保証されない。

問題 3　保障重視の保険2　　　　　2018年1月試験

生命保険の一般的な商品性に関する次の記述のうち、最も不適切なものは
どれか。なお、記載のない特約については考慮しないものとする。

1.　無選択型終身保険は、加入に当たって健康状態について告知や医師の
　　診査を必要としないが、保険料については、支払保険料以外の契約条件
　　が同じで告知や診査を必要とする終身保険と比べて割高となる。

2.　低解約返戻金型終身保険は、保険料払込期間満了後に解約をした場合
　　の解約返戻金の額については、支払保険料以外の契約条件が同じで低解
　　約返戻金型ではない終身保険と同程度である。

3.　定期保険特約付終身保険（更新型）は、定期保険特約部分の更新の際に
　　は健康状態についての告知や医師の診査が必要であり、健康状態によっ
　　ては更新できない。

4.　収入保障保険は、死亡保険金が年金形式で支払われるが、一括支払い
　　の請求をして年金現価を一時金で受け取ることもできる。

問題 4　個人年金保険1　　　　　　　2014年1月試験

個人年金保険の一般的な商品性に関する次の記述のうち、最も適切なもの
はどれか。

1.　定額個人年金保険は、年金受取開始日前に被保険者が死亡した場合、
　　死亡時の解約返戻金相当額の死亡給付金を受け取ることができる。

2.　保証期間付終身年金は、年金受取開始後の保証期間中については被保
　　険者の生死に関係なく年金を受け取ることができ、その後も被保険者が
　　生存していれば年金を受け取ることができる。

3.　確定年金は、年金支払期間中に被保険者が生存している場合に限り、
　　年金を受け取ることができる。

4.　終身年金の保険料は、被保険者が同年齢で、基本年金額や保険料払込
　　期間、年金受取開始年齢など契約内容が同一の場合、男性の方が女性よ
　　りも高くなる。

解 答 3

1. ○　無選択型終身保険は、加入に当たって健康状態について告知や医師の診査を必要としないため、保険事故が発生する**リスクが高くなる**。したがって、支払保険料以外の契約条件が同じで告知や診査を必要とする終身保険と比べて、**保険料は割高**となる。

2. ○　なお、保険料払込期間満了前に解約をした場合の**解約返戻金**の額は、支払保険料以外の契約条件が同じで**低解約返戻金型ではない終身保険**と比較して**低く**なっている。

3. ×　定期保険特約付終身保険（**更新型**）は、定期保険特約部分の更新の際には健康状態についての告知や医師の診査が不要であり、保険契約者が更新の拒否をしない限り**自動的に更新**される。

4. ○　なお、**一時金**で受け取る金額は、**年金**で受け取る場合の総額よりも**少なくな**る。

解 答 2

1. ×　定額個人年金保険では、年金受取開始日前に被保険者が死亡した場合に支払われる死亡給付金の金額は、**既払込保険料**相当額となっている。

2. ○　なお、保証期間中に被保険者（＝年金受取人）が死亡した場合、残りの保証期間に対応する年金または一時金が**遺族**に支払われる。

3. ×　確定年金は、年金支払期間中であれば、被保険者の**生死にかかわらず**、年金を受け取ることができる（年金支払期間中に被保険者が死亡した場合には、残りの期間に対応する年金または一時金が遺族に支払われる）。なお、年金支払期間中に被保険者が**生存している場合に限り**、年金を受け取ることができるのは、**有期年金**である。

4. ×　終身年金について、被保険者が同年齢で、基本年金額や保険料払込期間、年金受取開始年齢など契約内容が同一の場合、女性よりも平均寿命が短い男性の方が、年金をもらえる期間が短い可能性が高いため、保険料は**男性の方が女性よりも低く**なる。

問題 5 個人年金保険2 　　　　　　2021年9月試験

個人年金保険の一般的な商品性に関する次の記述のうち、最も適切なものはどれか。

1.　確定年金は、10年、15年などの契約時に定めた年金支払期間中に被保険者が死亡した場合、その時点で契約が消滅して年金支払いは終了する。

2.　外貨建て個人年金保険は、円換算支払特約を付加することで、為替変動があっても、円貨で受け取る年金受取総額が既払込保険料総額を下回ることはない。

3.　変額個人年金保険は、特別勘定による運用実績によって、将来受け取る年金額や解約返戻金額が変動する。

4.　夫婦年金は、夫婦が共に生存している場合に年金を受け取ることができ、夫婦のいずれか一方が死亡した場合、その時点で契約が消滅して年金支払いは終了する。

問題 6 こども(学資)保険・総合福祉団体定期保険　2013年9月試験

こども(学資)保険と総合福祉団体定期保険の一般的な商品性に関する次の記述のうち、最も適切なものはどれか。

1.　こども(学資)保険は、契約者が保険期間内に死亡し、以後の保険料の払込みが免除されても、被保険者である子が所定の時期に生存していれば、祝金や満期祝金は支払われる。

2.　こども(学資)保険では、被保険者となる子の年齢に応じて支給される祝金や満期祝金は、子の教育費用に充当しなければならない。

3.　総合福祉団体定期保険は、役員・従業員の死亡退職だけでなく、定年退職した場合の退職金の準備としても活用できる。

4.　総合福祉団体定期保険は、ヒューマン・ヴァリュー特約を付加することによって、被保険者が不慮の事故により身体に傷害を受けた場合の治療費や入院費が保障される。

解 答 3

1. ×　確定年金は、10年、15年などの契約時に定めた年金支払期間中に被保険者が死亡した場合、年金契約終了日まで**遺族**に対して年金または一時金が支払われる。

2. ×　外貨建て個人年金保険における円換算支払特約は、保険会社が予め定めた換算基準日における為替レートで円に換算した金額を支払うものであるため、為替相場が**円高水準**で推移している場合には、円貨で受け取る年金受取総額が既払込保険料総額を下回ることがある。

3. ○　なお、変額個人年金保険は、特別勘定による運用実績によって、将来受け取る年金額や解約返戻金額が変動するが、**死亡給付金**については基本保険金額が**最低保証**されている。

4. ×　夫婦年金は、夫婦の**いずれか一方が生きている限り**、年金が支払われる。ただし、年金額が3割程度減額される場合がある。

解 答 1

1. ○　こども（学資）保険は、契約者が保険期間内に死亡または所定の高度障害状態に該当すれば、以後の保険料の**払込みが免除**されるが、被保険者である子が所定の時期に生存していれば、**祝金や満期祝金は支払われる**。

2. ×　こども（学資）保険の祝金や満期祝金の**使途は自由**であり、特に制限はない。

3. ×　総合福祉団体定期保険は、**1年更新**の定期保険であり、解約返戻金も満期保険金もないため、定年退職金の準備として活用することはできない。

4. ×　総合福祉団体定期保険の主契約は、被保険者（従業員）が死亡または高度障害に該当した場合に、その遺族等に死亡保険金等が支払われるが、**ヒューマン・ヴァリュー特約**は、被保険者（従業員）が死亡または高度障害に該当した場合に、**契約者（企業）**に死亡保険金等が支払われる。

問題 7　団体信用生命保険　　　　　　　2015年1月試験

住宅ローンを利用する際に加入する団体信用生命保険に関する次の記述の
うち、最も適切なものはどれか。なお、特約は考慮しないものとする。

1. 団体信用生命保険は、契約者を債権者である金融機関等とし、被保険
   者および保険金受取人を債務者である住宅ローン利用者とする生命保険
   である。
2. 団体信用生命保険の保険料は、被保険者の契約時の年齢および性別と
   債務残高に応じて算出される。
3. 住宅ローン利用者が負担する団体信用生命保険の保険料は、住宅ロー
   ン利用者の生命保険料控除の対象となる。
4. 被保険者の死亡に基因して団体信用生命保険から支払われる保険金
   は、被保険者の相続に係る相続税額の計算上、相続税の課税価格に算入
   されない。

損害保険商品の種類と内容　テキストP.151〜

問題 8　火災保険　　　　　　　　　　　2014年9月試験

住宅建物と収容家財を補償の対象とする火災保険に関する次の記述のう
ち、最も適切なものはどれか。

1. 契約者の失火により住宅建物と収容家財が焼失した場合、失火が重大
   な過失に該当したとしても、火災保険の保険金支払いの対象となる。
2. 竜巻により住宅建物に損害を被った場合、火災保険の保険金支払いの
   対象とならない。
3. 落雷により収容家財に損害を被った場合、火災保険の保険金支払いの
   対象とならない。
4. 火災により住宅敷地内に駐車していた自動車に損害を被った場合、そ
   の損害については補償の対象とならない。

解　答 4

1. ×　団体信用生命保険は、**契約者**および**保険金受取人**を債権者である金融機関等とし、**被保険者**を債務者である住宅ローン利用者とする生命保険であり、住宅ローンの利用者が死亡・高度障害状態になったとき、ローン残高が保険金として債権者に支払われる。なお、ガンや急性心筋梗塞等の特定疾病に罹患した場合に保険金が支払われる特約が付加されたものもある。

2. ×　団体信用生命保険の保険料は、**債務残高**に応じて算出され、被保険者の契約時の年齢や性別は保険料の算定には影響されない。

3. ×　住宅ローン利用者が負担する団体信用生命保険の保険料は、**保険金受取人**を債権者である金融機関等としているため、住宅ローン利用者の生命保険料控除の対象とならない。

4. ○　団体信用生命保険から支払われる死亡保険金は、住宅ローンの債権者である**金融機関等が受取人**となっているため、相続税の課税価格に算入されない。

解　答 4

1. ×　契約者の失火により住宅建物と収容家財が焼失した場合、失火が**故意または重大な過失**に該当したときは、火災保険の保険金支払いの対象とならない。

2. ×　**竜巻**により住宅建物や収容家財に損害を被った場合、火災保険の保険金支払いの対象となる。

3. ×　**落雷**により住宅建物や収容家財に損害を被った場合、火災保険の保険金支払いの対象となる。

4. ○　家財を保険の対象として契約した場合でも、住宅敷地内に置いてある**自動車**は火災保険の補償の対象とならない。なお、自動車保険(任意保険)の**車両保険**に加入していた場合は、火災により自動車に損害を被ったときは、保険金支払いの対象となる。

| 問題 9 | 地震保険 | 2014年1月試験 |

地震保険に関する次の記述のうち、最も適切なものはどれか。

1. 地震保険の保険料は、保険の対象となる建物の構造および用途で算出され、建物の所在地による違いはない。

2. 地震保険の保険料には、建築年割引、耐震等級割引、免震建築物割引、耐震診断割引の4種類の割引制度があるが、これらは重複して適用を受けることができない。

3. 地震保険の保険金額は、主契約である火災保険の保険金額の30％から50％の範囲内で設定し、その限度額は建物が1,000万円、家財(生活用動産)が500万円である。

4. 地震保険では、地震による津波を原因とする建物の損壊等の損害については補償の対象とならない。

| 問題 10 | 自賠責保険(強制保険) | 2014年5月試験 |

自動車損害賠償責任保険(以下「自賠責保険」という)および任意加入の自動車保険に関する次の記述のうち、最も適切なものはどれか。

1. 自賠責保険の支払限度額は、被害者1名につき、死亡による損害については3,000万円、傷害による損害については120万円である。

2. 二輪自動車および原動機付自転車については、自賠責保険の加入は強制ではなく任意である。

3. 自動車保険の対物賠償保険では、契約できる保険金額の上限が2億円とされている。

4. 自動車保険の対人賠償保険は、運転免許失効中の者が運転中に自動車事故で他人を死傷させた場合、保険金支払いの対象とならない。

解答 2

1. ×　地震保険の保険料は、保険の対象となる建物の**構造**および**用途**で算出され、建物の**所在地**(地震発生確率の高い地域か否か)により異なる。なお、これらの要素が同じであれば、どの保険会社と契約しても保険料は同じである。

2. ○　地震保険の保険料には、建物の免震・耐震性能に応じた**4種類**の割引制度(10%〜**50%**)があるが、重複する場合には、最も高い割引率の割引制度を選択して適用する。

3. ×　地震保険の保険金額は、主契約である火災保険の保険金額の**30%**から**50%**の範囲内で設定し、その限度額は建物が**5,000万円**、家財(生活用動産)が**1,000万円**である。なお、地震保険は、火災保険等に付帯して契約する必要があり、単独では契約することはできない。

4. ×　地震保険では、**地震・噴火**またはこれらにより発生した**津波**を原因とする建物の損壊等の損害について、補償の対象となる。

解答 1

1. ○　自賠責保険の支払限度額は、**被害者1名**につき、死亡による損害については**3,000万円**、傷害による損害については**120万円**である。なお、自賠責保険の対象となる事故は**対人賠償事故**であり、**対物賠償事故**は対象とならない。

2. ×　**二輪自動車**や**原動機付自転車**も四輪自動車と同様に、自賠責保険に加入していなければ運行することができない。

3. ×　自動車保険の**対人賠償保険**や**対物賠償保険**の保険金額には**上限は定められておらず**、無制限で契約することもできる。

4. ×　自動車保険の対人賠償保険は、**運転免許失効中**の者や**酒気帯び運転**の者が運転中に自動車事故で他人を死傷させた場合でも、被害者救済の観点から**保険金支払いの対象**となる。

問題 11　自動車保険（任意保険）　　2021年9月試験

任意加入の自動車保険の一般的な商品性に関する次の記述のうち、最も適切なものはどれか。なお、記載のない特約は考慮しないものとする。

1.　被保険者が被保険自動車を運転中に、ハンドル操作を誤って路上にいる自分の子にケガを負わせた場合、対人賠償保険の補償の対象となる。
2.　被保険者が被保険自動車を運転中に、交差点で接触事故を起こしてケガを負った場合、被った損害額から自分の過失相当分を差し引いた金額が人身傷害（補償）保険の補償の対象となる。
3.　海岸沿いの駐車場に止めていた被保険自動車が、高潮により損害を被った場合、一般車両保険の補償の対象となる。
4.　自動車保険に運転者本人・配偶者限定特約を付帯した場合、被保険者の配偶者が運転している間に起こした事故により被った損害は、当該配偶者が被保険者と同居していることを条件として補償の対象となる。

問題 12　傷害保険1　　2014年5月試験

傷害保険の一般的な商品性に関する次の記述のうち、最も適切なものはどれか。

1.　普通傷害保険では、日本国外で発生した事故による傷害は補償の対象とならない。
2.　家族傷害保険において補償の対象となる被保険者の範囲は、傷害の原因となった事故発生時ではなく、当該保険契約の締結時における記名被保険者本人との続柄により判定される。
3.　海外旅行傷害保険では、国外で地震や噴火によってケガをした場合には、補償されない。
4.　国内旅行傷害保険では、国内旅行中にかかった細菌性食中毒も補償の対象となる。

解　答 3

1.　×　被保険者が被保険自動車を運転中に、ハンドル操作を誤って路上にいる**自分の子**にケガを負わせた場合、**対人賠償保険の補償の対象とならない**。なお、**自動車損害賠償責任保険（自賠責保険）**では、被保険者が被保険自動車の運転中の事故により**自分の子**にケガをさせた場合は、**補償の対象となる**。

2.　×　人身傷害補償保険では、被保険者が被保険自動車の運転中の事故により死傷した場合、被保険者の**過失部分を含めた損害**について補償の対象となる。

3.　○　なお、一般車両保険は、**衝突、接触、火災、爆発、盗難、台風、高潮**等その他偶然な事故によって自分の自動車に生じた損害（**地震、噴火、津波**による損害は除く）に対して保険金が支払われる。

4.　×　自動車保険に運転者本人・配偶者限定特約を付帯した場合、被保険者の配偶者が運転している間に起こした事故により被った損害は、当該配偶者が記名被保険者の配偶者であれば、被保険者と**別居であっても補償の対象となる**。

解　答 4

1.　×　普通傷害保険では、日本国内だけでなく、**日本国外**で発生した事故による傷害も補償の対象となる。

2.　×　家族傷害保険において補償の対象となる被保険者の範囲は、当該保険契約の締結時ではなく、傷害の原因となった**事故発生時**における記名被保険者本人との続柄により判定される。

3.　×　**海外旅行傷害保険**では、**地震**もしくは**噴火**またはこれらによる**津波**によってケガをした場合には**補償の対象となる**。なお、**国内旅行傷害保険・普通傷害保険**では、地震もしくは噴火またはこれらによる津波によってケガをした場合には、特約を付さない限り、**補償の対象とならない**。

4.　○　**国内旅行傷害保険・海外旅行傷害保険**では、旅行中にかかった**細菌性食中毒**も**補償の対象となる**。なお、普通傷害保険では、細菌性食中毒は**補償の対象とならない**。

問題13 傷害保険2 　　　　　　　　2015年9月試験

傷害保険の一般的な商品性に関する次の記述のうち、最も適切なものはどれか。

1. 普通傷害保険は、被保険者の就業中に生じた事故による傷害は補償の対象とならない。

2. 交通事故傷害保険は、電車、飛行機、自動車などさまざまな乗り物に搭乗中の事故による傷害を補償するが、エレベーターに搭乗中の事故による傷害は補償の対象ではない。

3. 海外旅行(傷害)保険は、日本を出国してから帰国するまでの事故による傷害は補償するが、旅行行程中に国内で起きた事故による傷害は補償の対象ではない。

4. 所得補償保険は、ケガだけでなく病気で就業不能となった場合も、保険金支払いの対象となる。

問題14 賠償責任保険1 　　　　　　　　2014年1月試験

損害保険を活用した家計のリスク管理に関する次の記述のうち、最も不適切なものはどれか。

1. 新車を購入した際、車両に対するいたずらや盗難に遭った場合に備えて、車両保険を付けた自動車保険の契約をした。

2. 会社員で単身赴任している夫が、自宅で生活している妻と中学の寮に入寮している長男(いずれも生計を共にしている)がケガをした場合に備えて、自身を被保険者本人とする家族傷害保険を契約した。

3. 中学校に自転車通学する子どもが歩行者と接触事故を起こして法律上の損害賠償責任を負った場合に備えて、個人賠償責任保険を付帯した普通傷害保険の契約をした。

4. 勤めている会社が倒産することにより、失業して所得を失うリスクに備えて、所得補償保険を契約した。

解 答 **4**

1. × 普通傷害保険は、被保険者の**就業中**に生じた事故による傷害も補償の対象となる。

2. × 交通事故傷害保険は、自動車や自転車などの交通事故による傷害のほか、**エレベーターやエスカレーター**の搭乗中に生じた事故による傷害も補償の対象となる。

3. × 海外旅行傷害保険では、海外旅行の行程中であれば**自宅から空港に向かうまで**の間の国内で起きた事故による傷害も保険金支払いの対象となる。

4. ○ 所得補償保険は、**ケガ**だけでなく、**病気で入院・自宅療養**により就業不能となった場合にも、保険金支払いの対象となる。

解 答 **4**

1. ○ 一般条件の車両保険では、駐車場で発生した**火災**、**洪水・高潮**、ガードレールへの衝突などの**単独事故**、**盗難**、**当て逃げ**、**いたずら**などにより自動車に損害が生じた場合など幅広く、保険金支払いの対象となる。なお、特約を付さなければ、**地震・噴火**またはこれらによる**津波**による損害は保険金の支払いの対象とならない。

2. ○ 家族傷害保険の被保険者には、被保険者本人（記名被保険者）およびその配偶者のほか、本人または配偶者と**生計を共にする同居の親族**および本人または配偶者と**生計を共にする別居の未婚の子**も含まれる。

3. ○ 中学校に**自転車**通学する子どもが歩行者と接触事故を起こして法律上の損害賠償責任を負った場合、個人賠償責任保険により**補償される**。なお、**原動機付自転車**を運転中に事故を起こして法律上の賠償責任を負った場合、個人賠償責任保険では補償されない。この場合、自動車保険の**対人賠償保険**に加入する必要がある。

4. × 所得補償保険は病気やケガにより就業が不能となった場合に保険金が支払われる。したがって、勤めている**会社が倒産**することにより、失業して所得を失った場合には**保険金は支払われない**ため、当該リスクに備えることはできない。なお、一般的に会社員が倒産により失業した場合は、雇用保険による基本手当で当面の生活費を確保することになる。

第2章

リスク管理

問題15 賠償責任保険2　　　　　　　　　　　2015年5月試験

損害保険を活用した事業活動のリスク管理に関する次の記述のうち、最も適切なものはどれか。なお、記載のない特約については考慮しないものとする。

1. 宿泊業を営む企業が、クロークで客から預かった荷物の盗難や汚損・毀損に備えて、請負業者賠償責任保険を契約した。
2. 飲食店を営む企業が、食中毒が発生することによる売上げの減少に備えて、生産物賠償責任保険(ＰＬ保険)を契約した。
3. 遊園地を運営する企業が、遊具の点検・整備中に従業員がケガをした場合に備えて、施設所有(管理)者賠償責任保険を契約した。
4. 建設業を営む企業が、建設中の建物にクレーンが当たって建物が破損した場合に備えて、建設工事保険を契約した。

問題16 賠償責任保険3　　　　　　　　　　　2014年9月試験

損害保険を活用した事業活動のリスク管理に関する次の記述のうち、最も適切なものはどれか。

1. 印刷業を営む企業が、工場内の機械設備・装置が火災により損害を被った場合に備えて、機械保険を契約した。
2. 遊園地を経営する企業が、施設内の直営レストランで食中毒が発生した場合に備えて、請負業者賠償責任保険を契約した。
3. 店舗内で作業する従業員が誤って客にケガをさせた場合に備えて、施設所有(管理)者賠償責任保険を契約した。
4. 設備工事業を営む企業が、住宅の水道工事完了後に工事ミスによる水道管の破損を原因とする水漏れ事故が発生して住宅に損害を与えた場合に備えて、受託者賠償責任保険を契約した。

解 答 4

1. ×　宿泊業を営む企業が、クロークで客から預かった荷物の盗難や汚損・毀損の賠償に備えるには、**受託者賠償責任保険**への加入が適切である。

2. ×　飲食店を営む企業が、食中毒が発生することによる売上げの減少に備えるには、**店舗休業保険**や**企業・利益総合保険**への加入が適切である。

3. ×　遊園地を運営する企業が、遊具の点検・整備中に従業員がケガをした場合に備えるには、**労働災害総合保険**や**普通傷害保険**への加入が適切である。

4. ○　マンション・ビルなどの建設中に、事故により、建設中の建物が破損した場合に備えるには、**建設工事保険**への加入が適切である。

解 答 3

1. ×　機械保険では**火災**による損害は**補償されない**。工場内の機械設備・装置が火災により損害を被った場合に備えるには、**普通火災保険**や**店舗総合保険**への加入が適切である。

2. ×　遊園地を経営する企業が、施設内の直営レストランで食中毒が発生した場合の賠償に備えるには、**生産物賠償責任保険(PL保険)**への加入が適切である。

3. ○　施設所有(管理)者賠償責任保険は、建物などの施設を所有・使用・管理(賃借も含む)している者が、施設そのものの構造上の欠陥や管理の不備による事故により賠償責任を負ったときだけでなく、**施設の内外で仕事を遂行中に生じた事故**により賠償責任を負ったときにも保険金が支払われる。

4. ×　設備工事業を営む企業が、住宅の水道工事完了後に工事ミスによる水道管の破損を原因とする水漏れ事故が発生して住宅に損害を与えた場合に備えるには、**請負業者賠償責任保険**への加入が適切である。

個人の契約に関する税金　テキストP.161〜

問題17　受取人の課税関係・非課税の保険金　　2015年9月試験

契約者(＝保険料負担者)および被保険者を父とする生命保険の課税関係に関する次の記述のうち、最も適切なものはどれか。

1.　死亡保険金受取人が子である定期保険の場合、子が受け取った死亡保険金は、子が相続の放棄をしたときには、贈与税の課税対象となる。
2.　満期保険金受取人が子である養老保険の場合、子が受け取った満期保険金は、所得税の課税対象となる。
3.　死亡保険金受取人が子である終身保険の場合、父が受け取った解約返戻金は、所得税の課税対象となる。
4.　死亡保険金受取人が子である終身保険の場合、父がリビング・ニーズ特約に基づき受け取った生前給付金は、所得税の課税対象となる。

問題18　生命保険料控除1　　　　　　　2015年1月試験

2012(平成24)年1月1日以後に締結した生命保険契約の保険料に係る生命保険料控除に関する次の記述のうち、最も適切なものはどれか。なお、記載されたもの以外の要件はすべて満たしているものとする。

1.　「一般の生命保険料控除」「介護医療保険料控除」「個人年金保険料控除」のそれぞれの控除額の上限は、所得税では5万円である。
2.　傷害特約の保険料は、「介護医療保険料控除」の対象となる。
3.　少額短期保険契約の保険料は、「一般の生命保険料控除」の対象とならない。
4.　自動振替貸付により保険料に充当された金額は、貸し付けられた年の生命保険料控除の対象とはならず、貸付金を返済した年の生命保険料控除の対象となる。

解 答 3

1. × 死亡した父が保険料負担者であるため、父の死亡により子が受け取った死亡保険金は、子が相続の放棄をしてもしなくても、**みなし相続財産**として**相続税**の課税対象となる。

2. × 保険料を負担していない子が、満期保険金を受け取った場合には、保険料負担者である父からの**贈与**として**贈与税**の課税対象となる。

3. ○ 解約返戻金を受け取った父本人が保険料負担者であるため、父が受け取った解約返戻金は、**所得税**の課税対象となる。

4. × リビング・ニーズ特約に基づく生前給付金は、疾病または傷害に関して受け取るものであるため、保険料負担者にかかわらず、**非課税**となる。

解 答 3

1. × 「一般の生命保険料控除」「介護医療保険料控除」「個人年金保険料控除」のそれぞれの控除額の上限は、所得税では**4万円**である。

2. × 傷害特約や傷害保険は、**傷害のみを補償対象**としているため、生命保険料控除の対象とならない。

3. ○ 少額短期保険業者は保険業法上の生命保険会社には該当しないため、少額短期保険業者と締結した**少額短期保険契約の保険料**は、生命保険料控除の対象とならない。

4. × 自動振替貸付により保険料に充当された金額は、**貸し付けられた年**の生命保険料控除の対象となる。

問題19 生命保険料控除2　　　　　　　　　2015年5月試験

2012(平成24)年1月1日以降に締結した生命保険契約の保険料に係る生命保険料控除に関する次の記述のうち、最も不適切なものはどれか。

1. 2011(平成23)年12月31日以前に医療保険契約を締結し、2012(平成24)年1月1日以後に当該契約を更新した場合、更新後の保険料は「介護医療保険料控除」の対象となる。

2. 変額個人年金保険の保険料は、「個人年金保険料控除」の対象とはならず、「一般の生命保険料控除」の対象となる。

3. 「介護医療保険料控除」の対象となる医療保険契約の契約形態は、給付金受取人が契約者(=保険料負担者)とその配偶者のいずれかであるものに限られる。

4. 「個人年金保険料控除」の対象となる個人年金保険契約の契約形態は、年金受取人が契約者(=保険料負担者)またはその配偶者で、かつ、被保険者と同一人であるものに限られる。

問題20 損害保険と税金　　　　　　　　　　2013年9月試験

損害保険の保険金等に係る税金に関する次の記述のうち、最も適切なものはどれか。なお、保険金等を受け取った者は個人であるものとする。

1. 自宅が火災により焼失し、火災保険から受け取った保険金は、一時所得として所得税(および復興特別所得税)・住民税の課税対象となる。

2. 自動車事故で死亡した者の遺族が加害者から受け取った被害者の死亡に対する損害賠償金は、相続税の課税対象となる。

3. 家族傷害保険の契約者(=保険料負担者)が、同居している子が事故で死亡したことにより受け取った死亡保険金は、一時所得として所得税(および復興特別所得税)・住民税の課税対象となる。

4. 個人事業主が自らを被保険者として加入している所得補償保険から受け取る保険金は、事業所得として所得税(および復興特別所得税)・住民税の課税対象となる。

解 答 3

1. ○ 2011（平成23）年12月31日以前に締結した保険契約について、2012（平成24）年1月1日以後に当該契約を更新した場合、更新後の保険料は2012（平成24）年1月1日以後の**生命保険料控除（新制度）**が適用される。

2. ○ 変額個人年金保険の保険料は、「個人年金保険料控除」の要件を満たしていないため、「**一般の生命保険料控除**」の対象となる。

3. × 「介護医療保険料控除」の対象となる医療保険契約の契約形態は、保険金受取人が**契約者（＝保険料負担者）**またはその配偶者その他の親族のいずれかである介護保険契約ならびに医療保険契約に限られる。したがって、保険金受取人が契約者と配偶者に限定されているわけではない。

4. ○ 個人年金保険料控除の対象となる生命保険契約は、「年金受取人が**契約者（＝保険料負担者）**またはその**配偶者**で、かつ、**被保険者と同一人であること**」「保険料払込期間が**10年以上であること**」等の一定の要件を満たし、個人年金保険料税制適格特約が付加された契約である。

解 答 3

1. × 自宅が火災により焼失したことに伴い支払われる火災保険金や自動車保険の車両保険金などの資産の損害に伴って取得する保険金は、**非課税**である。

2. × 自動車事故で死亡した者の遺族が加害者から受け取った被害者の死亡に対する損害賠償金は、相続税の課税対象とはならない。また、遺族側でも心身の損害に基因して支払を受ける損害賠償金に該当するため**非課税**となる。

3. ○ 保険料負担者が受け取った死亡保険金は、**一時所得**として所得税（および復興特別所得税）・住民税の課税対象となる。

4. × 所得補償保険から受け取る保険金は、疾病または傷害に関して受け取るものであるため、**非課税**である。

問題21 地震保険料控除 　　　　　　　　　　　　**2015年9月試験**

地震保険料控除に関する次の記述のうち、最も適切なものはどれか。

1.　店舗併用住宅を補償の対象とする地震保険の保険料は、その住居部分の床面積が店舗部分の床面積を超える場合に限り、地震保険料控除の対象となる。

2.　損害保険会社が取り扱う地震保険の保険料だけでなく、地震等による損害を補償するJA共済の共済契約の掛金も、地震保険料控除の対象となる。

3.　地震保険料控除の控除限度額は、所得税では5万円、住民税では3万円である。

4.　地震保険を付帯した火災保険部分の保険料も、地震保険料控除の対象となる。

解 答 2

1. × 店舗併用住宅の場合、その住居部分の床面積より店舗部分の床面積が大きくても**住居部分**については、地震保険料控除の対象となる。

2. ○ 損害保険会社が取り扱う地震保険の保険料だけでなく、地震等による損害を補償するJA共済やこくみん共済などの**共済契約**の掛金も、地震保険料控除の対象となる。

3. × 地震保険料控除の控除限度額は、所得税では**5万円**、住民税では**2万5,000円**である。

4. × 火災保険部分の保険料は、地震保険料控除の対象とならない。

第2章

リスク管理

法人の契約に関する税金

テキストP.167〜

問題22 法人の経理処理1

2014年5月試験

契約者(=保険料負担者)を法人とする生命保険契約の保険料の経理処理に関する次の記述のうち、最も不適切なものはどれか。なお、特約は考慮しないものとし、いずれも保険料は毎月平準払いで支払われているものとする。

1. 被保険者が特定の役員、死亡保険金受取人が被保険者の遺族である解約返戻金のない定期保険の保険料は、全額を福利厚生費として損金に算入する。

2. 被保険者が特定の役員、死亡保険金受取人が法人である終身保険の保険料は、全額を資産に計上する。

3. 被保険者がすべての役員・従業員、死亡保険金受取人が被保険者の遺族、満期保険金受取人が法人である養老保険の保険料は、2分の1の金額を資産に計上し、残りの2分の1の金額を福利厚生費として損金に算入する。

4. 被保険者がすべての役員・従業員、死亡給付金受取人が役員・従業員の遺族、年金受取人が法人である個人年金保険の保険料は、10分の9の金額を資産に計上し、残りの10分の1の金額を損金に算入する。

解 答 1

1. ×　被保険者が特定の役員、死亡保険金受取人が被保険者の遺族である解約返戻金のない、または少額である定期保険の保険料は、**全額**を**給与**として**損金**に算入する。なお、被保険者がすべての役員・従業員、死亡保険金受取人が被保険者の遺族である解約返戻金のない、または少額である定期保険の保険料は、**全額**を**福利厚生費**として**損金**に算入する。

2. ○　死亡保険金受取人が法人である終身保険の保険料は、被保険者が「特定の役員・従業員」または「すべての役員・従業員」であるかを問わず、**全額を資産**に計上する。

3. ○　なお、被保険者が特定の役員・従業員、死亡保険金受取人が被保険者の遺族、満期保険金受取人が法人である養老保険の保険料は、**2分の1**の金額を**資産**に計上し、残りの**2分の1**の金額を給与として**損金**に算入する。

4. ○　なお、被保険者がすべての役員・従業員、死亡給付金受取人が役員・従業員の遺族、年金受取人が役員・従業員である個人年金保険の保険料は、**全額を給与**として**損金**に算入する。

第2章 リスク管理

問題23 法人の経理処理2　　　　　　　　　　　　　2020年9月試験

法人を契約者(＝保険料負担者)とする生命保険に係る保険料の経理処理に関する次の記述のうち、最も不適切なものはどれか。なお、いずれも保険料は年払いで、いずれの保険契約も2021年4月に締結したものとする。

1. 被保険者が役員・従業員全員、死亡保険金受取人が被保険者の遺族、満期保険金受取人が法人である養老保険の支払保険料は、その2分の1相当額を資産に計上し、残額を損金の額に算入することができる。
2. 被保険者が役員、死亡保険金受取人が法人である終身保険の支払保険料は、その全額を資産に計上する。
3. 被保険者が役員、死亡保険金受取人が法人で、最高解約返戻率が80%である定期保険(保険期間10年)の支払保険料は、保険期間の前半4割相当期間においては、その40%相当額を資産に計上し、残額を損金の額に算入することができる。
4. 被保険者が役員、給付金受取人が法人である解約返戻金のない医療保険の支払保険料は、損金の額に算入することができる。

第三分野の保険・共済　　　　テキストP.173～

問題24 第三分野の保険1　　　　　　　　　　　　　2015年9月試験

第三分野の保険の一般的な商品性に関する次の記述のうち、最も適切なものはどれか。

1. 医療保険は、病気や不慮の事故による傷害等を原因とする所定の手術に加えて、正常分娩に伴う手術に対しても、手術給付金が支払われる。
2. ガン保険の入院給付金には、1回の入院での支払限度日数や保険期間を通じて累計した支払限度日数は決められていない。
3. 特定(三大)疾病保障定期保険は、被保険者がガン、急性心筋梗塞、脳卒中のいずれかにより死亡した場合に限り、死亡保険金が支払われる。
4. 介護保険は、公的介護保険制度を補完するものであり、介護保険法上、公的介護保険の要介護認定基準に連動した一時金および年金の支給が義務付けられている。

解　答 **3**

1.　○　被保険者が役員・従業員全員、死亡保険金受取人が被保険者の遺族、満期保険金受取人が法人である養老保険(ハーフタックス・プラン)の支払保険料は、その**2分の1**相当額を保険料積立金として**資産**に計上し、**残額**を福利厚生費として**損金**の額に算入することができる。

2.　○　なお、被保険者が役員、死亡保険金受取人が法人である養老保険の支払保険料の場合も、その**全額**を保険料積立金として**資産**に計上する。

3.　×　被保険者が役員、死亡保険金受取人が法人で、最高解約返戻率が**70%超85%以下**(問題文では80%)である定期保険(保険期間10年)の支払保険料は、保険期間の前半4割相当期間においては、その**60%**相当額を前払保険料として**資産**に計上し、残額を損金の額に算入することができる。

4.　○　被保険者が役員、給付金受取人が法人である解約返戻金のない第三分野保険(医療保険)の支払保険料は、その**全額**を**損金**の額に算入することができる。

解　答 **2**

1.　×　医療保険の手術給付金は、病気や不慮の事故による傷害等を原因とする所定の手術が対象となり、治療を目的としない**美容整形手術**や**正常分娩**に伴う手術は対象とならない。

2.　○　ガン保険の入院給付金には、1回の入院での**支払限度日数**や保険期間を通じて累計した**支払限度日数**は決められていない。なお、医療保険の入院給付金には、1回の入院での支払限度日数や保険期間を通じて累計した支払限度日数が定められている。

3.　×　特定(三大)疾病保障定期保険は、被保険者が死亡した場合、**死亡事由を問わず**、死亡保険金が支払われる。

4.　×　**民間の保険会社**の**介護保険**では、保険金の支払事由となる要介護状態の認定が、公的介護保険の要介護認定に**連動**して行われるものもあれば、**各保険会社所定の基準**で行われるものもある。なお、所定の要介護状態となった場合に介護一時金や介護年金が支払われ、被保険者が死亡した場合には死亡保険金が支払われる。

問題25 第三分野の保険2   2021年5月試験

医療保険等の一般的な商品性に関する次の記述のうち、最も適切なものはどれか。

1.   人間ドックの受診で異常が認められ、医師の指示の下でその治療を目的として入院した場合、その入院は、医療保険の入院給付金の支払い対象とならない。

2.   先進医療特約で先進医療給付金の支払い対象とされている先進医療は、契約時点において厚生労働大臣によって定められたものをいう。

3.   がん保険では、180日間または6ヵ月間の免責期間が設けられており、その期間中に被保険者ががんと診断確定された場合であっても、がん診断給付金は支払われない。

4.   特定(三大)疾病保障定期保険では、保険期間中にがん、急性心筋梗塞、脳卒中のいずれかの疾病により特定疾病保障保険金が支払われた場合、当該保険契約は終了する。

解 答 4

1. ×　人間ドックの受診のために入院した場合には、医療保険の入院給付金の支払いの対象とならないが、**医師の指示**の下でその治療を目的として入院した場合には、医療保険の入院給付金の支払い対象となる。

2. ×　先進医療特約で先進医療給付金の支払い対象とされている先進医療は、契約時点ではなく、**療養を受けた時点**において厚生労働大臣によって定められたものをいう。

3. ×　がん保険では、**90日間**または**3ヵ月間**の免責期間が設けられており、その期間中に被保険者ががんと診断確定された場合であっても、がん診断給付金は支払われない。

4. ○　なお、特定（三大）疾病保障定期保険では、特定疾病保障保険金が支払われることなく保険期間中に被保険者が死亡した場合、**死亡事由を問わず**、死亡保険金が支払われる。

ま と め

＜保険契約者保護機構＞

・日本国内で営業する保険会社は、原則として生命保険契約者保護機構または損害保険契約者保護機構のいずれかに強制加入となり、保険料を負担する

生命保険契約者保護機構	損害保険契約者保護機構
原則：責任準備金の90％を補償	自賠責・家計地震保険：100％を補償 疾病等に関する保険　：90％を補償 その他の損害保険　　：80％を補償※ ※破綻後3ヵ月以内は100％を補償

注）　共済、少額短期保険業者が販売する保険は対象外

＜主な生命保険＞

終身保険	・一生涯の保障が続き、死亡または高度障害状態になった場合に保険金が支払われる ・満期保険金はない ・途中で解約した場合には、期間の経過に応じた解約返戻金を受け取ることもできる ・保険料の払込方法には有期型（通常60歳まで）と終身型がある
定期保険	・定められた保険期間中に死亡または高度障害状態になった場合に保険金が支払われる ・満期保険金はない
養老保険	・定められた保険期間中に死亡または高度障害状態になった場合に保険金が支払われる ・満期まで生存していれば、死亡保険金と同額の満期保険金が支払われる

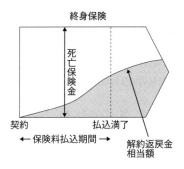

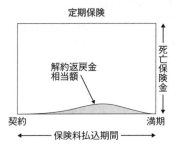

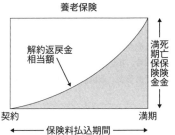

第2章 まとめ

<収入(生活)保障保険>

<アカウント型保険(利率変動型積立終身保険)>

<逓減・逓増定期保険>

逓減定期保険※	・加入後、期間の経過に応じて保険金額が減少していく
逓増定期保険※	・加入後、期間の経過に応じて保険金額が増加していく

※ 保険金額の増減にかかわらず、保険料は保険期間を通じて一定である

<収入(生活)保障保険>

・被保険者が死亡または高度障害になった場合に、原則として年金形式で死亡保険金または高度障害保険金が支払われる保険である
・保険金を一時金形式(年金形式による受取総額よりも少ない)で受け取ることもできる

年満了型	・受取期間が20年、30年というように決まっている
歳満了型	・歳満了型では、早期に被保険者が死亡した場合は支払われる期間が長くなるため、保険金の総額は多額になるが、満期間際に被保険者が死亡した場合は、支払われる期間が短いため、受け取る保険金額は少額となる

<アカウント型保険(利率変動型積立終身保険)>

・積立保険(保険ファンド)をベースに定期保険で死亡保障を確保する保険であり、積立部分と死亡保障部分を自由に設計できる
・積立部分を自由に引き出すことができる
・予定利率は、金利変動により見直される

＜個人年金保険の種類＞

有 期 年 金	・契約時に定めた年金受取期間中、被保険者が生存している場合に限り、年金が支払われる ・年金受取期間中に被保険者が死亡した場合、その後の年金の支払いはない
確 定 年 金	・契約時に定めた年金受取期間中、被保険者の生死に関係なく、年金が支払われる ・年金受取期間中に被保険者が死亡した場合、残りの期間に対応する年金または一時金が被保険者の遺族に支払われる
終 身 年 金	・被保険者が生存している限り、一生涯年金が支払われる ・年金受取期間中に被保険者が死亡した場合、その後の年金の支払いはない
変額個人年金	・保険料の一部を年金受取開始前までは特別勘定で運用するため、その運用実績に基づいて死亡給付金および年金原資額が変動する ・年金受取開始後は、一般勘定で運用するのが一般的である ・年金受取開始前に被保険者が死亡した場合、払込保険料程度を最低保証とする死亡給付金が支払われるのが一般的であるが、最低保証をしない商品もある

＜団体保険＞

総合福祉団体 定 期 保 険	・職員（従業員）全員を加入対象とし、同意を得た職員（従業員）が被保険者となる ・保険期間は1年（更新制） ・死亡保険金等の受取人は原則として役員・従業員の遺族であるが、被保険者の同意があれば法人とすることもできる
団 体 信 用 生 命 保 険	・被保険者を債務者、保険金受取人を金融機関とする生命保険である ・保険金額および保険料はローン残高の減少に応じて逓減していく

＜特定疾病（三大疾病）保障定期保険特約の保険金と支払事由＞

	支 払 事 由
死 亡 保 険 金	死亡原因は問わない
特定疾病保険金	三大疾病（ガン・急性心筋梗塞・脳卒中）で所定の状態になった場合

※ 特定疾病保険金が支払われると、保険契約は終了するため、その後死亡した場合でも死亡保険金は支払われない。

＜地震保険＞

対象物件	居住の用に供する建物および生活用動産（家財）に限定 ※ 1個または1組の価値が30万円を超える貴金属、宝石、書画、骨董品など（明記物件）および通貨、有価証券は、対象とならない
申込方法	火災保険の特約として契約しなければならない（単独での契約は不可）
保険金額	建物、家財ごとに主契約の火災保険金額の30%～50%の範囲内で決定 ・契約限度額　建物→5,000万円、家財→1,000万円
保 険 料	建物の構造と地域によって異なる

＜自賠責保険（強制保険）＞

保険対象	・すべての自動車（原動機付自転車を含む）に加入が義務付けられており、死傷事故のみが対象となる ・運転者の配偶者、子、父母も補償対象となる
保険金額	・死傷者１名あたりの支払限度額

死亡による損害	3,000万円
傷害による損害	120万円

＜自動車保険（任意保険）＞

対人賠償保険	・自動車事故によって他人を死傷させ、損害賠償責任を負った場合、自賠責保険で支払われる金額を超える部分に対して保険金が支払われる ・運転者の配偶者、子、父母は補償対象とならない ・運転免許失効中や飲酒運転などの場合でも、被害者救済の観点から保険金は支払われる
人身傷害補償保険	・運転者や同乗者など、自動車の搭乗者が事故によって死傷した場合、過失割合に関係なく保険会社が設定した保険金額を上限に、実際の損害に対して保険金が支払われる
車両保険	・一般に、地震・噴火またはこれらによる津波による損害については保険金は支払われない

＜傷害保険＞

普通傷害保険	・国内外を問わず日常生活（就業中を含む）のあらゆる傷害を補償する ＜補償されないケース＞ ・細菌性（ウイルス性）食中毒、日射病、心臓発作 ・地震、津波、噴火による傷害
家族傷害保険	・家族には、本人の配偶者、本人または配偶者と生計を一にする同居の親族、本人または配偶者と生計を一にする別居で未婚の子が含まれる
交通事故傷害保険	・国内外を問わず交通事故、交通乗用具（自動車、電車、エレベーターなど）に搭乗中の傷害、などを補償する
国内旅行傷害保険	・国内旅行中（住居を出発して帰宅するまで）の傷害を補償する ・細菌性（ウイルス性）食中毒による傷害を補償する
海外旅行傷害保険	・海外旅行中（住居を出発して帰宅するまで）の傷害・疾病を補償する ・細菌性（ウイルス性）食中毒、地震・津波・噴火による傷害を補償する
所得補償保険	・病気やけがで就業が不能になった時、入院の有無にかかわらずその所得を補償する

第2章 まとめ

＜賠償責任保険＞

個人賠償責任保険	・個人が、居住している住宅の所有、使用または管理によって起きた事故や日常生活の事故により、他人に傷害を与えたり、他人の物に損害を与えた場合の賠償責任を補償する ＜補償されないケース＞ ・仕事中の賠償事故 ・自動車や飛行機の事故 ・他人から預かっている物に対する賠償責任
生産物賠償責任保険 （P L 保 険）	・企業が製造、販売したものが原因で、他人に損害を与えた場合の賠償責任を補償する
施設所有（管理）者 賠 償 責 任 保 険	・ビルや劇場、学校などの施設の所有者や管理者が負うその所有、管理する施設の欠陥や管理・運営上の不備に起因する賠償責任を補償する
機 械 保 険	・機械・機械設備または装置が、不測かつ突発的な事故によって損害を被った場合、必要な修理費用をてん補する ・火災による損失は補償されない

＜生命保険料控除と地震保険料控除＞

生命保険料控除 （2012（平成24）年以後に契約した保険）	＜要件＞		
	一般の生命保険料控除		・保険金の受取人のすべてを納税者本人またはその配偶者その他の親族とする生命保険契約などに係る保険料を12月までに支払った場合
	介護・医療保険料控除		・保険金の受取人のすべてを納税者本人またはその配偶者その他の親族とする介護医療保険契約などに係る保険料を12月までに支払った場合
	個人年金保険料控除		・年金の受取人を納税者本人またはその配偶者とする個人年金契約などに係る保険料を12月までに支払った場合 ・被保険者と年金受取人が同一人であること ・払込期間が10年以上 ・年金支給開始は原則として60歳以上で、支給期間は10年以上
	＜控除額＞ ・一般分、介護医療分、個人分のそれぞれにつき、一定の方法で計算した金額（各々の控除額の限度額は4万円であり、すべてを合わせた最高限度額は12万円である）		
地震保険料控除	・店舗併用住宅の場合は、住居部分の床面積に係る地震保険料の金額が地震保険料控除の対象となる ＜控除額＞ ・所得税：地震保険料の全額（最高5万円） ・住民税：地震保険料の半額（最高2.5万円）		

＜法人契約における生命保険料の経理処理＞

	契約者	被保険者	受取人		保険の種類	経理処理	
			死亡保険金	満期保険金		費用処理	資産計上
事業保険	法人	役員・従業員	法人	—	定期保険※	支払保険料	—
			法人	法人	養老・終身保険	—	保険料積立金
	※ 解約返戻金がない、または少額のもの						

	契約者	被保険者	受取人		保険の種類	経理処理	
			死亡保険金	満期保険金		費用処理	資産計上
福利厚生保険	法人	役員・従業員	遺族	—	定期保険※	福利厚生費	—
			遺族	役員・従業員	養老・終身保険	給与	—
	※ 解約返戻金がない、または少額のもの						

	契約者	被保険者	受取人		保険の種類	経理処理	
			死亡保険金	満期保険金		費用処理	資産計上
1/2養老保険（ハーフ・タックスプラン）	法人	役員・従業員	遺族	法人	養老保険	福利厚生費	保険料積立金
	・1/2養老保険については、死亡保険金を遺族、満期保険金を法人が受け取るため、保険料の2分の1は保険料積立金として資産に計上し、残りの2分の1を福利厚生費として費用（損金）として処理する						

定期保険または第三分野保険（保険期間が3年以上、かつ、最高解約返戻率50％超）	＜最高解約返戻率の区分＞ ①50％超70％以下 　保険期間の前半4割に相当する期間は、保険料×40％を前払保険料として資産計上し、残額を費用（損金）として処理する ②70％超85％以下 　保険期間の前半4割に相当する期間は、保険料×60％を前払保険料として資産計上し、残額を費用（損金）として処理する ③85％超 　保険期間のうち最高解約返戻率となる期間の終了日等までは、保険料×最高解約返戻率×70％（当初10年は90％）を前払保険料として資産計上し、残額を費用（損金）として処理する

＜第三分野の保険＞

医療保険	・病気やけがに伴う入院費や通院費の保障を基本とした保険である ・1入院（退院後180日以内に再入院した場合を含む）の支払日数及び通算支払日数には限度がある
ガン保険	・ガンで入院、手術をしたときに入院給付金や手術給付金が受け取れる保険である ・ガン保険の保障が開始されるのは、契約日（責任開始日）から90日間（または3ヵ月）経過後となり、保障の開始までにガンと診断確定された場合には、契約は無効となる ・ガンによる入院給付金の支払日数には限度がない

第 **3** 章

金融資産運用

頻出項目ポイント

- 経済指標

- 金融政策や景気等

- ポートフォリオの期待収益率

- 債券の仕組みや特徴

- 債券の利回り計算

- 株式の個別指標

- 証券投資信託の仕組みと特徴

- 株式投資信託の運用方法

- オプション取引

- 金融商品関連法規

マーケット環境の理解　　テキストP.179〜

問題 1　経済活動・景気の判断　　　　2015年5月試験

わが国の経済指標に関する次の記述のうち、最も不適切なものはどれか。

1. 雇用に関する経済指標のうち、完全失業率は、景気動向指数の遅行系列に採用されており、有効求人倍率（除学卒）は、景気動向指数の一致系列に採用されている。
2. 消費者物価指数は、指数計算に採用する品目とそのウエイトについて定期的な見直しが行われている。
3. 経済成長率には名目値と実質値があり、物価の変動によっては、名目経済成長率が上昇していても、実質経済成長率は下落することがある。
4. 全国企業短期経済観測調査（日銀短観）は、金融部門から経済全体に供給される通貨量の残高を調査したものである。

問題 2　経済活動・景気の判断・為替市場　　2013年5月試験

経済指標および金融市場に関する次の記述のうち、最も不適切なものはどれか。なお、各選択肢に示した以外の条件は考慮しないものとする。

1. 国民経済計算のうち、国内総生産（GDP）を構成する最も大きな項目は民間企業設備であり、GDPの50〜60％を占めている。
2. 原油や輸入小麦等の価格変動は、消費者物価指数よりも先に企業物価指数に影響を与える傾向がある。
3. 日本の物価上昇率がC国の物価上昇率よりも高くなることは、C国通貨に対して円安要因となる。
4. 日本において、A国通貨建て金融商品への投資の増加は、円とA国通貨の為替相場において円安要因となる。

解 答 4

1. ○ 完全失業率は、労働力人口に占める完全失業者の割合であり、景気動向指数の**遅行系列**に採用されている。また、有効求人倍率(除学卒)は、公共職業安定所における月間有効求人数を月間有効求職者数で除して求めた割合であり、景気動向指数の**一致系列**に採用されている。

2. ○ なお、**消費者物価指数**は、全国の世帯が購入する**財やサービス**の価格等を総合した物価(**消費税を含んだ価格**)の変動をとらえたもので、**総務省**から公表されており、各種経済施策や公的年金の年金額の改定などに利用されている。

3. ○ 経済成長率には物価変動を加味しない名目値と物価変動を加味した実質値がある。実質成長率は**名目成長率から物価上昇率を控除**して計算されるため、名目成長率より物価上昇率の方が大きい場合、名目経済成長率が上昇していても、実質経済成長率は下落する。

4. × 全国企業短期経済観測調査(日銀短観)は、全国約1万社の企業の経営者を対象とした**アンケート調査**である。なお、金融部門から経済全体に供給される通貨量の残高(マネーストック)も日本銀行が公表するものであるが、日銀短観ではない。

解 答 1

1. × 国内総生産(GDP)を構成する最も大きな項目は**民間最終消費支出**であり、GDPの**50〜60%**を占めている。

2. ○ なお、**企業物価指数**は、企業間で取引される**財**に関する価格の変動をとらえたもので、**日本銀行**により公表されている。また、企業向けサービス価格指数が別途公表されるため、企業物価指数にはサービス価格は含まれない。

3. ○ 日本の物価上昇率が高くなると、円の貨幣価値が下落(円の購買力が低下)するため、**円安**要因となる。

4. ○ A国通貨建て金融商品への投資が増加した場合は、円売り・A国通貨買いの取引が増加するため、円とA国通貨の為替相場において**円安**要因となる。

第3章 金融資産運用

DATE

問題 **3**　為替相場の変動要因　　　　　2014年9月試験

為替相場の一般的な変動要因に関する次の記述のうち、最も不適切なもの
はどれか。

1.　日本にとってA国からの輸入額が増えることは、A国通貨に対して円
安要因となる。

2.　日本の景気が持続的に回復し、ビジネスチャンスの広がりにより海外
からの投資が増加することは、円高要因となる。

3.　A国の利上げによる日本とA国の金利差の拡大は、円とA国通貨の為
替相場において、円安要因となる。

4.　日本銀行が実施する売りオペレーションは、他国通貨に対して円安要
因となる。

DATE

問題 **4**　金融商品のリスク　　　　　2014年9月試験

債券投資に関する次の記述のうち、最も適切なものはどれか。

1.　他の条件が同じであれば、信用リスクが高い債券は、信用リスクが低
い債券よりも、一般に、債券価格が高い。

2.　一般に、格付けの高い債券ほど利回りは高く、格付けの低い債券ほど
利回りは低くなる。

3.　債券の格付けは、発行体が同一の債券であれば、発行時期や利率にか
かわらず、常に同一の格付けが付される。

4.　債券の取引高が少ないことなどのため、市場における取引ができなく
なったり、通常よりも著しく不利な価格で取引せざるを得なくなるリス
クを、流動性リスクという。

解 答 4

1. ○　日本にとってA国からの輸入額が増えることは、外貨での支払い額の増加につながり、円を売ってA国通貨を買う取引が増加するため、円とA国通貨の為替相場において、**円安**要因となる。

2. ○　景気回復に対する期待などを背景に、海外から日本への投資が活発化することは、円が買われることになるため、**円高**要因となる。

3. ○　A国の利上げによる日本とA国の金利差が拡大した場合には、円を売って金利の高いA国通貨を買う取引が増加するため、円とA国通貨の為替相場において、**円安**要因となる。

4. ×　日本銀行が実施する売りオペレーションは、他国通貨に対して**円高**要因となる。売りオペレーションが実施されると、市中のマネーストック（通貨供給量）の減少を招いて金利が**上昇**する。一般的に、金利が低い国の通貨を売って金利の高い国の通貨（この場合、日本の円）が買われるため、売りオペレーションは**円高**要因となる。なお、日本銀行が買いオペレーションを実施すると、市中のマネーストック（通貨供給量）の増加を招いて金利が**下落**する。一般的に、金利が低い国の通貨（この場合、日本の円）を売って金利の高い国の通貨が買われるため、買いオペレーションは**円安**要因となる。

解 答 4

1. ×　他の条件が同じであれば、信用リスクが高い債券は、利払いや償還金の支払いが不履行となる確率が高いため、信用リスクが低い債券よりも、一般に、債券価格が**低い**。

2. ×　格付けの高い（信用リスクが低い）債券ほど、利払いや償還金の支払いが不履行となる確率が低いため、債券価格が**高く**なり、利回りは**低く**なる。また、格付けの低い（信用リスクが高い）債券ほど、利払いや償還金の支払いが不履行となる確率が高いため、債券価格が**低く**なり、利回りは**高く**なる。

3. ×　発行体が同一の債券であっても、発行時期や利率などが異なれば、**異なる格付け**が付されることもある。

4. ○　債券の取引高が少ないことなどのため、市場における取引ができなくなったり、通常よりも著しく不利な価格で取引せざるを得なくなるリスクを、**流動性リスク**という。なお、流動性リスク以外のリスクとして、「信用リスク（デフォルトリスク）＝債券の発行体の財務状況などにより利払いや償還金の支払いが不履行となるリスク」、「カントリーリスク＝債券の発行体が属する国の政治情勢や経済情勢などにより発生するリスク」などがある。

債券

テキストP.201〜

DATE

問題 5　債券1　　2012年5月試験

債券の一般的な仕組みや特徴等に関する次の記述のうち、最も不適切なものはどれか。

1.　債券の流通市場には、証券取引所で売買する取引所市場と、証券会社等が顧客の相手方となって売買する店頭市場があり、日本においては、取引の大部分は取引所市場が利用されている。

2.　アンダーパー発行の債券を発行時に購入し、額面金額で償還された場合、償還差益が発生する。

3.　日本の公社債市場において、発行額が最も多いのは、日本政府が発行する債券(国債)である。

4.　日本政府が公共事業拡大を柱とする財政政策を実施し、その財源として大量の国債を発行した場合、国債の価格の下落要因となる。

DATE

問題 6　債券2　　2014年9月試験

一般的な債券の仕組みや特徴に関する次の記述のうち、最も不適切なものはどれか。

1.　利付債の表面利率とは、債券の購入金額に対する年間利子額の割合のことである。

2.　債券投資において、他の条件が同じであれば、表面利率(クーポンレート)が低い債券ほど、金利の変動による債券価格の変動は大きい。

3.　オーバーパー発行の債券の応募者利回りは、表面利率より低くなる。

4.　債券の信用格付では、通常、BB格(相当)以下の債券は「投機的格付」、BBB格(相当)以上の債券は「投資適格」とされるが、この信用格付が引き上げられた場合に当該債券の利回りは低下する。

解 答 1

1. ×　日本においては、債券取引の大部分は**店頭市場**が利用されている。

2. ○　アンダーパー発行の債券を発行時に購入し、額面金額で償還された場合、**償還差益**が発生する。なお、オーバーパー発行(額面金額超)の債券を発行時に購入し、額面金額で償還された場合、**償還差損**が発生する。

3. ○　なお、国債は、公募により発行されて不特定多数の投資者に保有され、発行額が大きいため、流動性が高い。

4. ○　一般に、物の供給量が需要量よりも大きい場合には、その物の価格は**下落**する。よって、大量の国債を発行した場合、国債の価格の**下落**要因となり、国債価格の**下落**は、金利の**上昇**要因になる。

解 答 1

1. ×　利付債の表面利率とは、債券の**額面金額**に対する年間利子額の割合のことである。

2. ○　債券投資において、他の条件が同じであれば、表面利率(クーポンレート)が**低い**債券ほど、金利の変動による債券価格の**変動は大きい**。なお、債券投資において、他の条件が同じであれば、残存期間の短い債券よりも残存期間の**長い**債券ほど、金利の変動による債券価格の**変動は大きい**。

3. ○　オーバーパー(額面金額超)発行の債券は、償還時に**償還差損**が発生し、償還差損と年利子が相殺されるため、オーバーパー発行の債券の応募者利回りは、表面利率(クーポンレート)よりも**低く**なる。

4. ○　信用格付が引き上げられた場合、債券価格が**上昇**するため、当該債券の(最終)利回りは**低下**する。

問題 7 利付債の利回り　　　　　　　　　**2015年5月試験**

固定利付債券の利回り(単利・年率)の計算に関する次の記述の空欄(ア)〜(エ)にあてはまる計算式として、誤っているものはどれか。なお、手数料、経過利子、税金等については考慮しないものとする。

> 表面利率が0.5%、償還年限が10年の固定利付債券が額面100円当たり100円23銭で発行された。この固定利付債券の応募者利回りは(ア)、直接利回りは(イ)となる。また、この固定利付債券を新規発行時に購入し、3年後に額面100円当たり102円で売却した場合の所有期間利回りは(ウ)となる。さらに、この固定利付債券を発行から3年後に額面100円当たり102円で購入し、償還まで保有した場合の最終利回りは(エ)となる。

1. (ア) 応募者利回り(%) $= \dfrac{0.5 + \dfrac{100.00 - 100.23}{10}}{100.23} \times 100$

2. (イ) 直接利回り(%) $= \dfrac{0.5}{100.23} \times 100$

3. (ウ) 所有期間利回り(%) $= \dfrac{0.5 + \dfrac{100.23 - 102.00}{3}}{102.00} \times 100$

4. (エ) 最終利回り(%) $= \dfrac{0.5 + \dfrac{100.00 - 102.00}{7}}{102.00} \times 100$

問題 8 個人向け国債　　　　　　　　　　**2015年1月試験**

個人向け国債に関する次の記述のうち、最も適切なものはどれか。

1. 3年満期の個人向け国債は毎月発行され、5年満期および10年満期の個人向け国債は年4回(四半期に1回)発行されている。

2. 3年満期の個人向け国債は変動金利型で、5年満期および10年満期の個人向け国債は固定金利型であり、いずれも半年ごとに利払いがある。

3. 個人向け国債の募集条件や中途換金時の換金金額は、取扱金融機関によって異なる。

4. 個人向け国債は、いずれのタイプも、発行から1年経過すれば理由を問わずにいつでも換金できる。

解　答 3

1. （ア）　応募者利回り（％）＝$\dfrac{年利子＋\dfrac{額面金額－発行価格}{償還期間}}{発行価格}\times 100$

$$＝\dfrac{0.5＋\dfrac{100.00－100.23}{10}}{100.23}\times 100＝0.48\%$$

2. （イ）　直接利回り（％）＝$\dfrac{年利子}{買付価格（発行価格）}\times 100$

$$＝\dfrac{0.5}{100.23}\times 100≒0.5\%$$

3. （ウ）　所有期間利回り（％）＝$\dfrac{年利子＋\dfrac{売却金額－買付価格（発行価格）}{所有期間}}{買付価格（発行価格）}\times 100$

$$＝\dfrac{0.5＋\dfrac{102.00－100.23}{3}}{100.23}\times 100≒1.09\%$$

4. （エ）　最終利回り（％）＝$\dfrac{年利子＋\dfrac{額面金額－買付価格}{残存期間}}{買付価格}\times 100$

$$＝\dfrac{0.5＋\dfrac{100.00－102.00}{7}}{102.00}\times 100≒0.21\%$$

以上より、3.の算式が誤っている。

解　答 4

1. ×　個人向け国債は、いずれのタイプも、**毎月発行**されている。

2. ×　10年満期の個人向け国債は**変動金利型**で、3年満期および5年満期の個人向け国債は**固定金利型**であり、いずれも**半年ごと**に利払いがある。

3. ×　個人向け国債の募集条件や中途換金時の換金金額は、**取扱金融機関にかかわらず同様**である。

4. ○　個人向け国債は、いずれのタイプも、発行から**1年**経過すれば理由を問わずにいつでも換金できる。個人向け国債は、購入最低額面金額である**1万円**から**1万円**単位で購入することができ、中途換金する場合も額面**1万円**単位となる。

問題 9 外国債券　　　　　　　　　2014年1月試験

外国債券の一般的な特徴に関する次の記述のうち、最も不適切なものはどれか。

1. 豪ドル建て債券を保有していた場合、豪ドルと円の為替レートが円高方向に変動することは、当該債券投資に係る円換算の投資利回りが下落する要因となる。

2. 国内の証券会社で外国債券を取引する場合、外国証券取引口座の設定が必要となる。

3. 海外の発行体が日本国内において円建てで発行する債券を、ショーグン債という。

4. 購入代金の払込みと利払いを円で行い、償還金を外貨で支払う債券を、デュアル・カレンシー債という。

株式　　　　　　　　　　　テキストP.209～

問題10 個別銘柄の投資指標　　　　　2021年9月試験

下記<X社のデータ>に基づき算出される投資指標等に関する次の記述のうち、最も適切なものはどれか。

<X社のデータ>

株価	3,000円
発行済株式数	2億株
時価総額	6,000億円
自己資本(＝純資産)	1,000億円
配当金総額	60億円
株価収益率(PER)	30倍

1. 1株当たり当期純利益は、50円である。

2. ROE(自己資本当期純利益率)は、20.0%である。

3. PBR(株価純資産倍率)は、3.0倍である。

4. 配当利回りは、10.0%である。

解 答 3

1. ○ 保有している豪ドル建て債券について、豪ドルと円の為替レートが**円高方向**に変動すると、**為替差損**が生じるため、当該債券投資に係る円換算の投資利回りは**下落**する。

2. ○ 国内の証券会社で外国債券や外貨建てMMFを取引する場合、**外国証券取引口座**の設定が必要となる。

3. × 海外の発行体が日本国内において円建てで発行する債券は、**サムライ債**という。なお、**ショーグン債**は、海外の発行体が日本国内において外貨建てで発行する債券である。

4. ○ なお、デュアル・カレンシー債は、購入代金の払込みと利払いを円で行い、償還金が外貨で支払われるため、**為替リスク**がある。

第3章 金融資産運用

解 答 2

<X社のデータ>に基づき算出される投資指標等は、次のとおりとなる。

1. × PER（株価収益率）＝株価÷1株当たり当期純利益より、
   1株当たり当期純利益＝株価÷PER（株価収益率）
   ＝3,000円÷30倍＝100円

2. ○ ROE（自己資本当期純利益率）＝当期純利益÷自己資本×100
   ＝200億円[※]÷1,000億円×100＝20.0%
   ※ 当期純利益＝1株当たり当期純利益×発行済株式数
   ＝100円×2億株＝200億円

3. × PBR（株価純資産倍率）＝株価÷1株当たり純資産
   ＝3,000円÷500円[※]＝6.0倍
   ※ 1株当たり純資産＝純資産÷発行済株式数＝1,000億円÷2億株＝500円

4. × 配当利回り＝1株当たり配当金÷株価×100＝30円[※]÷3,000円×100＝1.0%
   ※ 1株当たり配当金＝配当金総額÷発行済株式数＝60億円÷2億株＝30円

問題11　金利の変動要因・株価の変動要因　　2012年9月試験

金融政策や景気等に関する次の記述のうち、最も不適切なものはどれか。

1.　日本銀行が金融政策として行う売りオペレーションには、金利を高めに誘導する効果がある。
2.　株式市場では、自国の金利上昇は株価の上昇要因となる。
3.　一般に、景気の拡張は、国内金利の上昇要因となる。
4.　一般に、景気の後退は、国内物価の下落要因となる。

問題12　外国株式　　　　　　　　　　　2021年9月試験

外国株式の取引の一般的な仕組みや特徴に関する次の記述のうち、最も適切なものはどれか。

1.　国外の証券取引所に上場している外国株式であっても、国内店頭取引により売買するのであれば、あらかじめ外国証券取引口座を開設する必要はない。
2.　海外委託取引(外国取引)とは、国外の証券取引所に上場している外国株式を証券会社を通じて、国外の証券取引所で売買する取引をいう。
3.　国内の証券取引所に上場している外国株式を国内委託取引により売買した場合の受渡日は、国内株式と異なり、売買の約定日から2営業日目である。
4.　国内の証券会社が保護預かりしている一般顧客の外国株式は、日本投資者保護基金による補償の対象とならない。

解　答　2

1.　○　日本銀行は、インフレ懸念が生じると、一般に、いわゆる**売りオペ**の実施など
　　　により金利を**高めに**誘導する金融政策(**金融引締**)をとる。なお、景気の後退局面
　　　では、民間銀行の保有する債券などを買い上げる**買いオペ**の実施により、マネー
　　　ストックを増加させ、金利を**低めに**誘導する金融政策(**金融緩和**)が行われる。
2.　×　一般に、金利の上昇は、企業の資金調達環境を悪化させることから株価の**下落**
　　　要因となる。また、景気の後退は、企業の収益を悪化させ、株価の**下落要因とな**
　　　る。
3.　○　景気の拡張局面においては、設備投資のための銀行借入れなど資金需要が増加
　　　する。よって、一般に、景気の拡張は、国内金利の**上昇**要因となる
4.　○　景気が低迷すると、一般に、雇用情勢や所得に対する不安が高まり、消費意欲
　　　が落ち込む。よって、一般に、景気の後退は、物価の**下落**要因となる。

解　答　2

1.　×　国外の証券取引所に上場している外国株式を取得するためには、証券会社にて
　　　外国証券取引口座を開設する必要がある。
2.　○　なお、国内の証券取引所に上場している外国株式を売買する取引を、**国内委託**
　　　取引という。
3.　×　国内の証券取引所に上場している外国株式を、国内委託取引により売買した場
　　　合の受渡日は、国内株式と同様、売買の約定日から**3営業日目**である。
4.　×　国内の証券会社が保護預かりしている一般顧客の外国株式は、**日本投資者保護**
　　　基金による補償の対象となる。

問題13 信用取引 　　　　　　　　　　　　　　2015年1月試験

株式の信用取引に関する次の記述のうち、最も適切なものはどれか。

1. 国内の証券取引所に上場しているすべての銘柄が、制度信用取引の対象となっている。

2. 一般信用取引では、証券取引所の規則により、弁済期限が6ヵ月と定められている。

3. 信用取引では、金銭に代えて上場株式や非上場株式を委託保証金として差し入れることができる。

4. 信用取引において、委託保証金率を30％とすると、委託保証金の約3.3倍までの取引ができる。

投資信託 　　　　　　　　　　　　　　テキストP.221〜

問題14 公社債投資信託 　　　　　　　　　　　2015年1月試験

個人が国内の金融機関を通じて行う外貨建て金融商品の取引等に関する次の記述のうち、最も不適切なものはどれか。

1. 外貨建てMMFを購入する際には、購入時手数料および為替手数料を支払う必要がある。

2. 外貨建てMMFは、外貨建ての公社債や短期金融商品などで運用されており、株式は一切組み入れられていない。

3. 国外の証券取引所に上場している外国株式を国内店頭取引により売買するためには、あらかじめ外国証券取引口座を開設する必要がある。

4. 保有しているユーロ建て債券について、ユーロと円の為替レートが円安方向に変動すると、当該債券投資に係る円換算の投資利回りは上昇する。

解答 4

1. ×　制度信用取引の対象銘柄は、**証券取引所が定めた銘柄**に限定されている。

2. ×　**一般信用取引**の場合、信用取引の弁済期限は証券会社と投資家の間で任意に決めることができる。なお、**制度信用取引**では、証券取引所の規則により、弁済期限が**6ヵ月**と定められている。

3. ×　信用取引における委託保証金は、現金のほか一定の**債券や株券などで代用**することができるが、**非上場株式**は認められていない。

4. ○　委託保証金率を30％とする信用取引において、200万円の売買取引（新規建て）をする場合、最低でも60万円（200万円×**30％**）の委託保証金が必要である。よって、**約3.3倍**（200万円÷60万円≒3.3）までの取引が可能となる。

第3章　金融資産運用

解答 1

1. ×　外貨建てMMFを購入する際には、購入時手数料は**不要**であるが、為替手数料は支払う必要がある。

2. ○　外貨建てMMFは、**公社債投資信託**であるため、株式は一切組み入れられていない。

3. ○　国外の証券取引所に上場している外国株式を国内店頭取引により売買するためや外貨建てMMFを購入する際には、あらかじめ**外国証券取引口座**を開設する必要がある。

4. ○　保有しているユーロ建て債券について、ユーロと円の為替レートが円安方向に変動すると、**為替差益**が生じるため、当該債券投資に係る円換算の投資利回りは**上昇**する。

問題15 投資信託1 2013年5月試験

証券投資信託の仕組みと特徴に関する次の記述のうち、最も不適切なもの
はどれか。

1. 株式投資信託は、公社債投資信託以外の証券投資信託であり、株式だ
けでなく、公社債も組み入れることができる。

2. 単位型(ユニット型)の投資信託は、新規設定後であっても信託期間中
であれば、いつでも購入することができる。

3. 派生商品型の投資信託で「ブル型」と「ベア型」と呼ばれるタイプのう
ち、「ベア型」は、ベンチマークとする相場が下落すると基準価額が上昇
するように設計されている。

4. 上場投資信託(ETF)は、上場株式と同様に、取引所における市場価格
で売買される。

問題16 投資信託2 2015年5月試験

株式投資信託の運用手法等に関する次の記述のうち、最も不適切なものは
どれか。

1. パッシブ運用は、経済、金利の動向や企業調査等を踏まえ、ベンチ
マークを上回る運用成果を目指す運用スタイルである。

2. インデックスファンドは、特定の株価指数等に値動きが連動すること
を目指した運用がなされている。

3. バリュー投資は、現在の利益水準や純資産などに対して株価が割安で
あると考えられる銘柄を選択して投資する運用スタイルである。

4. ボトムアップ・アプローチは、各銘柄の投資指標の分析や企業業績な
どのリサーチによって個別銘柄を選定し、その積上げによりポートフォ
リオを構築する手法である。

解 答 2

1. ○ なお、組入れ資産のほとんどが債券で、株式がまったく組み入れられていない証券投資信託であっても、約款上の投資対象に株式が含まれていれば、**公社債投資信託**ではなく**株式投資信託**に分類される。

2. × **単位型（ユニット型）**の投資信託は、新規設定後は信託期間中であっても購入できない。なお、**追加型（オープン型）**の投資信託は、新規設定後であっても信託期間中であれば、いつでも購入することができる。

3. ○ 「**ベア型（インバース型）**」は、ベンチマークとする相場が下落すると基準価額が**上昇**するように、すなわち、ベンチマークとする市場指数（インデックス）の変動と**逆の動き**となるように設計されている。なお、「**ブル型（レバレッジ型）**」は、ベンチマークとする市場指数の上昇以上に基準価額が上昇することを目指して運用するタイプの投資信託であり、ベンチマークとする相場の上昇に対して2〜3倍の投資成果を目指すように設計されている。

4. ○ 上場投資信託（ETF）や上場不動産投資信託（J-REIT）は、上場株式と同様に、取引所における市場価格で売買される。よって、これらの投資信託は、**指値注文・成行注文**が可能である。

解 答 1

1. × **パッシブ運用**は、ベンチマークの動きと連動した運用成績を目標とする運用方法である。なお、経済、金利の動向や企業調査等を踏まえ、ベンチマークを上回る運用成果を目指す運用スタイルは、**アクティブ運用**である。

2. ○ インデックスファンドは**パッシブ運用**がされているファンドである。なお、パッシブ運用の投資信託は、アクティブ運用の投資信託に比べ、運用コストが**低い**。

3. ○ なお、企業の成長性を重視し、売上高や利益の成長性の高さに着目して、銘柄選択を行う**グロース投資**という運用手法もある。

4. ○ なお、経済環境などのマクロ的な分析によって国別組入比率や業種別組入比率などを決定し、その比率の範囲内で銘柄を決めていく**トップダウン・アプローチ**という手法もある。

第3章 金融資産運用

DATE

問題17　投資信託3　　　　　　　　　2010年1月試験

投資信託の分類方法およびディスクロージャーに関する次の記述のうち、最も不適切なものはどれか。

1.　公社債や短期金融商品を中心に運用され、株式の組入比率が10%未満の証券投資信託は、公社債投資信託に分類される。

2.　ファンド・オブ・ファンズは、投資対象や運用スタイル等の異なる複数の投資信託に分散投資する形態の投資信託である。

3.　投資信託の目論見書は、あらかじめ投資家の同意を得たうえで、インターネットのホームページ、電子メールなどの方法により投資家に交付することができる。

4.　運用報告書の作成は、委託者(投資信託委託会社)が行う。

金融派生商品　　　　　　　　　テキストP.231～

DATE

問題18　オプション取引　　　　　　　　2015年5月試験

一般的なオプション取引に関する次の記述のうち、最も適切なものはどれか。

1.　コール・オプションとは、将来の一定期日または一定期間内に、株式などの原資産をあらかじめ定められた価格(権利行使価格)で買う権利のことをいう。

2.　ヨーロピアンタイプのオプションは、取引開始日から取引最終日までの間であれば、いつでもその権利を行使することができる。

3.　プット・オプションの売り手が被る損失は、受け取ったオプション・プレミアム(オプション料)相当額に限定される。

4.　オプションの売り手は、オプションを行使する権利を有するが、その権利を放棄することもできる。

解　答　1

1. ×　**公社債投資信託**は、信託財産に株式を一切組み入れることができない。よっ
　　て、公社債や短期金融商品を中心に運用されていても、株式にも運用されている
　　証券投資信託は、株式債投資信託に分類される。
2. ○　**ファンド・オブ・ファンズ**は、他の複数の投資信託に投資する投資信託であ
　　り、個別の株式は組み入れられていない。
3. ○　なお、投資信託の目論見書の作成は、**委託者（投資信託委託会社）**が行う。
4. ○　運用報告書は、ファンドの決算終了後、**委託者（投資信託委託会社）**が遅滞なく
　　作成し、販売会社により投資家に交付される。

解　答　1

1. ○　なお、オプションの買い手がオプションの売り手にプレミアム（オプション料）
　　を支払うことになる。
2. ×　取引開始日から取引最終日までの間であれば、いつでもその権利を行使するこ
　　とができるのは、**アメリカンタイプ**のオプションである。**ヨーロピアンタイプ**の
　　オプションは、満期日のみ権利を行使することができるタイプのオプションであ
　　る。
3. ×　被る損失が受け取ったオプション・プレミアム（オプション料）相当額に限定さ
　　れるのは、オプションの**買い手**である。プット・オプションの**売り手**が被る損失
　　は、限定されない。
4. ×　オプションの**買い手**は、オプションを行使する権利を有するが、その権利を放
　　棄することもできる。なお、オプションの**売り手**は、**買い手**が権利を行使した場
　　合、必ず応じなければならない。

ポートフォリオ運用　　　　　　テキストP.233〜

問題19　投資時期の分散　　　　　　2015年5月試験

ドルコスト平均法により、1回当たり3万円の投資金額でA社株式を以下の
とおり買い付けたときの平均取得単価(株価)として、正しいものはどれ
か。なお、取引手数料等は考慮しないこと。

	第1回	第2回	第3回	第4回
株価	2,000円	1,500円	2,000円	1,200円

1.　1,200円
2.　1,600円
3.　1,675円
4.　2,000円

問題20　ポートフォリオの期待収益率　　　　　2014年5月試験

ポートフォリオの期待収益率は、各資産の期待収益率をポートフォリオの
構成比で加重平均することで求められる。下記のポートフォリオの期待収
益率として、正しいものはどれか。

資　　産	ポートフォリオの構成比	期待収益率
預　貯　金	50%	0.3%
債　　券	30%	1.2%
株　　式	20%	7.0%
合　　計	100%	

1.　8.50%
2.　2.83%
3.　1.91%
4.　0.63%

解　答 2

ドルコスト平均法により買い付けたA社株式の平均取得単価(株価)は、次のとおりとなる。

$$\underset{\text{投資額の合計}}{30{,}000×4回}÷\underset{※}{75株}=1{,}600円$$

　※取得株数

1回目購入時	30,000円÷2,000円=15株	
2回目購入時	30,000円÷1,500円=20株	
3回目購入時	30,000円÷2,000円=15株	
4回目購入時	30,000円÷1,200円=25株	
合計	75株	

よって、2.の選択肢が正解となる。

解　答 3

ポートフォリオの期待収益率は、ポートフォリオに組み入れた各資産の期待収益率を組入比率で加重平均して得た値となる。よって、次のとおりとなる。

$$\underset{\text{預貯金の期待収益率}}{0.3\%}×\underset{\text{構成比}}{0.5}+\underset{\text{債券の期待収益率}}{1.2\%}×\underset{\text{構成比}}{0.3}+\underset{\text{株式の期待収益率}}{7.0\%}×\underset{\text{構成比}}{0.2}=1.91\%$$

よって、3.の選択肢が正解となる。

第3章 金融資産運用

問題21 ポートフォリオ理論 　　　　　2021年1月試験

ポートフォリオ理論に関する次の記述のうち、最も適切なものはどれか。

1. 国内株式のポートフォリオにおいて、組入れ銘柄数を増やすことにより、システマティック・リスクを低減することができる。

2. 異なる2資産からなるポートフォリオにおいて、2資産間の相関係数が－1である場合、ポートフォリオを組成することによる分散投資の効果（リスクの低減）は得られない。

3. ポートフォリオの期待収益率は、組み入れた各資産の期待収益率を組入比率で加重平均した値となる。

4. ポートフォリオのリスクは、組み入れた各資産のリスクを組入比率で加重平均した値よりも大きくなる。

問題22 シャープレシオ 　　　　　2016年1月試験

下記＜ファンドAとファンドBの運用実績に関する情報＞に基づき算出されるシャープレシオに関する次の記述のうち、最も適切なものはどれか。なお、無リスク資産利子率を1.0％としてシャープレシオを算出するものとする。

＜ファンドAとファンドBの運用実績に関する情報＞

	実績収益率	標準偏差
ファンドA	12%	8%
ファンドB	9%	5%

1. ファンドAのシャープレシオの方がファンドBよりも大きいため、ファンドAの方が効率よく運用されていたと評価できる。

2. ファンドBのシャープレシオの方がファンドAよりも大きいため、ファンドBの方が効率よく運用されていたと評価できる。

3. ファンドAのシャープレシオの方がファンドBよりも小さいため、ファンドAの方が効率よく運用されていたと評価できる。

4. ファンドBのシャープレシオの方がファンドAよりも小さいため、ファンドBの方が効率よく運用されていたと評価できる。

解　答　3

1. ×　国内株式のポートフォリオにおいて、**システマティック・リスク**（組織的リスクまたは市場リスクとも呼ばれる）は、組入れ銘柄数を増やしても**低減することはできない**。一方、**アンシステマティック・リスク**（非組織的リスクや非市場リスクとも呼ばれる）は、組入れ銘柄数を増やすことによって**低減することができる**。

2. ×　異なる2資産からなるポートフォリオにおいて、2資産間の相関係数が**-1**である場合、ポートフォリオを組成することによる**分散投資の効果**（リスクの低減）は、**最大**となる。

3. ○　なお、株式のポートフォリオへの組入れ銘柄数を増やしたとしても、ポートフォリオの期待収益率が組入れ銘柄の期待収益率の加重平均を上回ることはできない。

4. ×　ポートフォリオのリスクは、組み入れた各資産の相関係数が1の場合はリスクを組入比率で加重平均した値と**同じ**になるが、相関係数が**1より小さい**場合はリスクを組入比率で加重平均した値よりも**小さく**なる。

解　答　2

シャープレシオは、標準偏差（リスク）1単位当たりの収益性を測定する指標であり、次の算式で計算した数値が**大きい**ほど、効率よく運用されていると評価される。

$$シャープレシオ = \frac{実績収益率 - 無リスク資産の利子率}{標準偏差}$$

本問におけるファンドAおよびファンドBのシャープレシオは、以下のとおりとなる。

$$ファンドA = \frac{12\% - 1\%}{8\%} = 1.375 \qquad ファンドB = \frac{9\% - 1\%}{5\%} = 1.6$$

以上から、ファンドBのシャープレシオの方がファンドAよりも大きいため、ファンドBの方が効率よく運用されていたと評価できる。
よって、2.の選択肢が正解となる。

問題23　セーフティネット1　2021年9月試験

わが国における個人による金融商品取引に係るセーフティネットに関する次の記述のうち、最も適切なものはどれか。

1. 国内銀行に預け入れられている外貨預金は、元本1,000万円までとその利息が預金保険制度による保護の対象となる。
2. 国内銀行に預け入れられている円建ての仕組預金は、預金保険制度による保護の対象とならない。
3. ゆうちょ銀行に預け入れられている通常貯金は、元本1,300万円までとその利息が預金保険制度による保護の対象となる。
4. 証券会社が破綻し、分別管理が適切に行われていなかったために、一般顧客の資産の一部または全部が返還されない事態が生じた場合、日本投資者保護基金により、補償対象債権に係る顧客資産について一般顧客1人当たり1,000万円を上限として補償される。

問題24　セーフティネット2　2016年5月試験

わが国における個人による金融商品取引に係るセーフティネットに関する次の記述のうち、最も適切なものはどれか。

1. 国内銀行に預け入れた外貨預金は、預金保険制度による保護の対象となる。
2. 国内証券会社が管理の委託を受けている一般顧客の外国株式は、投資者保護基金による保護の対象とならない。
3. 国内銀行で購入した投資信託は、投資者保護基金による保護の対象となる。
4. 国内証券会社で契約の申込みをした生命保険は、生命保険会社の保険契約者保護制度による保護の対象となる。

解 答 4

1. × **外貨預金**は、国内銀行に預け入れられていても、預金保険制度による保護の対象とならない。
2. × 国内銀行に預け入れられている**円建て**の**仕組預金**は、預金保険制度による保護の対象となる。
3. × **ゆうちょ銀行**に預け入れた通常貯金は、他の銀行の預金と同様に**元本1,000万円**までとその**利息**が預金保険制度による保護の対象となる。
4. ○ 証券会社が破綻し、分別管理が適切に行われていなかったために、一般顧客の資産の一部または全部が返還されない事態が生じた場合、日本投資者保護基金により、補償対象債権に係る顧客資産について一般顧客1人当たり**1,000万円**を上限として補償される。

解 答 4

1. × 国内銀行に預け入れた**外貨預金**は、預金保険制度による保護の対象とならない。
2. × 国内証券会社が管理の委託を受けている一般顧客の**外国株式**は、投資者保護基金による保護の対象となる。
3. × 国内銀行で購入した**投資信託**は、投資者保護基金による保護の対象とならない。
4. ○ 国内証券会社や国内銀行で契約の申込みをした**生命保険**であっても、生命保険会社の保険契約者保護制度による保護の対象となる。

問題25　関連法規　　　　　2012年5月試験

金融商品関連法規に関する次の記述のうち、最も適切なものはどれか。

1. 金融商品の販売においては、金融サービス提供法と消費者契約法の両方の規定に抵触する場合には、金融サービス提供法が優先して適用される。

2. 消費者契約法においては、金融商品取引業者等の断定的判断の提供により顧客が損失を被ったとき、顧客は損害賠償を求めることができる。

3. 金融商品取引法において、金融商品取引業者等が顧客に金融商品を販売するときは、原則として、重要事項を記載した契約締結前交付書面を交付しなければならない。

4. 金融サービス提供法は、預貯金や投資信託などの金融商品を幅広く対象とするが、外国為替証拠金取引や海外における商品先物取引は適用対象外である。

解　答　3

1. ×　金融商品の販売においては、金融サービス提供法と消費者契約法の両方の規定に抵触する場合には、**いずれかを選択**して（規定が重複しない部分は両方）適用する。

2. ×　金融商品取引業者等の断定的判断の提供により顧客が損失を被ったとき、顧客は**損害賠償**を求めることができるが、これは、**金融サービス提供法**に基づく権利である。なお、**消費者契約法**は、消費者を困惑させるような勧誘方法による契約を**取り消す**ことができる法律である。

3. ○

4. ×　金融サービス提供法は、預貯金や投資信託などの金融商品を幅広く対象とするため、外国為替証拠金取引や海外における商品先物取引も適用対象となる。なお、**国内**における**商品先物取引**は「商品先物取引法」による規制を受けるため、金融サービス提供法の対象とはならない。

まとめ

<主な経済指標>

	内　　容	所　管
国 内 総 生 産 （GDP）	一定期間に国内で生産された財やサービスなどの付加価値の総額（民間最終消費支出が最も大きな割合を占める）	内 閣 府
景 気 動 向 指 数	生産や雇用など、さまざまな経済活動での重要かつ景気に敏感な指標の動きを統合することによって、景気の現状把握および将来予測に資するために作成された統合的な景気指標	
日 銀 短 観	日本銀行が景気の現状や先行きの見通しなどについて企業に直接行うアンケート調査（業況判断DIなど）	日本銀行
企 業 物 価 指 数	企業間で取引される商品の価格変動を表したもの	
消費者物価指数	一般消費者が購入する商品やサービス価格の動向を調査した指数	総 務 省

<金利の変動要因>

要因	金利の上昇	金利の下降
景　気	景気の拡大 →資金需要が増加し、金利が上昇する	景気の後退 →資金需要が減少し、金利が下降する
物　価	物価の上昇 →インフレ懸念からお金から物へのシフトが生じ、借入増加による資金需要の増加と日銀による売りオペにより、金利が上昇する	物価の下落 →デフレ懸念から物からお金へのシフトが生じ、資金需要の減少と日銀による買いオペにより、金利が下降する
為　替	為替が円安 →輸入原材料・製品が値上がりするため物価の上昇が生じて、金利が上昇する	為替が円高 →輸入原材料・製品が値下がりするため物価の下落が生じて、金利が下降する
海外金利	ドル金利の上昇 →アメリカの金融商品を買う動き（ドル買い・円売り）が強まり、ドル高・円安が進み、金利が上昇する	ドル金利の下落 →日本の金融商品を買う動き（ドル売り・円買い）が強まり、ドル安・円高が進み、金利が下降する

＜為替相場の変動要因＞

要因	円高	円安
景気	景気が拡大すると、海外の企業による日本支店の開設などで円を買ってドルを売る動きが強まる →円高・ドル安	景気が後退すると、日本の企業が海外に進出するようになり、円を売ってドルを買う動きが強まる →円安・ドル高
金利 （運用面）	国内金利が上昇して相対的に日本の金融商品の魅力が増してくると、海外の円需要が増え円を買ってドルを売る動きが強まる →円高・ドル安	国内金利が下降して相対的に海外の金融商品の魅力が増してくると、国内のドル需要が増え円を売ってドルを買う動きが強まる →円安・ドル高
物価 （価格面）	物価の下落（デフレ）は、貨幣価値を高めるため、価値の高い円を買ってドルを売る動きが強まる →円高・ドル安	物価の上昇（インフレ）は、貨幣価値を低下させるため、価値の低い円を売ってドルを買う動きが強まる →円安・ドル高

＜公開市場操作＞

	実施時期	目的	内容	金利
売りオペ	好況期	金融引締	日本銀行が保有する債券等を民間金融機関に売却し、市中から資金を吸収する	上昇要因
買いオペ	不況期	金融緩和	民間金融機関の保有する債券等を日本銀行が買い取り、市場へ資金を供給する	下落要因

＜信用リスク＞

格付け(S&Pの場合)		適否分析	債券価格	信用リスク・利回り
高	AAA	投資適格債	高	低
	AA			
	A			
	BBB			
	BB	投機的債券		
	B			
	CCC			
	CC			
	C			
低	D		低	高

第3章 まとめ

＜利付債の利回り計算の基本形＞

$$利回り(\%) = \frac{年利子 + \dfrac{償還(売却)損益}{期間} \Rightarrow 1年当たりの損益}{購入金額} \times 100$$

＜個人向け国債＞

	10年満期	5年満期	3年満期
利　　率	変動	固定	固定
発行頻度	毎月		
中途換金	1年を経過すれば、いつでも額面で中途換金可能 （中途換金調整額が控除される）		

＜株式市場全体の個別指標＞

日経平均株価	東京証券取引所プライム市場に上場する代表的な225銘柄を対象とした株価指標
東証株価指数 （TOPIX）	東京証券取引所に上場している銘柄のうち、流通株式時価総額100億円以上など一定の要件を満たす銘柄の時価総額を基準とした株価指標

＜株式の個別指標＞

株価純資産倍率（PBR）	株価÷1株当たり純資産（自己資本）	数値が高ければ割高
株価収益率（PER）	株価÷1株当たり当期純利益	
自己資本利益率（ROE）	当期純利益÷自己資本×100	
配当利回り	1株当たり配当金÷株価×100	

＜株価の変動要因＞

要因	株価の上昇	株価の下落
金利	金利の低下 →資金調達コストの低下により金利負担が減少するため、企業収益が増加し、株価の上昇要因になる	金利の上昇 →資金調達コストの上昇により金利負担が増加するため、企業収益が低下し、株価の下落要因になる
為替	為替が円安 →一般に、輸出企業の収益を増加させるため輸出企業の株価は上昇するが、輸入企業の収益を減少させるため、輸入企業の株価は下落する	為替が円高 →一般に、輸出企業の収益を減少させるため輸出企業の株価は下落するが、輸入企業の収益を増加させるため、輸入企業の株価は上昇する
景気	景気の拡大 →企業収益を増加させるため、個々の企業の株価は上昇する	景気の後退 →企業収益を減少させるため、個々の企業の株価は下落する

＜投資信託に係る費用＞

販売手数料	投資信託を購入する際に係る費用
信託報酬	ファンドの運用や管理の対価として信託財産のなかから日々差し引かれる
信託財産留保額	組入証券等の換金に係る費用等を解約する投資家に負担させ、受益者間の公平性を保とうとするものであり、解約時に換金代金から控除される

＜投資信託の分類＞

○投資対象

公社債投資信託	株式の組入れがいっさい認められていない証券投資信託
株式投資信託	株式の組入れができる証券投資信託

○追加設定の有無

追加型（オープン型）	いつでも購入できるタイプ
単位型（ユニット型）	購入は募集期間のみに限られるタイプ

○運用スタイル

パッシブ運用（インデックス運用）	あらかじめ投資対象の目安となる指標（ベンチマーク）を決め、そのベンチマークに連動することを目指す運用スタイル
アクティブ運用	あらかじめ投資対象の目安となる指標（ベンチマーク）を決め、ベンチマーク以上の収益の獲得を目指す運用スタイル

○アクティブ運用の銘柄選別法

トップダウン・アプローチ	最初にマクロ的な分析によって国別・業種別の組入比率を決定し、次に個別銘柄を決定する手法
ボトムアップ・アプローチ	最初に投資魅力の高い個別銘柄を発掘し、その積み上げによって国別・業種別の組入比率を決定する手法
グロース投資	・企業の成長性を重視し、利益の成長性が市場平均より高い銘柄を選択して投資する手法 ・市場平均に比べてPERが高くなり、配当利回りが低くなる傾向がある
バリュー投資	現在の業績などが株価に適正に反映されておらず、相対的に割安に放置されている銘柄に投資する手法

第3章 まとめ

コール・オプション	権利行使価格で買う権利（選択権）
プット・オプション	権利行使価格で売る権利（選択権）
オプションの買い手	オプション料（権利の代金）を支払う代わりに、権利を取得し、自分に有利だと判断した場合は権利行使をし、不利だと判断した場合には権利を放棄することができる この場合、買い手の損失はオプション料のみに限定される
オプションの売り手	オプション料を受領する代わりに、買い手の権利行使に応じる義務があり、損失は限定されない
アメリカンタイプ	取引開始日から取引最終日（満期日）までいつでも自由に権利行使が可能
ヨーロピアンタイプ	満期日に限り権利行使が可能

＜預金保険制度＞

預金の種類	保護される範囲
決済用預金 （当座預金、利子の付かない普通預金）	全額
普通預金、定期預金など	元本1,000万円とその利子
外貨預金	一切保護されない

＜金融サービス提供法と消費者契約法＞

	金融サービス提供法	消費者契約法
適用範囲	金融商品販売に関する契約	消費者と事業者の間の契約全般
保護対象者	個人および事業者	個人（事業の契約を除く）
法律が適用される場合	重要事項の説明がなかったこと（＝重要事項の説明義務違反）などにより損害を被った場合など	重要事項に関して誤認させた場合 監禁、不退去による契約の場合
法律の効果	金融商品販売業者の損害賠償	消費者による契約の取消し
立証責任	重要事項の説明義務違反を消費者が立証しなければならないが、元本割れした額が損害額と推定される	民法の原則に従い、消費者に立証責任がある

※　事業者とは、個人事業者（事業を行う個人）および法人をいう。ただし、プロは除く。

第4章

タックスプランニング

頻出項目ポイント

- 各種所得の内容

- 各種所得の金額の計算方法

- 総所得金額の計算

- 損益通算

- 所得控除

- 住宅借入金等特別控除

- 青色申告制度

- 法人税の仕組み

- 申告調整項目

- 消費税

所得税の仕組み　　　　　テキストP.253〜

問題 1　所得税の仕組み　　　　　2019年1月試験

所得税の仕組みに関する次の記述のうち、最も適切なものはどれか。

1.　課税総所得金額に対する所得税の税率は、課税総所得金額が大きくなるにつれて税率が高くなる超過累進税率である。

2.　所得税では、課税対象となる所得を8種類に区分し、それぞれの所得の種類ごとに定められた計算方法により所得の金額を計算する。

3.　所得税の納税義務者は、日本国内に住所を有する個人である居住者に限定されている。

4.　所得税は、国や地方公共団体の会計年度と同様、毎年4月1日から翌年3月31日までの期間を単位として課される。

各種所得の内容　　　　　テキストP.261〜

問題 2　各種所得の内容1　　　　　2014年9月試験

所得税の各種所得に関する次の記述のうち、最も適切なものはどれか。

1.　事業の用に供していた営業用車両を売却したことによる所得は、譲渡所得となる。

2.　事業的規模で不動産の貸付けを行い、賃貸料を受け取ったことによる所得は、事業所得となる。

3.　賃貸の用に供していた不動産を売却したことによる所得は、不動産所得となる。

4.　生命保険会社から契約者配当金を受けたことによる所得は、配当所得となる。

解　答　1

1. ○　課税総所得金額に対する所得税額は、所得の金額の多寡に応じて超過累進税率を適用して計算する。なお、株式等に係る課税譲渡所得等の金額に対する所得税額などは、所得の金額の多寡にかかわらず、一律の税率（比例税率）により計算する。
2. ×　所得税では、課税対象となる所得を**10種類**に区分し、それぞれの所得の種類ごとに定められた計算方法により所得の金額を計算する。
3. ×　所得税の納税義務者は、日本国内に住所を有する個人である居住者の他、日本国内に引き続き1年以上の居所を有している個人、日本国内に住所および居所を有していない個人などであり、**日本国内に住所を有する個人に限定されているわけではない。**
4. ×　所得税は、毎年**1月1日**から**12月31日**までの期間を単位として課される。

解　答　1

1. ○　山林・たな卸資産以外の資産の譲渡は、その資産が事業用か生活用かを問わず、**譲渡所得**となる。
2. ×　不動産の貸付けに伴い、賃貸料を受け取ったことによる所得は、その貸付の規模が事業的規模か否かを問わず、**不動産所得**となる。
3. ×　賃貸の用に供していた不動産を売却したことによる所得は、**譲渡所得**となる。
4. ×　生命保険会社から受ける契約者配当金は、保険料の払い戻しに該当するため、所得ではない。よって、配当所得その他の所得にはならない。

問題 3　各種所得の内容2　　　2019年5月試験

所得税における各種所得に関する次の記述のうち、最も適切なものはどれか。

1.　賃貸していた土地および建物を売却したことによる所得は、不動産所得に該当する。
2.　貸付けが事業的規模で行われているアパート経営の賃貸収入に係る所得は、事業所得に該当する。
3.　会社員が勤務先から無利息で金銭を借り入れたことによる経済的利益は、雑所得に該当する。
4.　専業主婦が金地金を売却したことによる所得は、譲渡所得に該当する。

問題 4　総合課税・分離課税1　　　2014年5月試験

金融商品取引に係る所得税の取扱いに関する次の記述のうち、最も適切なものはどれか。

1.　不動産投資信託(J-REIT)の分配金は、不動産所得として総合課税の対象となる。
2.　上場株式の配当金は、所得税、復興特別所得税および住民税を合わせて10.147%の税率により源泉徴収(特別徴収)される。
3.　株式投資信託の元本払戻金(特別分配金)は、非課税となる。
4.　変額個人年金保険の特別勘定において運用されている株式投資信託の収益分配金は、配当所得として源泉分離課税の対象となる。

問題 5　総合課税・分離課税2　　　2019年9月試験

次のうち、所得税の計算において申告分離課税の対象となるものはどれか。

1.　不動産の貸付けにより賃貸人が受け取った家賃に係る所得
2.　金地金を譲渡したことによる所得
3.　自宅を譲渡したことによる所得
4.　ゴルフ会員権を譲渡したことによる所得

解　答 4

1. ×　賃貸していた土地および建物を売却したことによる所得は、**譲渡所得**に該当する。

2. ×　貸付けが事業的規模で行われているものであっても、アパート経営の賃貸収入に係る所得は、**不動産所得**に該当する。

3. ×　会社員が勤務先から無利息で金銭を借り入れたことによる経済的利益は、**給与所得**に該当する。

4. ○　なお、金地金（金塊）を売却したことによる所得は、**譲渡所得**の総合課税に該当する。

解　答 3

1. ×　不動産投資信託（J-REIT）の分配金は、**配当所得**として**総合課税、申告分離課税**または**申告不要**の対象となる。

2. ×　上場株式の配当金は、所得税、復興特別所得税および住民税を合わせて20.315％の税率により源泉徴収（特別徴収）される。

3. ○　株式投資信託の元本払戻金（特別分配金）は、**非課税**となる。なお、株式投資信託の普通分配金は、配当所得として課税の対象となる。

4. ×　**変額個人年金保険**の**特別勘定**において運用されている株式投資信託の収益分配金は、運用中は課税されず、個人年金受取時に雑所得として総合課税の対象となる。

解　答 3

1. ×　不動産の貸付けにより賃貸人が受け取った家賃に係る所得は、不動産所得として**総合課税**の対象となる。

2. ×　金地金を譲渡したことによる所得は、譲渡所得として**総合課税**の対象となる。

3. ○　自宅を譲渡したことによる所得は、譲渡所得として**申告分離課税**の対象となる。

4. ×　ゴルフ会員権を譲渡したことによる所得は、譲渡所得として**総合課税**の対象となる。

問題 6 各種所得の金額の計算方法1 　　　　2015年1月試験

所得税における各種所得の金額の計算方法に関する次の記述のうち、最も適切なものはどれか。

1.　利子所得の金額は、「利子等の収入金額 − 必要経費」の算式により計算される。

2.　一時所得の金額は、「(一時所得に係る総収入金額 − その収入を得るために支出した金額の合計額 − 特別控除額) × 1 ／ 2」の算式により計算される。

3.　公的年金等に係る雑所得の金額は、「(公的年金等の収入金額 − 公的年金等控除額) × 1 ／ 2」の算式により計算される。

4.　退職所得の金額(特定役員退職手当等に係るものを除く)は、「(退職手当等の収入金額 − 退職所得控除額) × 1 ／ 2」の算式により計算される。

問題 7 各種所得の金額の計算方法2 　　　　2012年5月試験

アパート賃貸業経営に係る所得税における不動産所得の金額の計算上の必要経費に関する次の記述のうち、最も適切なものはどれか。

1.　新たに取得した賃貸アパート(建物)の減価償却費は、定率法により計算する。

2.　アパート賃貸業に係る事業税は、租税公課として必要経費に算入される。

3.　届出をした青色事業専従者給与の額は、支給の有無にかかわらず、その全額が必要経費に算入される。

4.　アパートの貸付規模が事業的規模に満たない場合においても、青色事業専従者給与として届け出た金額については、必要経費に算入される。

解 答 4

1. × 利子所得の金額は、「利子等の**収入金額**」となる。

2. × 一時所得の金額は、「(一時所得に係る総収入金額－その収入を得るために支出した金額の合計額－**特別控除額**)」の算式により計算される。なお、一時所得の金額を総所得金額に含める際には、一時所得の金額を1／2に減額する。

3. × 公的年金等に係る雑所得の金額は、「(**公的年金等の収入金額－公的年金等控除額**)」の算式により計算される。

4. ○ 退職所得の金額(特定役員退職手当等に係るものを除く)は、「(退職手当等の収入金額－退職所得控除額)×1／2」の算式により計算される。

解 答 2

1. × 新たに取得した賃貸アパート(建物)の減価償却費は、**定額法**により計算する。

2. ○ 事業税のほか、新たに取得した賃貸用アパートの建物に係る不動産取得税、登録免許税も**必要経費に算入できる**。

3. × 「青色事業専従者給与に関する届出書」を提出した場合、青色事業専従者に実際に支払った給与で、労務の対価として相当な金額、かつ、その届出額の範囲内の金額を必要経費に算入することができる。よって、青色事業専従者給与を支給していない場合は、**必要経費に算入されない**。

4. × アパートの貸付規模が事業的規模に満たない場合は、青色事業専従者給与として**必要経費に算入できない**。

問題 8 NISA口座（非課税口座）　　　　2018年1月試験

NISA（少額投資非課税制度）に関する次の記述のうち、最も適切なものはどれか。なお、本問においては、NISAにより投資収益が非課税となる口座をNISA口座という。

1. NISA口座は、一定の株式投資信託を対象とする長期・積立・分散投資に利用できる「つみたて投資枠」と上場株式の投資にも利用できる「成長投資枠」の2つから構成されており、2つの枠の併用はできない。
2. NISA口座の年間投資枠は、一人当たり「つみたて投資枠」は120万円、「成長投資枠」は240万円である。
3. NISA口座内の上場株式等の譲渡損失の金額については、確定申告を行うことにより、同一のNISA口座で受け取った配当金等の金額と損益通算することができる。
4. NISA口座で保有する上場株式の配当金を非課税扱いにするためには、配当金の受取方法として配当金領収証方式を選択しなければならない。

課税標準の計算　　　　テキストP.297〜

問題 9 損益通算1　　　　2015年9月試験

所得税における損益通算に関する次の記述のうち、最も不適切なものはどれか。

1. ゴルフ会員権を譲渡したことによる譲渡所得の金額の計算上生じた損失の金額は、他の各種所得の金額と損益通算することができない。
2. 上場株式を譲渡したことによる譲渡所得の金額の計算上生じた損失の金額は、総合課税を選択した上場株式に係る配当所得の金額と損益通算することができない。
3. 賃貸アパートの土地と建物を譲渡したことによる譲渡所得の金額の計算上生じた損失の金額は、他の各種所得の金額と損益通算することができない。
4. 青色申告の承認を受けていない納税者の事業所得の金額の計算上生じた損失の金額は、他の各種所得の金額と損益通算することができない。

解答 2

1. × NISA口座は、一定の株式投資信託を対象とする長期・積立・分散投資に利用できる「つみたて投資枠」と上場株式の投資にも利用できる「成長投資枠」の2つから構成されており、2つの枠は併用することができる。

2. ○

3. × NISA口座内の上場株式等の譲渡損失の金額については、生じなかったものとみなされるため、確定申告を行っても同一のNISA口座で受け取った配当金等の金額と**損益通算することはできない。**

4. × NISA口座で保有する上場株式の配当金を非課税扱いにするためには、配当金の受取方法として**株式数比例配分方式**を選択しなければならない。

解答 4

1. ○ ゴルフ会員権などの生活に通常必要でない資産を譲渡したことによる譲渡所得の金額の計算上生じた損失の金額は、**他の各種所得の金額と損益通算することができない。**

2. ○ なお、上場株式を譲渡したことによる譲渡所得の金額の計算上生じた損失の金額は、**申告分離課税を選択した上場株式に係る配当所得の金額と損益通算することができる。**

3. ○ 一定の居住用財産の譲渡損失を除き、土地・建物を譲渡したことによる譲渡所得の金額の計算上生じた損失の金額は、**他の各種所得の金額と損益通算することができない。**

4. × 損益通算の規定においては、青色申告の承認を受けているか否かは問われない。したがって、青色申告の承認を受けていない納税者の事業所得の金額の計算上生じた損失の金額であっても、**他の各種所得の金額と損益通算することができる。**

問題 10 損益通算2 2021年5月試験

所得税の損益通算に関する次の記述のうち、最も適切なものはどれか。

1. 公的年金等以外の雑所得の金額の計算上生じた損失の金額は、不動産所得の金額と損益通算することができる。

2. 不動産所得の金額の計算上生じた損失の金額は、上場株式等に係る譲渡所得の金額と損益通算することができる。

3. 総合課税の対象となる事業所得の金額の計算上生じた損失の金額は、公的年金等に係る雑所得の金額と損益通算することができる。

4. 一時所得の金額の計算上生じた損失の金額は、給与所得の金額と損益通算することができる。

問題 11 総所得金額の計算1 2021年1月試験

Aさんの本年分の所得の金額が以下のとおりであった場合の所得税における総所得金額として、最も適切なものはどれか。なお、記載のない事項については考慮しないものとし、▲が付された所得の金額は、その所得に損失が発生していることを意味するものとする。

不動産所得の金額	500万円
事業所得の金額	▲50万円（飲食店の経営により生じた損失）
譲渡所得の金額	▲200万円（ゴルフ会員権の譲渡により生じた損失）

1. 250万円
2. 300万円
3. 450万円
4. 500万円

解答 3

1. ×　雑所得の金額の計算上生じた損失の金額は、**損益通算することができない**。
2. ×　不動産所得の金額の計算上生じた損失の金額は、総合課税に係る譲渡所得の金額とは損益通算できるが、**上場株式等に係る譲渡所得の金額と損益通算することができない**。
3. ○
4. ×　一時所得の金額の計算上生じた損失の金額は、**損益通算することができない**。

解答 3

Aさんの本年分の総所得金額は、次のとおりとなる。なお、**ゴルフ会員権の譲渡により生じた損失**は、生活に通常必要でない資産に係る損失に該当するため、**損益通算できない**。

$$\underset{\text{不動産所得の金額}}{500万円} - \underset{\text{事業所得の損失額}}{50万円} = 450万円$$

よって、3.の選択肢が正解となる。

問題12 総所得金額の計算2　　　　　　　　　2014年5月試験

Aさんの本年分の所得の金額が下記のとおりであった場合の総所得金額として、最も適切なものはどれか。なお、記載のない事項については考慮しないものとする。

給与所得の金額	:	300万円
不動産所得の金額	:	120万円
一時所得の金額	:	60万円
退職所得の金額	:	100万円

1. 420万円
2. 450万円
3. 480万円
4. 580万円

所得控除　　　　　　　　　　　　　　テキストP.303〜

問題13 所得控除1　　　　　　　　　　　　　2020年1月試験

所得税における所得控除に関する次の記述のうち、最も適切なものはどれか。

1. 納税者が自己の負担すべき社会保険料を支払った場合には、支払った社会保険料の金額にかかわらず、その年中に支払った金額の全額を社会保険料控除として控除することができる。
2. 納税者が医療費を支払った場合には、支払った医療費の金額にかかわらず、その年中に支払った金額の全額を医療費控除として控除することができる。
3. 納税者が地震保険の保険料を支払った場合には、支払った保険料の金額にかかわらず、その年中に支払った金額の全額を地震保険料控除として控除することができる。
4. 納税者が生命保険の保険料を支払った場合には、支払った保険料の金額にかかわらず、その年中に支払った金額の全額を生命保険料控除として控除することができる。

解 答 2

総所得金額は、次のとおりとなる。

$$\underset{\text{給与所得}}{300万円} + \underset{\text{不動産所得}}{120万円} + \underset{\text{一時所得}}{60万円} \times 1/2 = 450万円$$

※**退職所得の金額**は、分離課税のため、**総所得金額には算入しない。**

よって、2.の選択肢が正解となる。

解 答 1

1. ○ 納税者または納税者と生計を一にする配偶者その他の親族が負担すべき社会保険料を納税者が支払った場合には、支払った社会保険料の金額にかかわらず、その年中に支払った金額の**全額**を社会保険料控除として控除することができる。

2. × 納税者が医療費を支払った場合の医療費控除の控除額は、原則として、その年中に支払った医療費の合計額（保険金等により補てんされる部分の金額を除く）から、その年分の総所得金額等の**5%相当額**または**10万円**のいずれか低い方の金額を控除して算出され、最高**200万円**である。

3. × 地震保険料控除の控除額は、支払った保険料のうち**5万円**を上限として、その年中に支払った金額を地震保険料控除として控除することができる。

4. × 生命保険料控除の控除額は、支払った保険料のうち**一定額**を上限として、生命保険料控除として控除することができる。

所得税の配偶者控除に関する次の記述のうち、最も適切なものはどれか。

1.　納税者の合計所得金額が1,000万円を超える場合、配偶者の合計所得金額の多寡にかかわらず、配偶者控除の適用を受けることはできない。

2.　老人控除対象配偶者とは、控除対象配偶者のうち、その年の12月31日現在の年齢が75歳以上の者をいう。

3.　納税者が配偶者に青色事業専従者給与を支払った場合、その支払った金額が一定額以下であり、納税者の合計所得金額が一定額以下であれば、配偶者控除の適用を受けることができる。

4.　婚姻の届出を提出していない場合であっても、納税者が加入している健康保険の被扶養者となっており、内縁関係にあると認められる者は、他の要件を満たせば、控除対象配偶者に該当する。

解 答 1

1. ○ 納税者の合計所得金額が**1,000万円**を超える場合、配偶者の合計所得金額の多寡にかかわらず、配偶者控除および配偶者特別控除の適用を受けることはできない。

2. × 老人控除対象配偶者とは、控除対象配偶者のうち、その年の12月31日現在の年齢が**70歳**以上の者をいう。

3. × 納税者が配偶者に青色事業専従者給与を支払った場合、その支払った金額の多寡にかかわらず、**配偶者控除の適用を受けることができない。**

4. × 配偶者控除の対象となる配偶者とは、民法の規定により効力が生じた婚姻に基づく配偶者を指しており、いわゆる内縁の妻など、事実婚の相手方は、民法の規定による配偶者とはならないため、**配偶者控除の対象とならない。**

問題15　住宅借入金等特別控除1　　2015年9月試験

所得税における住宅借入金等特別控除(以下「住宅ローン控除」という)に関する次の記述のうち、最も適切なものはどれか。なお、本年3月に住宅ローンを利用して家屋(床面積50㎡以上)を取得し、同月中に自己の居住の用に供しているものとする。

1.　住宅ローン控除の対象となる家屋の床面積は、その3分の1以上に相当する部分が専ら自己の居住の用に供されるものでなければならない。

2.　本年12月31日までに、転勤等のやむを得ない事由により転居して当該住宅を居住の用に供しなくなった場合、翌年以降に当該住宅を居住の用に供したとしても、再入居した年以降の残存控除期間について住宅ローン控除の適用を受けることはできない。

3.　住宅ローン控除の適用を受けようとする者のその年分の合計所得金額は、2,000万円以下でなければならない。

4.　給与所得者が住宅ローン控除の適用を受けようとする場合、必要書類を勤務先に提出することで最初の年分から年末調整により、その適用を受けることができる。

問題16　住宅借入金等特別控除2　　2015年5月試験

所得税における住宅借入金等特別控除(以下「住宅ローン控除」という)に関する次の記述のうち、最も適切なものはどれか。

1.　住宅ローン控除の対象となる家屋を取得した日から6ヵ月以内に自己の居住の用に供さなければならない。

2.　住宅ローン控除の対象となる借入金等の償還期間は、15年以上でなければならない。

3.　住宅ローン控除の控除額の計算上、住宅借入金の年末残高に乗ずる率は1.2%である。

4.　住宅ローン控除の控除期間は、新築住宅(一定の省エネ基準に適合)の場合、最長で15年間である。

第4章 タックスプランニング

解 答 3

1. ×　住宅ローン控除の対象となる家屋の床面積はその**2分の1**以上に相当する部分が専ら自己の居住の用に供されるものでなければならない。

2. ×　本年12月31日までに、転勤等のやむを得ない事由により転居して当該住宅を居住の用に供しなくなった場合、翌年以降に再び当該住宅を居住の用に供したときは、**再入居した年以降の残存控除期間について住宅ローン控除の適用を受けることができる。**

3. ○　なお、対象となる家屋の床面積が**40㎡以上50㎡未満**の場合の所得要件は合計所得金額が**1,000万円以下**となる。

4. ×　給与所得者は、居住の用に供した年の**翌年**からは、所定の書類を勤務先に提出することにより、年末調整により住宅ローン控除の適用を受けることができるが、**最初の年分は必ず確定申告が必要となる。**

解 答 1

1. ○　住宅ローン控除の対象となる家屋を取得した日から**6ヵ月**以内に自己の居住の用に供さなければならない。なお、原則として、適用を受けようとする各年の12月31日まで引き続き居住していなければならない。

2. ×　住宅ローン控除の対象となる借入金等の償還期間は、**10年**以上でなければならない。

3. ×　住宅ローン控除の控除額の計算上、住宅借入金の年末残高に乗ずる率は**0.7%**である。

4. ×　住宅ローン控除の控除期間は、新築住宅(一定の省エネ基準に適合)の場合、最長で**13年間**である。なお、中古住宅の場合、**10年間**である。

問題17　確定申告　　　　2014年9月試験

次のうち、所得税の確定申告を要しない者はどれか。なお、いずれも同一年中に生じた所得であるものとし、記載のない事項については考慮しないものとする。

1. 給与として2,500万円の支払いを受けた給与所得者
2. 同族会社から給与として1,000万円の支払いを受け、かつ、その法人から不動産賃貸料として年額12万円の支払いを受けたその法人の役員
3. 退職一時金として3,000万円の支払いを受け、その支払いを受けるときまでに「退職所得の受給に関する申告書」を提出している者
4. 老齢基礎年金および老齢厚生年金を合計200万円受給し、かつ、原稿料に係る雑所得の金額が30万円ある者

問題18　青色申告制度　　　　2017年1月試験

所得税における青色申告に関する次の記述のうち、最も不適切なものはどれか。

1. 不動産所得、事業所得または山林所得を生ずべき業務を行う者は、納税地の所轄税務署長の承認を受けて、青色申告書を提出することができる。
2. すでに業務を行っている者が、その年分から新たに青色申告の適用を受けようとする場合には、原則として、その年の翌年3月15日までに「青色申告承認申請書」を納税地の所轄税務署長に提出し、その承認を受けなければならない。
3. その年の1月16日以後新たに業務を開始した者が、その年分から新たに青色申告の適用を受けようとする場合には、その業務を開始した日から2ヵ月以内に「青色申告承認申請書」を納税地の所轄税務署長に提出し、その承認を受けなければならない。
4. 青色申告者は、所定の帳簿書類を備え付け、取引を記録し、その帳簿書類を一定期間保存しなければならない。

解答 3

1. ×　給与として2,500万円の支払いを受けた給与所得者は、給与等の金額(年収)が**2,000万円を超えているため、確定申告が必要となる。**

2. ×　同族会社から給与として1,000万円の支払いを受け、かつ、その法人から不動産賃貸料として年額12万円の支払いを受けたその法人の役員は、同族会社から給与所得および退職所得以外の所得を得ているため、**その所得の金額にかかわらず、確定申告が必要となる。**

3. ○　「退職所得の受給に関する申告書」を提出している場合、**退職金の多寡にかかわらず、確定申告を要しない。**

4. ×　老齢基礎年金および老齢厚生年金を合計200万円受給し、かつ、原稿料に係る雑所得の金額が30万円ある者は、公的年金等に係る収入金額は**400万円以下**であるが、公的年金等に係る雑所得以外の所得金額が**20万円を超えているため、確定申告が必要となる。**

解答 2

1. ○

2. ×　すでに業務を行っている者が、その年分から新たに青色申告の適用を受けようとする場合には、原則として、**その適用を受けようとする年の3月15日までに**「青色申告承認申請書」を納税地の所轄税務署長に提出し、その承認を受けなければならない。

3. ○

4. ○　なお、帳簿書類の保存期間は、原則として**7年間**である。

問題19 申告調整項目　　　　　　　　　　　**2015年5月試験**

法人税の損金の取扱いに関する次の記述のうち、最も適切なものはどれか。なお、本年4月に開始した事業年度における取扱いであるものとする。

1. 法人が、減価償却費として損金経理した金額のうち償却限度額を超える部分の金額については、その全額を損金の額に算入することができる。
2. 退職した役員に対して支給する役員退職給与を損金の額に算入するためには、あらかじめ納税地の所轄税務署長に対して支給時期および支給額を届け出なければならない。
3. 期末資本金等の額が1億円以下の一定の中小法人が支出した交際費等のうち、年1,000万円までの金額は、損金の額に算入することができる。
4. 法人が負担すべき固定資産税を支出した場合、その支出額は損金の額に算入されるが、法人税および住民税は損金の額に算入されない。

問題20 法人税の申告　　　　　　　　　　　**2014年9月試験**

法人税の仕組みに関する次の記述のうち、最も適切なものはどれか。

1. 法人税の各事業年度の所得の金額と企業会計における決算上の当期純利益とは、必ずしも一致するとは限らない。
2. 新設法人が設立事業年度から青色申告の適用を受ける場合には、設立の日以後2ヵ月以内に「青色申告の承認申請書」を納税地の所轄税務署長に提出し、その承認を受けなければならない。
3. 法人税の確定申告書は、各事業年度終了の日の翌日から1ヵ月以内に、納税地の所轄税務署長に提出しなければならない。
4. 法人税は、原則として、法人税の確定申告書を提出した日の翌日から2ヵ月以内に納付しなければならない。

解 答 4

1. × 法人が、減価償却費として損金経理した金額のうち償却限度額までの金額を損金の額に算入することができる。なお、償却限度額を超える部分の金額は損金不算入となるため、減価償却超過額として当期純利益に**加算**される。

2. × 役員に対して支給する役員退職給与は、事前に支給時期および支給額を届け出ることなく、**不相当に高額である部分の金額を除き**、損金の額に算入することができる。

3. × 期末資本金等の額が1億円以下の一定の中小法人が支出した交際費等のうち、**年800万円**までの金額は、損金の額に算入することができる。

4. ○ 法人税および法人住民税の金額は、その経理処理の方法にかかわらず、**損金の額に算入することはできない**。

解 答 1

1. ○ 法人税の各事業年度の所得の金額は、企業会計上の利益(当期純利益)の額に法人税法による加算・減算などの所定の申告調整を行うことにより算出される。したがって、法人税の各事業年度の所得の金額と企業会計における決算上の当期純利益とは、必ずしも一致するとは限らない。

2. × 新設法人が設立事業年度から青色申告の適用を受ける場合には、設立の日以後**3ヵ月**を経過した日と設立後**最初の事業年度終了の日**のいずれか早い日の前日までに「青色申告の承認申請書」を納税地の所轄税務署長に提出し、その承認を受けなければならない。

3. × 法人税の確定申告書は、各事業年度終了の日の翌日から**2ヵ月**以内に、納税地の所轄税務署長に提出しなければならない。

4. × 法人税は、原則として、**各事業年度終了の日**の翌日から2ヵ月以内(法人税の確定申告書の提出期限内)に納付しなければならない。なお、申告期限内であれば、確定申告書の提出日と納付日は同日である必要はない。

問題21　消費税1　　　2015年1月試験

消費税の課税事業者が国内で事業として行った次の取引のうち、消費税の課税取引とされるものはどれか。

1. 利子を対価とする金銭の貸付け
2. 公正証書の作成にかかる公証人手数料の支払い
3. 事業の用に供する土地の譲渡
4. 居住の用に供する建物の譲渡

問題22　消費税2　　　2014年5月試験

消費税の課税事業者である法人が国内で行った次の取引のうち、消費税の課税取引とされるものはどれか。

1. 事業の用に供する車両に係る自動車保険料の支払い
2. 上場株式の譲渡
3. 仲介手数料を対価とする土地の賃貸借契約の仲介
4. 従業員に対する社宅の貸付け(貸付期間は1ヵ月以上)

解 答 4

1. × 利子を対価とする金銭の貸付けは、物やサービスを消費するという取引ではないため、消費税の**課税取引**とならない。
2. × 公正証書の作成にかかる公証人手数料（国、地方公共団体等が法令に基づいて行う登記、証明、戸籍謄本の交付などに係る役務の提供で、法令に基づいて徴収される手数料）の支払いは、消費税の**非課税取引**となる。
3. × 土地の譲渡は、消費税の**非課税取引**とされている。
4. ○ 建物の譲渡は、消費税の**課税取引**となる。

解 答 3

1. × 自動車保険料に限らず、保険料を対価とする役務提供等は、物やサービスを消費するという取引ではないため、消費税の**課税取引**とならない。
2. × 上場株式の譲渡に限らず、有価証券等の譲渡は資本の移転であり、物やサービスを消費するという取引ではないため、消費税の**課税取引**とならない。
3. ○ 仲介手数料は、不動産の賃貸借契約の仲介というサービスにかかるものであるため、仲介手数料を対価とする土地の賃貸借契約の仲介は、消費税の**課税取引**となる。
4. × 社宅の貸付けに限らず、住宅の貸付け（貸付期間は1ヵ月以上）は、家計に占める支払家賃の負担が多いことから、社会政策的な配慮により、消費税の**課税取引**とならない。

問題23 消費税3 　　　　　　　　　　　　　　2015年5月試験

消費税に関する次の記述のうち、最も不適切なものはどれか。

1. 個人事業者が自己の生活の用に供していた家財を譲渡した場合、その譲渡は消費税の課税対象とはならない。

2. 新たに設立された法人は、事業年度開始の日における資本金の額または出資の金額にかかわらず、設立事業年度および翌事業年度については消費税の免税事業者となる。

3. 基準期間における課税売上高が10,000千円を超える事業者は、その課税期間については、課税事業者となる。

4. 個人事業者の消費税の確定申告期限は、課税期間の特例の適用を受けていない場合、その課税期間の翌年3月31日である。

問題24 消費税4 　　　　　　　　　　　　　　2015年9月試験

消費税に関する次の記述のうち、最も適切なものはどれか。

1. 基準期間とは、法人については課税期間となる事業年度の前事業年度をいう。

2. 一定の期限までに所定の届出書を所轄税務署長に提出し、簡易課税制度を選択した事業者は、基準期間の課税売上高が5,000万円以下の課税期間について簡易課税制度が適用される。

3. 簡易課税制度の適用を受けた事業者は、課税売上高に従業員数に応じて定められたみなし仕入れ率を乗じて仕入れに係る消費税額を計算する。

4. 「消費税簡易課税制度選択届出書」を提出した事業者は、事業を廃止した場合を除き、原則として3年間は簡易課税制度の適用となる。

解 答 2

1. ○ 消費税は、事業者が事業として国内で行う取引に対して課されるため、個人事業者が自己の生活の用に供していた家財を譲渡した場合、事業として行う取引ではないため、その譲渡は消費税の**課税対象とならない。**

2. × 新たに設立された法人は、事業年度開始の日における資本金の額または出資の金額が**1,000万円**未満の場合に限り、設立事業年度および翌事業年度については消費税の**免税事業者となる。**

3. ○ なお、基準期間の課税売上高が**1,000万円**以下の事業者は、原則として、届出により課税事業者を選択している場合を除き、**免税事業者となる。**

4. ○ 個人事業者の消費税の確定申告期限は、課税期間の特例の適用を受けていない場合、その課税期間の翌年**3月31日**である。なお、個人事業者の所得税の確定申告期限は、その年の翌年**3月15日**である。

解 答 2

1. × 消費税の納税義務者に該当するかどうかなどを判定する際の基準期間は、事業年度が1年の法人の場合はその事業年度の**前々事業年度**であり、個人事業者の場合はその年の**前々年**である。

2. ○ なお、「消費税簡易課税制度選択届出書」を提出している事業者であっても、基準期間の課税売上高が**5,000万円**を超える課税期間については、簡易課税制度の適用を受けることができない。

3. × 簡易課税制度の適用を受けた事業者は、課税売上高に**事業の種類**に応じて定められたみなし仕入れ率を乗じて仕入れに係る消費税額を計算する。

4. × 「消費税簡易課税制度選択届出書」を提出した事業者は、事業を廃止した場合を除き、原則として**2年間**は簡易課税制度の適用となる。

ま と め

＜各種所得＞

	特　　　　　徴	課　税　方　法
利 子 所 得	預貯金の利子	源泉分離課税
	国債・地方債の利子等	申告分離課税（申告不要可）
配 当 所 得	株式の配当金、株式投資信託の分配金	総合課税または申告分離課税 （申告不要可）
不動産所得	不動産の貸付けによる所得	総合課税
事 業 所 得	事業から生ずる所得	総合課税

	計　算　方　法	課税方法
給与所得	収入金額－給与所得控除額	総合課税
退職所得	（収入金額－退職所得控除額※）×1/2	申告分離課税

※ 退職所得控除額

勤続年数	退職所得控除額
20年以下	40万円×勤続年数（最低80万円）
20年超	800万円＋70万円×（勤続年数－20年）

	特　　　　　徴	課税方法
山 林 所 得	保有期間5年超の山林の譲渡	申告分離課税
一 時 所 得	50万円特別控除を控除して計算する。なお、総所得金額に算入する際は、2分の1する	総合課税
雑　所　得	個人年金や公的年金（老齢基礎年金や老齢厚生年金など） 公的年金は、公的年金等控除額を控除する	総合課税

＜譲渡所得（土地・建物）＞

	譲渡年の1月1日に おける所有期間	税　　　率
短期譲渡所得	5年以下	所得税30％・住民税9％
長期譲渡所得	5年超	所得税15％・住民税5％

＜NISA（2024年～）＞

	つみたて投資枠	成長投資枠
対　象　者	18歳以上	
対　象　資　産	累積投資契約など一定の要件を満たす公募株式投資信託（ETFを含む）	上場株式、公募株式投資信託、ETF、J-REITなど（高レバレッジ投資信託などを除く）
年間投資上限額	年120万円	年240万円
非課税保有限度額	1,800万円（成長投資枠はうち1,200万円まで）	
非 課 税 期 間	無期限	

＜損益通算できる所得＞

	備　　考
不 動 産 所 得	土地に係る負債の利子相当額は損益通算できない
事 業 所 得	——
山 林 所 得	——
譲 渡 所 得	原則として、総合課税の譲渡損失のみ損益通算できることとなっており、分離課税（土地・建物・株式等）に係る譲渡損失は、損益通算できない（※）

（※）　・生活に通常必要でない資産（ゴルフ会員権など）の損失は損益通算できない
　　　　・上場株式の譲渡損失は、申告分離課税を選択した配当所得等の金額と損益通算できる
　　　　・居住用財産の譲渡損失は、所有期間5年超などの要件を満たした場合、損益通算できる

＜配偶者控除、配偶者特別控除＞

	主な要件など	控　除　額
配 偶 者 控 除	納税者の合計所得金額が1,000万円以下、かつ、配偶者の合計所得金額が48万円以下	原則38万円（※）
配偶者特別控除	納税者の合計所得金額が1,000万円以下、かつ、配偶者の合計所得金額が48万円超133万円以下	3万円～38万円（※）

（※）　納税者の合計所得金額が900万円以下の場合の控除額

第4章 まとめ

<扶養控除>

年　齢　要　件	控　除　額
その年12月31日現在で16歳以上19歳未満である一般扶養親族	38万円
その年12月31日現在で19歳以上23歳未満である特定扶養親族	63万円
その年12月31日現在で23歳以上である一般扶養親族	38万円（原則）

<住宅借入金等特別控除の要件>

居 住 要 件	取得の日から6ヵ月以内に居住の用に供すること
床　面　積	原則、50㎡以上（納税者の合計所得金額が1,000万円以下であれば、床面積40㎡以上50㎡未満でも適用可）
	2分の1以上が居住の用に供されること
借 入 金	償還期間が10年以上であること
所 得 要 件	その年分の合計所得金額が原則、2,000万円以下であること
手　　　続	給与所得者の場合、最初の年は確定申告が必要であるが、2年目以降は年末調整で適用を受けられる

<青色申告の承認申請期限>

原則	その年3月15日
新たに業務を開始した場合	2ヵ月以内

<役員給与>

定 期 同 額 給 与	支給時期が1ヵ月以下の一定期間ごとで各支給時期における支給額が同額などの要件を満たす給与	損 金 算 入
事前確定届出給与	所定の時期に確定額を支給する旨を定め、その定めに基づいて支給する給与で事前に届出をしているもの	
業 績 連 動 給 与	業務執行役員に対して支給される給与で利益に関連する指標を基礎として算定される給与	
使用人兼務役員の使用人分給与（賞与については、通常の使用人と同時期に支給されるものに限る）		
役員退職給与		
上記に該当しない給与		損 金 不 算 入

第 5 章

不　動　産

頻出項目ポイント

- 不動産（土地）の価格

- 不動産の登記

- 不動産の売買契約

- 普通・定期借地権

- 普通・定期借家権

- 都市計画法

- 不動産の保有に係る税金

- 居住用不動産の譲渡に係る税金（特例）

- 不動産の採算性

- 不動産（土地）の有効活用の手法

問題 1　不動産（土地）の価格　　2018年1月試験

土地の価格に関する次の記述のうち、最も不適切なものはどれか。

1.　地価公示の公示価格は、毎年1月1日を価格判定の基準日としている。
2.　相続税路線価は、地価公示の公示価格の90％を価格水準の目安として設定されている。
3.　固定資産税評価額は、原則として、3年ごとの基準年度において評価替えが行われる。
4.　固定資産税評価額は、原則として、市町村長が固定資産評価基準により決定する。

問題 2　不動産の鑑定評価の手法　　2012年9月試験

不動産の鑑定評価の手法に関する次の記述のうち、最も適切なものはどれか。

1.　原価法は、価格時点における対象不動産の再調達原価を求め、これに開発行為などによる増価修正を行って、対象不動産の積算価格を求める手法である。
2.　取引事例比較法の適用に当たって選択すべき取引事例は、投機的取引であると認められる事例等、適正さを欠くものであってはならない。
3.　収益還元法は、実際に賃貸の用に供されていない自用の不動産の価格を求める際には用いることができない。
4.　価格を求める鑑定評価の手法の適用に当たっては、原価法、取引事例比較法および収益還元法のうち、原則として、いずれか一つのみを選択して適用すべきこととされている。

解 答 2

1. ○ 地価公示の公示価格は、毎年**1月1日**を価格判定の基準日としている。
2. × 相続税路線価は、地価公示の**公示価格の80%**を価格水準の目安として設定されている。
3. ○ 固定資産税評価額は、原則として、**3年**ごとの基準年度において評価替えが行われる。
4. ○ 固定資産税評価額は、原則として、**市町村長**が固定資産評価基準により決定する。

第5章 不動産

解 答 2

1. × 原価法は、価格時点における対象不動産の再調達原価を求め、**減価修正**を行って、対象不動産の価格を求める手法である。
2. ○ なお、取引事例比較法は、多数の取引事例を収集して、適切な事例を選択し、これらの取引価格に**事情補正**および**時点修正**ならびに**地域要因**の比較および個別的要因の比較を行って求められた価格を比較考量して、対象不動産の価格を求める手法である。
3. × 実際に賃貸の用に供されていない**自用の不動産**であっても、その不動産を賃貸用不動産とみなすことにより、**収益還元法を用いて価格を求めることができる**。
4. × 価格を求める鑑定評価の手法の適用に当たっては、**原価法、取引事例比較法、収益還元法**の三手法のうち、地位分析や個別分析により把握した当該不動産の特性を適切に反映した、複数の鑑定評価の手法を適用すべきとされている。

137

問題 3 不動産の登記　　　　　　　　　　　2015年1月試験

不動産の登記に関する次の記述のうち、最も適切なものはどれか。

1. 不動産登記には公信力があるため、登記記録の権利関係が真実である
   と信じて取引した場合には、その登記記録の権利関係が真実と異なって
   いても法的な保護を受けることができる。
2. 建物の登記記録に記録されている家屋番号は、市町村が定める住居表
   示の住居番号と同一とされている。
3. 不動産の登記事項証明書の交付を受けることができるのは、その不動
   産の所有者に限られる。
4. 賃借権に関する登記事項は、登記記録の権利部乙区に記録される。

不動産の取引　　　　　　　　　　テキストP.359～

問題 4 宅地建物取引業法　　　　　　　　　2013年9月試験

宅地建物取引業法等に関する次の記述のうち、最も適切なものはどれか。
なお、本問においては、買主は宅地建物取引業者ではないものとする。

1. 賃貸マンションの所有者が、その所有するマンションの賃貸を自ら業
   として行う場合は、宅地建物取引業の免許が必要となる。
2. 宅地建物取引士は、宅地または建物の売買の媒介をする場合は、売買
   契約成立後、速やかに買主に対して重要事項説明書の交付および説明を
   しなければならない。
3. 専任媒介契約と専属専任媒介契約はともに、媒介契約の有効期間は
   3ヵ月を超えることができず、これより長い期間を定めたときは、その
   期間は3ヵ月となる。
4. 一般媒介契約では、依頼者が他の宅地建物取引業者に重ねて売買の媒
   介を依頼することはできない。

解答 4

1. ×　不動産登記には**公信力がないため**、登記記録の権利関係が真実であると信じて取引した場合でも、その登記記録の権利関係が真実と異なっていたときは、法的な保護を受けられないことがある。
2. ×　建物の登記記録に記録されている家屋番号は、通常、**市町村が定める住居表示の住居番号とは一致しない**。
3. ×　不動産の登記事項証明書は、手数料を支払えば、**誰でも交付を受けることができる**。
4. ○　抵当権や賃借権に関する登記事項は、登記記録の**権利部乙区**に記録される。なお、所有権に関する登記事項は、**権利部甲区**に記録される。

解答 3

1. ×　賃貸マンションの所有者が、その所有するマンションの**賃貸を自ら業として行う場合は、宅地建物取引業の免許は不要となる**。
2. ×　宅地建物取引士は、宅地または建物の売買の媒介をする場合は、**売買契約が成立するまでに**、買主に対して重要事項説明書の交付および説明をしなければならない。
3. ○　専任媒介契約と専属専任媒介契約はともに、媒介契約の有効期間は**3ヵ月**を超えることができず、これより長い期間を定めたときは、その期間は**3ヵ月**となる。なお、**一般媒介契約**は、有効期間3ヵ月超の契約も認められる。
4. ×　**一般媒介契約**では、依頼者が複数の宅地建物取引業者に重ねて売買の媒介を依頼することも、依頼者自らが見つけた相手方と売買契約を締結することもできる。なお、**専属専任媒介契約**と**専任媒介契約**では、依頼者がほかの宅地建物取引業者に重ねて媒介を依頼することはできない。

問題 5 不動産の売買契約1 　　　　　2014年1月試験

民法や宅地建物取引業法等の規定に基づく、土地の売買契約上の留意点に関する次の記述のうち、最も適切なものはどれか。なお、選択肢に記載のあるもの以外の特約は考慮しない。

1. 売買契約において解約手付を交付した買主は、自らが契約の履行に着手していない限り、手付放棄による契約の解除をすることができる。
2. 買主が売主に解約手付を交付した後、さらに売買代金の一部を支払った場合、売主は、受領した売買代金を返還し、かつ、解約手付の倍額を買主に対して現実の提供をすれば、売買契約を解除することができる。
3. 宅地建物取引業者が自ら売主で、買主は宅地建物取引業者でない場合、売主は、売買代金の額の2割を超える手付金を受領することはできない。
4. 土地の売買契約において、その土地の実測面積が登記記録の面積と相違している場合、その面積の差に基づく売買代金の増減精算は行わないという特約は、買主に不利な場合があるため無効である。

問題 6 不動産の売買契約2 　　　　　2015年5月試験

民法に基づく不動産の売買契約上の留意点に関する次の記述のうち、最も適切なものはどれか。なお、選択肢に記載のあるもの以外の特約は考慮しない。

1. 売買契約締結後、引渡しなどの履行遅滞が生じた場合、買主は、催告をすることなく直ちに契約を解除することができる。
2. 売買契約締結後、当該売買契約に定められている債務の全部の履行が不能となった場合、買主は、履行の催告をすることなく当該売買契約を解除することができる。
3. 売買契約締結後、売主・買主双方の責めに帰すことができない事由によって売買の目的物が滅失した場合、売主は買主に対して売買代金の請求をしたときは、買主はその支払いを拒否することができない。
4. 民法では、未成年者(既婚者を除く)が法定代理人の同意を得ずに売買契約を締結した場合、原則として、その法定代理人は当該売買契約を取り消すことができない。

解 答 3

1. × 　買主が売主に解約手付を交付した場合、**売主（相手方）が契約の履行に着手する**までは、買主は、自らの契約の履行を問わず、**解約手付を放棄することにより、売買契約を解除することができる。**

2. × 　買主が売主に解約手付を交付した場合、**買主（相手方）が契約の履行に着手する**までは、売主は受領した解約手付の倍額を買主に対して現実の提供をすることにより、**売買契約を解除することができる。**本選択肢の場合、買主（相手方）が売買代金の一部を支払っている（履行を着手している）ので、売主は、受領した売買代金を返還し、かつ、解約手付の倍額を買主に対して現実の提供をしても契約の解除はできない。

3. ○ 　宅地建物取引業者が自ら売主で、買主は宅地建物取引業者でない場合、売主は、売買代金の額の**2割**を超える手付金を受領することはできない。なお、売主が宅地建物取引業者でない場合および買主が宅地建物取引業者である場合は、受領する手付金の額に制限はない。

4. × 　土地の売買契約において、その土地の実測面積が登記記録の面積と相違している場合、その面積の差に基づく売買代金の増減精算は行わないという特約は、**公簿売買として有効である。**

解 答 2

1. × 　売買契約締結後、引渡しなどの**履行遅滞**が生じた場合、買主は、**催告をした後、契約を解除することができる。**

2. ○ 　売買契約締結後、当該売買契約に定められている債務の全部の**履行が不能**となった場合、買主は、**履行の催告をすることなく当該売買契約の解除をすることができる。**

3. × 　売買契約締結後、自然災害などの**売主・買主双方の責めに帰すことができない事由**によって売買の目的物が滅失した場合、売主は買主に対して売買代金の全額を請求をしたときは、**買主はその支払いを拒否することができる。**

4. × 　未成年者（既婚者を除く）が法定代理人の同意を得ずに売買契約を締結した場合、原則として、その**法定代理人は当該売買契約を取り消すことができる。**

問題 7 不動産の売買契約3　　　　　　2018年9月試験

不動産の売買契約における民法上の留意点に関する次の記述のうち、最も不適切なものはどれか。なお、記載のない特約については考慮しないものとする。

1.　買主に債務の履行遅滞が生じた場合、売主が契約を解除するためには、相当の期間を定めて履行の催告をしなければならない。

2.　買主が売主に解約手付を交付した場合、買主が契約の履行に着手するまでは、売主は、受領した手付金の倍額を買主に対して現実の提供をすることにより、契約を解除することができる。

3.　土地の売買契約において、その土地の登記記録の面積と実測面積とが相違していても、その面積の差に基づく売買代金の増減精算は行わないという旨の特約は、有効である。

4.　売買契約において、売主が種類または品質に関して契約の内容に適合しない物を買主に引き渡した場合には、買主は適合しないことを知った時から5年以内に通知することにより、修理や代替物の引渡し、代金の減額、損害賠償請求、契約解除を請求することができる。

問題 8 普通借地権　　　　　　　　　2014年1月試験

借地借家法の規定に関する次の記述のうち、最も不適切なものはどれか。なお、定期借地権等以外の借地権を普通借地権という。

1.　普通借地権の存続期間は、借地権者と借地権設定者との契約により、30年を超えて定めることができる。

2.　普通借地権の存続期間が満了する場合、借地権者が借地権設定者に契約の更新を請求したときは、当該土地上に建物が存在しなくても、従前の契約と同一の条件で契約は更新されたものとみなされる。

3.　普通借地権の存続期間が満了する場合で契約の更新がないときは、借地権者は借地権設定者に対して、借地権の目的である土地上の建物等を時価で買い取るべきことを請求することができる。

4.　借地権者は、借地権の登記がなくても、当該土地上に借地権者の名義で登記された建物を所有するときは、これをもって借地権を第三者に対抗することができる。

解 答 **4**

1. ○

2. ○　なお、買主は、**売主が契約の履行に着手するまでは**、交付した**手付金を放棄**することにより、**契約を解除することができる。**

3. ○　なお、土地の登記記録の面積と実測面積とが相違していても、その面積の差に基づく売買代金の増減精算は行わない売買を**公簿売買**という。また、登記記録の面積と実測面積との相違分を売買代金の増減で精算する売買を**実測売買**という。

4. ×　売買契約において、売主が種類または品質に関して契約の内容に適合しない物を買主に引き渡した場合には、買主は適合しないことを知った時から**1年**以内に通知することにより、修理や代替物の引渡し、代金の減額、損害賠償請求、契約解除を請求することができる。

解 答 **2**

1. ○　なお、普通借地権の設定契約において、**30年未満**の存続期間を定めた場合には、その存続期間は無効となり、存続期間は**30年**となる。

2. ×　普通借地権の存続期間が満了する場合、借地権者が借地権設定者に契約の更新を請求したときは、当該**土地上に建物がある場合に限り**、従前の契約と同一の条件で契約は更新されたものとみなされる。

3. ○　普通借地権の存続期間が満了し、契約の更新がない場合、借地権者(借地人)は借地権設定者(地主)に対し、**借地上の建物を時価で買い取るよう請求すること**ができる。

4. ○　借地権者は、借地権の登記または当該土地上に借地権者の名義で**登記された建物を所有する**ことのいずれかがあれば、これをもって**借地権を第三者に対抗する**ことができる。

問題 9 定期借地権　　　　　　　　　　　　　　　**2014年5月試験**

借地借家法に関する次の記述のうち、最も適切なものはどれか。なお、本問においては、借地借家法第22条における定期借地権を一般定期借地権という。

1. 一般定期借地権は、専ら居住の用に供する建物の所有を目的とするもので、事業の用に供する建物の所有を目的として設定することはできない。

2. 事業用定期借地権等は、専ら事業の用に供する建物の所有を目的とするもので、居住の用に供する建物の所有を目的として設定することはできない。

3. 事業用定期借地権等の設定に関する契約は書面によって行わなければならないが、必ずしも公正証書による必要はない。

4. 建物譲渡特約付借地権では、借地権を消滅させるため、借地権設定から20年以上を経過した日に借地上の建物を地主に対して相当の対価で譲渡する旨を特約で定めることができる。

問題 10 普通借家権　　　　　　　　　　　　　　**2017年1月試験**

借地借家法に関する次の記述のうち、最も適切なものはどれか。なお、本問においては、借地借家法における定期建物賃貸借契約以外の建物賃貸借契約を普通借家契約という。

1. 普通借家契約を書面によって締結しない場合には、その契約は効力を有しない。

2. 普通借家契約において存続期間を10ヵ月と定めた場合であっても、その存続期間は1年とみなされる。

3. 期間の定めがある普通借家契約において賃借人が更新拒絶の通知をする場合、正当の事由があると認められるときでなければすることができない。

4. 普通借家契約において、賃借人は、その建物の賃借権の登記がなくても、引渡しを受けていれば、その後その建物について物権を取得した者に賃借権を対抗することができる。

解 答 2

1.　×　**一般定期借地権**と**建物譲渡特約付借地権**は、**建物の用途については問われない**ため、居住用と事業用のいずれの建物の所有を目的とする場合でも設定することができる。

2.　○　**事業用定期借地権**等は、専ら事業の用に供する建物の所有を目的とするものに限定されているため、**賃貸マンションや社宅等の居住用建物の所有を目的として設定することはできない。**

3.　×　事業用定期借地権等の設定を目的とする契約は、**公正証書**によって締結しなければならない。なお、一般定期借地権においては、契約の更新がない等の特約は、公正証書によるなど**書面等**で定めなければならないが、**公正証書に限定されていない。**

4.　×　**建物譲渡特約付借地権**では、借地権を消滅させるため、借地権設定から**30年**以上を経過した日に借地上の建物を地主に対して相当の対価で譲渡する旨を特約で定めることができる。なお、**建物譲渡特約付借地権**の設定契約において、建物譲渡特約は書面によって定める必要はなく、口頭でも有効に成立する。

解 答 4

1.　×　普通借家契約には**書面に関する要件がない**ため、書面によって締結していない場合であっても、その契約の効力は発生する。

2.　×　普通借家契約において存続期間を10ヵ月と定めた場合は、存続期間が**1年未満**の契約となるため、期間の定めがない賃貸借契約となる。

3.　×　期間の定めがある普通借家契約において賃借人が更新拒絶の通知をする場合、**賃借人には更新拒絶に関する正当事由は必要ない。**

4.　○

第5章　不動産

問題11 定期借家権 **2020年9月試験**

借地借家法に関する次の記述のうち、最も適切なものはどれか。なお、本問においては、同法第38条による定期建物賃貸借契約を定期借家契約という。

1. 定期借家契約は、契約当事者の合意があっても、存続期間を6ヵ月未満とすることはできない。
2. 定期借家契約は、もっぱら居住の用に供する建物に限られ、事業の用に供する建物については締結することができない。
3. 定期借家契約において、賃貸人の同意を得て賃借人が設置した造作について、期間の満了時に賃借人が賃貸人に買取りを請求しないこととする特約をすることはできない。
4. 定期借家契約において、経済事情の変動があっても賃料を増減額しないこととする特約をした場合、その特約は有効である。

不動産に関する法令上の制限 テキストP.379～

問題12 都市計画法1 **2021年5月試験**

都市計画法に関する次の記述のうち、最も適切なものはどれか。

1. 都道府県は、すべての都市計画区域において、市街化区域と市街化調整区域との区分(区域区分)を定めなければならないとされている。
2. 都市計画区域のうち、市街化調整区域は、おおむね10年以内に優先的かつ計画的に市街化を図るべき区域とされている。
3. 開発許可を受けた開発区域内の土地においては、開発行為に関する工事完了の公告があるまでの間は、原則として、建築物を建築することができない。
4. 農業を営む者の居住の用に供する建築物の建築を目的として市街化調整区域内で行う開発行為は、開発許可を受ける必要がある。

解 答 4

1. ×　**定期借家契約**は、契約当事者の合意があれば、存続期間は自由に設定できるため、存続期間を6ヵ月未満とすることができる。なお、**普通借家契約**は、**1年未満の期間を定めた場合には、期間の定めのない賃貸借となる。**

2. ×　定期借家契約は、**建物の用途(居住用、事業用)にかかわりなく**締結することができる。

3. ×　定期借家契約において、賃貸人の同意を得て賃借人が設置した造作について、期間の満了時に賃借人が賃貸人に買取りを請求しないこととする**特約を有効にすることができる。**

4. ○　なお、普通借家契約において、経済事情の変動があっても賃料を**増額**しないこととする特約をした場合、その特約は有効であるが、賃料を**減額**しないこととする特約をした場合、**その特約は無効となる。**

解 答 3

1. ×　都道府県は、都市計画区域において、**区域区分を行わない都市計画区域(非線引き都市計画区域)**を定めることもできる。

2. ×　都市計画区域のうち、**市街化区域**は、すでに市街地を形成している区域、または、おおむね**10年以内に優先的かつ計画的に市街化を図るべき区域**とされ、**市街化調整区域**は、**市街化を抑制すべき区域**となる。

3. ○

4. ×　農業を営む者の居住の用に供する建築物の建築を目的として市街化調整区域内で行う開発行為は、**開発許可は不要**となる。

問題13 都市計画法2　　　　　　　　　2014年9月試験

都市計画法等に関する次の記述のうち、最も適切なものはどれか。

1. 市街化調整区域内において、農業を営む者の居住用建築物の建築を目的として行う開発行為であっても、都道府県知事等の許可を必要とする。

2. 市街化区域内において行う開発行為で、その規模が1,000㎡以上であるものは、原則として都道府県知事等の許可を受けなければならない。

3. 開発許可を受けた開発区域内の土地について、開発行為に関する工事完了の公告があるまでの間は、当該土地を譲渡することができない。

4. 開発許可を受けた開発区域内の土地に当該開発許可に係る予定建築物を建築する場合は、その規模にかかわらず、建築基準法上の建築確認は不要である。

問題14 建築基準法1　　　　　　　　　2015年9月試験

都市計画区域および準都市計画区域内における建築基準法の規定に関する次の記述のうち、最も適切なものはどれか。

1. 都市計画区域内においては、建築物の敷地は、建築基準法に規定する幅員2m以上の道路に4m以上接していなければならない。

2. 防火地域内に耐火建築物を建築する場合、建蔽率と容積率の双方の制限について緩和を受けることができる。

3. 角地に建築物を建築する場合であっても、特定行政庁が指定した角地でなければ、角地による建蔽率の制限の緩和は受けられない。

4. 前面道路の幅員が12m未満の場合の建築物の容積率は、前面道路の幅員に所定の率を乗じた容積率と、都市計画において定められた容積率との、いずれか高い方が上限となる。

解　答　2

1. ×　市街化調整区域内において、農業を営む者の居住用建築物の建築を目的として行う開発行為は、**許可を必要としない**。
2. ○　なお、**都市計画区域外**において行う開発行為でも、その**規模が一定以上である**場合には、**許可を受けなければならない**。
3. ×　開発許可を受けた開発区域内の土地について、開発行為に関する工事完了の公告がある前であっても、当該**土地を譲渡することは可能である**。なお、当該区域内の土地においては、開発工事完了の公告があるまでの間は、原則として、**建築物を建築することができない**。
4. ×　開発許可を受けた開発区域内の土地に当該開発許可に係る予定建築物を建築する場合は、原則として、建築基準法上の**建築確認は必要である**。

解　答　3

1. ×　建築物の敷地は、原則として、建築基準法に規定する幅員**4m**（特定行政庁が指定した区域内においては6m）以上の道路に、**2m以上接していなければならない**。
2. ×　防火地域内に耐火建築物を建築する場合、**建蔽率の制限について緩和を受けることができるが、容積率の緩和を受けることはできない**。
3. ○　なお、特定行政庁が指定した**角地に建築物を建築する場合**、その敷地の建蔽率の上限は、都市計画において定められた建蔽率の数値に**10%**を加算した値となる。
4. ×　前面道路の幅員が12m未満の場合の建築物の容積率は、前面道路の幅員に所定の率を乗じた容積率と、都市計画において定められた容積率との、**いずれか低い方が上限となる**。

問題15 建築基準法2　　　　　　　　　　2013年5月試験

都市計画区域および準都市計画区域内における建築基準法の規定に関する次の記述のうち、最も適切なものはどれか。

1.　建築物の敷地が、容積率の制限が異なる2つの地域にわたる場合は、その敷地のすべてについて、厳しい方の地域の容積率の制限が適用される。

2.　建築物の敷地が防火地域と準防火地域にわたる場合は、その建築物のすべてについて、敷地の過半を占める地域の防火規定が適用される。

3.　建築物の敷地が異なる2つの用途地域にまたがる場合は、その敷地の全部について、敷地の過半の属する用途地域の建築物の用途に関する規定が適用される。

4.　戸建住宅は、すべての用途地域で建築が可能である。

問題16 建築基準法3　　　　　　　　　　2020年1月試験

建築基準法に関する次の記述のうち、最も適切なものはどれか。

1.　建築基準法第42条第2項により道路境界線とみなされる線と道路との間の敷地部分(セットバック部分)は、建築物を建築することができないが、建蔽率および容積率を算定する際の敷地面積に算入することができる。

2.　建築物の高さに係る道路斜線制限は、すべての用途地域における建築物に適用されるが、用途地域の指定のない区域内の建築物には適用されない。

3.　日影規制(日影による中高層の建築物の高さの制限)は、原則として、工業専用地域、工業地域、準工業地域および商業地域を除く用途地域における建築物に適用される。

4.　建築物の敷地が、準工業地域と工業地域にわたる場合において、当該敷地の過半が工業地域内であるときは、原則として、ビジネスホテルを建築することができない。

解 答 3

1. ×　建築物の敷地が、容積率の異なる2以上の地域にわたる場合のその建築物の建蔽率は、それぞれの地域における建築物の容積率の限度に、**敷地のうちそれぞれの地域に属する部分の面積の敷地全体の面積に対する割合を乗じて得たものの合計以下となる。**

2. ×　建築物が防火地域と準防火地域にわたる場合においては、原則として、その建築物のすべてに**防火地域（規制が厳しい方の地域）内**の建築物に関する規定が適用される。

3. ○　建築物の敷地が2つの異なる用途地域にまたがる場合は、**敷地の過半**が属する方の用途地域の用途規制が適用される。

4. ×　戸建住宅や共同住宅は、**工業専用地域**においては建築することはできない。なお、工業地域や商業地域などその他の用途地域では建築が可能である。

解 答 4

1. ×　建築基準法第42条第2項により道路境界線とみなされる線と道路との間の敷地部分（セットバック部分）は、建蔽率および容積率を算定する際の**敷地面積に算入することができない。**

2. ×　建築物の高さに係る**道路斜線制限**は、**すべての用途地域における建築物に適用**され、用途地域の指定のない区域内の建築物にも適用される。

3. ×　**日影規制**（日影による中高層の建築物の高さの制限）は、原則として、**工業専用地域、工業地域、および商業地域を除く用途地域**における建築物に適用される。

4. ○　建築物の敷地が、異なる用途地域にわたる場合は、敷地の過半が属する方の用途地域（本問の場合は工業地域）の用途規制が適用される。**工業地域内では、ビジネスホテルを建築することができないため、本選択肢は正しい。**

問題17 建物の区分所有等に関する法律（区分所有法）　2014年9月試験

建物の区分所有等に関する法律に関する次の記述のうち、最も適切なものはどれか。

1.　一棟の建物のうち、構造上区分され、独立して住居として利用することができる部分であっても、規約によって共用部分とすることができる。

2.　共用部分に対する区分所有者の共有持分は、規約に別段の定めがない限り、各共有者が有する戸数の総戸数に占める割合による。

3.　区分所有者は、敷地利用権が数人で有する所有権その他の権利である場合、原則として、敷地利用権を専有部分と分離して処分することができる。

4.　建物の建替えは、区分所有者および議決権の各5分の4以上の賛成が必要とされるが、規約で別段の定めをすることができる。

不動産に係る税金　　テキストP.395〜

問題18 不動産の取得に係る税金　　　　　　　　　2014年5月試験

不動産の取得に係る税金に関する次の記述のうち、最も適切なものはどれか。

1.　不動産取得税は、不動産を取得した者に課税される地方税で、不動産を相続により取得した場合にも課税される。

2.　所定の要件を満たす新築住宅を取得した場合、不動産取得税の課税標準の算定については、一戸につき最高で1,500万円が価格から控除される。

3.　不動産売買における所有権移転登記に係る登録免許税の課税標準は、当該不動産の売買価額となる。

4.　不動産売買契約書に印紙を貼付する方法により納付する印紙税額は、契約書に契約金額が記載されている場合、その金額に応じて算出される。

解 答 1

1. ○　一棟の建物のうち、構造上区分され、独立して住居として利用することができる部分であっても、**規約によって共用部分とすることができる**。なお、規約により共用部分と定めた場合であっても、その旨の登記をしなければ第三者に対抗することができない。

2. ×　共用部分に対する区分所有者の共有持分は、規約で別段の定めがある場合を除き、各区分所有者が有する**専有部分の床面積の割合**による。

3. ×　区分所有者は、敷地利用権が数人で有する所有権その他の権利である場合、規約に別段の定めがない限り、**敷地利用権を専有部分と分離して処分することはできない**。

4. ×　建物の建替えは、区分所有者および議決権の各**5分の4以上**の賛成が必要とされるが、規約で別段の定めをすることはできない。

解 答 4

1. ×　不動産取得税は、不動産を取得した者に対して、当該不動産の所在する**都道府県**が課税する地方税であるが、不動産を**相続**により取得した場合には課税されない。なお、相続による不動産の取得に起因して所有権移転登記を行う場合は、登録免許税は課税される。

2. ×　所定の要件を満たす新築住宅を取得した場合、不動産取得税の課税標準の算定については、一戸につき最高で**1,200万円**が価格から控除される。

3. ×　不動産売買における所有権移転登記に係る登録免許税の課税標準は、当該不動産に係る**固定資産課税台帳登録価格**となる。なお、不動産に抵当権を設定する際の登録免許税の課税標準は、債権金額となる。また、建物を新築して最初に表示に関する登記(表題登記)を行う場合、登録免許税は課税されない。

4. ○　なお、印紙税を納付すべき課税文書の作成者が、その納付すべき印紙を貼付しなかった場合には、**売買契約などの効力に影響はない**が、原則として、その納付しなかった印紙税の額とその2倍相当額の合計額に相当する額の過怠税が課される。また、不動産売買契約書に貼付した印紙が消印されていない場合は、その印紙の額面金額に相当する過怠税が課される。

問題19　不動産の保有に係る税金　　　　2015年5月試験

不動産に係る固定資産税および都市計画税に関する次の記述のうち、最も不適切なものはどれか。

1. 固定資産税の納税義務者は、原則として、毎年1月1日現在において登記記録または土地補充課税台帳もしくは家屋補充課税台帳に所有者として登記または登録されている者である。

2. 固定資産税における小規模住宅用地（住宅用地で住宅1戸当たり200㎡以下の部分）の課税標準については、課税標準となるべき価格の6分の1の額となる。

3. 都市計画税は、都市計画区域のうち、原則として市街化区域内に所在する土地や家屋を所有している者に対して課税される。

4. 都市計画税の税率について、市町村は、条例により標準税率である0.3%を超える税率を定めることができる。

問題20　居住用不動産の譲渡に係る税金（特例）　2014年9月試験

個人が居住用財産を譲渡した場合の譲渡所得に係る各種特例に関する次の記述のうち、最も不適切なものはどれか。なお、記載されたもの以外の要件はすべて満たしているものとする。

1. 「居住用財産を譲渡した場合の長期譲渡所得の課税の特例（軽減税率の特例）」は、居住用財産を譲渡した日の属する年の1月1日における所有期間が10年を超えている場合に適用を受けることができる。

2. 「居住用財産を譲渡した場合の3,000万円の特別控除」は、譲渡した居住用財産の所有期間にかかわらず、適用を受けることができる。

3. 「特定の居住用財産の買換えの場合の長期譲渡所得の課税の特例」は、居住用財産を譲渡した日の属する年の1月1日における所有期間が5年を超えている場合に適用を受けることができる。

4. 「居住用財産を譲渡した場合の3,000万円の特別控除」と「居住用財産を譲渡した場合の長期譲渡所得の課税の特例（軽減税率の特例）」は、重複して適用を受けることができる。

解 答 4

1.　○　固定資産税の納税義務者は、原則として、毎年**1月1日**現在において登記記録
または土地補充課税台帳もしくは家屋補充課税台帳に所有者として登記または登
録されている者である。よって、年の中途にその対象となる固定資産を売却した
場合であっても、**その年度分の固定資産税の全額を納付する義務がある。**

2.　○　固定資産税における小規模住宅用地（住宅地で住宅1戸当たり200㎡以下の部
分）の課税標準については、課税標準となるべき価格の**6分の1**の額となる。な
お、都市計画税における小規模住宅用地（住宅用地で住宅1戸当たり200㎡以下の
部分）の課税標準については、課税標準となるべき価格の**3分の1**の額となる。

3.　○　よって、市街化区域外の都市計画区域や都市計画区域外に所在する土地や家屋
を所有している者に対しては、**都市計画税は課税されない。**

4.　×　都市計画税の税率については、制限税率**0.3%**が定められているため、**0.3%
を超える税率を定めることはできない**。なお、固定資産税の税率について、市町
村は、条例により**標準税率である1.4%を超える税率を定めることができる。**

解 答 3

1.　○　「居住用財産を譲渡した場合の長期譲渡所得の課税の特例（軽減税率の特例）」
は、居住用財産を譲渡した日の属する年の1月1日における所有期間が**10年を超
えている**場合に適用を受けることができる。なお、「軽減税率の特例」により、課
税長期譲渡所得金額の**6,000万円**以下の部分については、**6,000万円**超の部分
よりも低い税率（所得税10%、住民税4%）が適用される。

2.　○　なお、土地、家屋ともに夫婦の共有である居住用財産を譲渡した場合、譲渡所
得の金額の計算において、**夫婦各々が最高3,000万円を控除することができる。**

3.　×　「特定の居住用財産の買換えの場合の長期譲渡所得の課税の特例」は、居住用財
産を譲渡した日の属する年の1月1日における所有期間が**10年**を超えている場合
に適用を受けることができる。

4.　○　「居住用財産を譲渡した場合の3,000万円の特別控除」と「居住用財産を譲渡した
場合の長期譲渡所得の課税の特例（軽減税率の特例）」は、**重複して適用を受ける
ことができる**。なお、「特定の居住用財産の買換えの場合の長期譲渡所得の課税
の特例」を適用する場合、「居住用財産を譲渡した場合の3,000万円の特別控除」お
よび「居住用財産を譲渡した場合の長期譲渡所得の課税の特例（軽減税率の特例）」
は、**いずれも重複して適用を受けることができない。**

問題21 譲渡所得の金額　　　　　　　　　　**2014年9月試験**

個人が土地を譲渡した場合における譲渡所得の金額の計算に関する次の記述のうち、最も適切なものはどれか。

1.　相続により取得した土地を譲渡した場合、その土地の所有期間を判定する際の取得の日は、当該相続においてその土地に係る遺産分割が確定した日となる。

2.　土地の譲渡に係る所得については、その土地を譲渡した日の属する年の1月1日における所有期間が10年以下の場合には短期譲渡所得に区分され、10年を超える場合には長期譲渡所得に区分される。

3.　譲渡した土地の取得費が譲渡収入金額の5%相当額を下回る場合、譲渡収入金額の5%相当額をその土地の取得費とすることができる。

4.　土地の譲渡に係る長期譲渡所得の金額は、その2分の1の金額が他の各種所得の金額と合算されて総合課税の対象となる。

不動産の有効活用　　　　　　テキストP.405〜

問題22 不動産の採算性　　　　　　　　　　**2020年1月試験**

不動産の投資判断の手法等に関する次の記述のうち、最も適切なものはどれか。

1.　IRR法（内部収益率法）による投資判断においては、内部収益率が対象不動産に対する投資家の期待収益率を上回っている場合、その投資は有利であると判定することができる。

2.　収益還元法のうち直接還元法は、連続する複数の期間に発生する純収益および復帰価格を、その発生時期に応じて現在価値に割り引き、それぞれを合計して対象不動産の収益価格を求める手法である。

3.　NPV法（正味現在価値法）による投資判断においては、投資額の現在価値の合計額が対象不動産から得られる収益の現在価値の合計額を上回っている場合、その投資は有利であると判定することができる。

4.　NOI利回り（純利回り）は、対象不動産から得られる年間の総収入を総投資額で除して算出される利回りである。

解 答 3

1.　×　相続により取得した土地を譲渡した場合、その土地の所有期間を判定する際の取得の日は、相続により取得した日ではなく、**被相続人が取得した日**となる。また、贈与により取得した土地を譲渡した場合、その土地の所有期間を判定する際の取得の日は、贈与により取得した日ではなく、**贈与者が取得した日**となる。

2.　×　土地の譲渡に係る所得については、その土地を譲渡した日の属する年の1月1日における所有期間が**5年**以下の場合には短期譲渡所得に区分され、**5年**を超える場合には長期譲渡所得に区分される。

3.　○　譲渡した土地の取得費が譲渡収入金額の**5%**相当額を下回る場合や譲渡した土地の取得費が不明な場合には、譲渡収入金額の**5%**相当額をその土地の取得費とすることができる。

4.　×　土地の譲渡に係る長期譲渡所得の金額は、その**全額が申告分離課税の対象となる**。なお、不動産や有価証券以外の資産について保有期間5年を超えて譲渡した場合、その所得金額の2分の1の金額が他の各種所得の金額と合算されて総合課税の対象となる。

第5章

不動産

解 答 1

1.　○

2.　×　収益還元法のうち**直接還元法**は、単年度に発生する純収益を還元利回りで割り引き対象不動産の収益価格を求める手法であり、**DCF法**は、連続する複数の期間に発生する純収益および復帰価格を、その発生時期に応じて現在価値に割り引き、それぞれを合計して対象不動産の収益価格を求める手法である。

3.　×　NPV法（正味現在価値法）による投資判断においては、対象不動産から得られる収益の現在価値の合計額が投資額の現在価値の合計額を**上回っている**場合、その投資は有利であると判定することができる。

4.　×　NOI利回り（純利回り）は、対象不動産から得られる年間の**純収益（総収入－経費）**を総投資額で除して算出される利回りである。

問題**23** 不動産(土地)の有効活用の手法　　　**2019年1月試験**

不動産の有効活用の手法等の一般的な特徴に関する次の記述のうち、最も適切なものはどれか。

1. 事業受託方式は、土地有効活用の企画、建設会社の選定、当該土地上に建設された建物の管理・運営および建設資金の調達のすべてをデベロッパーに任せる方式である。

2. 建設協力金方式は、建設する建物を借り受ける予定のテナント等から、建設資金の全部または一部を借り受けてビルや店舗等を建設する方式である。

3. 等価交換方式では、土地所有者は建物の建設資金を負担する必要はないが、土地の所有権の一部を手放すことにより、当該土地上に建設された建物の全部を取得することができる。

4. 定期借地権方式では、土地を一定期間貸し付けることによる地代収入を得ることができ、借地期間中の当該土地上の建物の所有名義は土地所有者となる。

解 答 2

1. ×　事業受託方式は、土地有効活用の企画、建設会社の選定、当該土地上に建設された建物の管理・運営などはデベロッパーに任せるが、**建設資金の調達は土地所有者自身が行う**。なお、土地所有者が建設資金を調達するにあたり、デベロッパーが金融機関の斡旋等を行う場合もある。

2. ○

3. ×　等価交換方式では、土地所有者は建物の建設資金を負担する必要はないが、土地の所有権の全部または一部を手放すことにより、当該土地上に建設された建物のうち、**手放した所有権の価値に相当する建物の一部を取得することができる**。

4. ×　定期借地権方式では、土地を一定期間貸し付けることによる地代収入を得ることはできる。しかし、借地期間中の当該**土地上の建物の所有名義は土地の賃借人**である。

第5章 不動産

まとめ

<土地の価格>

	公示価格	標準価格	路線価	固定資産税評価額
評価機関	国土交通省	都道府県	国税庁	市町村
基 準 日	1月1日	7月1日	1月1日	1月1日
評価替え	毎年	毎年	毎年	3年に1度
発表時期	3月末頃	9月末頃	7月頃	(公表なし)
評価割合	——	——	公示価格の80%	公示価格の70%
目 的	土地取引の指標・公共事業に係る補償金の算定基準	公示価格を補完	相続税・贈与税課税のため	固定資産税などの課税のため

<不動産の登記記録>

表題部		土地	土地の所在、地番、地目などの表示に関する事項
		建物	建物の家屋番号、構造、床面積などの表示に関する事項
権利部	甲区		所有権に関する事項
	乙区		抵当権などの所有権以外の権利に関する事項

<不動産の売買契約>

手付金	・買主が売主に解約手付を交付したときは、相手方(売主)が履行に着手をしていない場合には、買主は手付金を放棄して契約の解除をすることができる ・売主は相手方(買主)が履行に着手していない場合には、手付金の倍額を買主に対して現実の提供をすることで契約の解除をすることができる
売買対象面積	区分所有建物(マンション)の登記簿面積は内法計算(壁の内側で計った面積)であり、マンションの契約書や広告などの記載面積は壁芯(壁心)計算による
契約不適合責任	・売主が種類または品質に関して契約の内容に適合しない物を買主に引き渡した場合には、買主は修理や代替物の引渡し、代金の減額、損害賠償請求、契約解除を請求することができる ・買主は契約の内容に適合しないことを知った時から1年以内に通知をしなければ、損害賠償等を請求することができない
債務不履行	売買の目的物が滅失などで引渡しができない場合は、履行不能となり、買主は直ちに契約を解除することができる

＜普通借地権＞

存続期間	期間の定めがある場合	最低30年以上
	期間の定めがない場合や30年より短い契約	無効となり30年
契約の更新・拒否	・借地人は、契約期間終了時に建物が存在する場合に限り、契約更新の請求をすることができる ・借地人の更新の請求に対し、地主は正当な事由がなければ更新の拒否をすることができない ・契約の更新がない場合、借地人は地主に対して、借地上の建物を時価で買い取るべきことを請求することができる(建物買取請求権)	
土地賃貸借の効力	土地の賃貸借は、その登記(土地賃借権の登記)がなくても、建物の登記があったときは、その後、その土地について新たに所有権などの物権を取得した者に対して、対抗することができる	

＜定期借地権＞

	(一般)定期借地権	建物譲渡特約付借地権	事業用定期借地権等
存続期間	50年以上	30年以上	10年以上50年未満
借地上の建物用途	制限なし	制限なし	専ら事業用に限る (居住用は不可)
書面等による契約	必要	不要	必要(公正証書に限る)
期間満了後の土地	更地返還	建物の買取請求後に返還	更地返還

＜普通借家権＞

存続期間	1年未満の期間を定めた場合	期間の定めのない賃貸借となる
更新拒絶 (期間の定めがある場合)	賃貸人	賃借人
	期間満了の1年前から6ヵ月前までの間に通知をしなければならない	
	正当事由が必要	正当事由は不要
解約の申入れ (期間の定めがない場合)	賃貸人	賃借人
	申入れから6ヵ月経過後に賃貸借が修了	申入れから3ヵ月経過後に賃貸借が修了
	正当事由が必要	正当事由は不要

＜定期借家権＞

書面等による契約	・公正証書などの書面等(電磁的記録でもよい)による契約であること、事前に、賃借人に更新がない旨の特約があることを書面で説明し、交付することを条件として、期間満了時に、その建物が賃貸人に必ず返還されることとなる賃貸借である
存続期間	・当事者間で自由(1年未満でもよい)に決めることができる

第5章

まとめ

＜都市計画法＞

市街化区域	すでに市街地を形成している区域およびおおむね10年以内に優先的かつ計画的に市街化を図るべき区域
市街化調整区域	市街化を抑制すべき区域
市街化区域内において行う開発行為	原則としてその規模が1,000㎡以上であるものは、都道府県知事等の許可を受けなければならない

＜建築基準法＞

接道義務	建築物の敷地は、原則として幅員4m以上の道路に2m以上接していなければならない
工業専用地域	この用途地域では住宅を建築することができない
建蔽率	建築物の建築面積の敷地面積に対する割合
容積率	建築物の延べ面積の敷地面積に対する割合

※　建蔽率の緩和・適用除外

特定行政庁の指定する角地にある敷地に建築物を建築する場合	10%加算
建蔽率の制限が80%の地域外で、かつ、防火地域内に耐火建築物または準防火地域内に耐火建築物・準耐火建築物を建築する場合	
建蔽率の制限が80%の地域内で、かつ、防火地域内に耐火建築物を建築する場合	建蔽率の制限なし

＜最大建築面積・最大延べ面積の計算＞

最大建築面積	敷地面積×建蔽率
最大延べ面積	敷地面積×容積率　※前面道路の幅員による制限あり

＜2つの地域にまたがる場合＞

防火規制が異なる場合	厳しい方の規制に従う
用途地域が異なる場合	過半の属する地域の用途制限に従う
建蔽率(容積率)が異なる場合	それぞれの地域の敷地面積の割合に応じて按分計算して求めた建蔽率(容積率)となる

＜区分所有法の特別決議＞

規約の設定・変更	区分所有者および議決権の各4分の3
建替え決議	区分所有者および議決権の各5分の4

＜不動産の取得に係る税金＞

（不動産取得税）

定義	不動産の取得に対して、都道府県が課税する税金
非課税	相続（遺贈を含む）による取得　等
家屋（住宅）の課税標準の特例	一定の条件を満たした家屋（住宅）である場合には、その家屋（住宅）の固定資産税評価額から、原則として1,200万円を控除する

（登録免許税）

非課税	表示に関する登記	
課税標準	登記の種類	課税標準
	所有権の保存登記	不動産の価額
	所有権の移転登記（売買）	不動産の価額
	抵当権の設定登記	債権金額
	※　不動産の価額は、原則として「固定資産課税台帳登録価格（固定資産税評価額）」が適用されている	

＜不動産の保有に係る税金＞

（固定資産税）

納税義務者	・毎年1月1日現在において、「固定資産課税台帳」に固定資産の所有者として登録されている者である	
課税標準、税率	・固定資産税評価額（課税標準）は、基準年度の1月1日現在に評価され、原則として3年間は評価替えが行われない ・標準税率（原則1.4%）	
土地（住宅用地）の課税標準の特例		住宅用地の課税標準
	小規模住宅用地（200㎡まで）	固定資産税評価額×1／6
	（一般）住宅用地（200㎡超）	固定資産税評価額×1／3

（都市計画税）

納税義務者	・原則として、都市計画区域のうち市街化区域内において土地、家屋を所有している者が納税義務者となる	
税率	制限税率（上限）　0.3%	
土地（住宅用地）の課税標準の特例		住宅用地の課税標準
	小規模住宅用地（200㎡まで）	固定資産税評価額×1／3
	（一般）住宅用地（200㎡超）	固定資産税評価額×2／3

第5章

まとめ

＜居住用不動産を譲渡した場合の特例＞

	所有期間要件
3,000万円特別控除	なし
軽減税率の特例	10年超
買換えの特例	10年超

＜居住用不動産を譲渡した場合の特例の併用＞

	3,000万円特別控除	軽減税率の特例	買換えの特例
3,000万円特別控除	―	○	×
軽減税率の特例	○	―	×
買換えの特例	×	×	―

＜不動産の採算性＞

DCF法	不動産の保有期間中に生み出される純収益の現在価値の総和と、保有期間満了時点における対象不動産の価値の現在価値を合算して、不動産の収益価格を求める手法
NPV法 （正味現在価値法）	投資不動産から得られる収益の現在価値の合計額が投資額の現在価値の合計額を上回っている場合、投資を実行する
IRR法 （内部収益率法）	内部収益率(IRR)が投資家の期待収益率を超えていれば投資を実行し、投資家の期待収益率を超えていなければ投資を断念する
レバレッジ効果	投資に対する収益率が借入金の金利を上回っている場合に、借入金の利用により自己資金に対する投資利回りが上昇する効果

＜不動産（土地）の有効活用の手法＞

有効活用の手法	土地の所有名義 （有効活用後）	建物の所有名義	土地所有者の 建設資金の負担
事業受託方式	土地所有者	土地所有者	あり
等価交換方式	土地所有者 ディベロッパー	土地所有者 ディベロッパー	なし
建設協力金方式	土地所有者	土地所有者	なし
定期借地権方式	土地所有者	借地人	なし

第 **6** 章

相続・事業承継

頻出項目ポイント

- 法定相続分
- 遺産分割
- 遺言
- 贈与の種類
- 贈与税の配偶者控除
- 相続時精算課税制度
- 相続税の課税財産
- 配偶者の税額軽減
- 財産の評価（不動産）
- 相続・事業承継対策

問題 1　法定相続分　2014年9月試験

民法で規定する相続分に関する次の記述のうち、最も適切なものはどれか。

1. 養子（特別養子ではない）の法定相続分は、実子の法定相続分の2分の1となる。
2. 相続人が被相続人の配偶者、父、母の合計3人である場合、父および母の法定相続分は、それぞれ3分の1となる。
3. 相続人が被相続人の配偶者、長男、孫（相続開始時においてすでに死亡している長女の代襲相続人）の合計3人である場合、孫の法定相続分は4分の1となる。
4. 相続人が被相続人の配偶者、弟、妹の合計3人である場合、弟および妹の法定相続分は、それぞれ6分の1となる。

問題 2　親族等に係る民法の規定　2014年5月試験

親族等に係る民法の規定に関する次の記述のうち、最も適切なものはどれか。

1. 養子縁組（特別養子縁組ではない）が成立した場合、養子と実方の父母との親族関係は終了する。
2. 養子は、縁組の日から養親の嫡出子の身分を取得する。
3. 未成年者を養子とする場合には、市町村長の許可を得なければならない。
4. 6親等内の血族および3親等内の姻族は、互いに扶養する義務がある。

解答 3

1. × 養子の法定相続分は、特別養子であるか否かを問わず、**実子の法定相続分と同じである。**

2. × 相続人が被相続人の配偶者、父、母の合計3人である場合、配偶者の法定相続分は**3分の2**、父および母の法定相続分は、それぞれ**6分の1**（＝1／3×1／2）となる。

3. ○ 相続人が被相続人の配偶者、長男、孫（相続開始時においてすでに死亡している長女の代襲相続人）の合計3人である場合、配偶者の法定相続分は**2分の1**、長男と孫の法定相続分はそれぞれ**4分の1**（＝1／2×1／2）となる。

4. × 相続人が被相続人の配偶者、弟、妹の合計3人である場合、配偶者の法定相続分は**4分の3**、弟および妹の法定相続分は、それぞれ**8分の1**（＝1／4×1／2）となる。

解答 2

1. × **普通養子縁組**が成立した場合、**養子と実方の父母との親族関係は終了せず**、養親および実親の両方に対して相続権を有する。なお、**特別養子縁組**が成立した場合、原則として、**養子と実方の父母との親族関係は終了する**ため、実方の父母の相続権は有しない。

2. ○ 養子と養親およびその血族との間においては、**養子縁組の日**から、血族間におけるのと同一の親族関係を生ずる。

3. × 未成年者を養子とする場合には、**家庭裁判所**の許可を得なければならない。

4. × 互いに扶養する義務があるのは、**直系血族**および**兄弟姉妹**である。なお、家庭裁判所は、特別の事情があるときは、3親等内の親族間においても扶養の義務を負わせることができる。

第6章 相続・事業承継

問題 3　相続の承認・放棄　　　　　　　2014年9月試験

民法で規定する相続の承認および放棄に関する次の記述のうち、最も適切なものはどれか。

1.　推定相続人は、家庭裁判所に申述することにより、相続の開始前に相続の放棄をすることができる。
2.　単純承認をしようとする相続人は、相続の開始があったことを知った時から原則として3ヵ月以内に、その旨を家庭裁判所に申述しなければならない。
3.　限定承認をしようとする場合、相続の開始があったことを知った時から原則として3ヵ月以内に、その旨を家庭裁判所に相続人全員が共同して申述しなければならない。
4.　相続人が相続の放棄をした場合、放棄をした者の子が、放棄をした者に代わって相続人となる。

問題 4　遺産分割　　　　　　　　　　　2015年5月試験

遺産分割に関する次の記述のうち、最も適切なものはどれか。

1.　遺産分割協議書は、民法で定められた形式に従って作成し、かつ、共同相続人全員が署名・捺印していなければ、無効となる。
2.　代償分割は、現物分割を困難とする事由がある場合に、相続人全員が共同して家庭裁判所に申述することにより認められる分割方法である。
3.　代償分割によって特定の相続人から他の相続人が取得した代償財産は、被相続人から相続により取得した財産ではないため、贈与税の課税対象となる。
4.　換価分割は、共同相続人が相続によって取得した財産の全部または一部を金銭に換価し、その換価代金を共同相続人間で分割する方法である。

168

解答 3

1. ×　推定相続人は、**相続の開始前に相続の放棄をすることはできない**。なお、相続人が相続の放棄を行う場合、相続の開始があったことを知った日から**3ヵ月**以内に家庭裁判所に申述しなければならない。

2. ×　相続人が相続の開始があったことを知った日から**3ヵ月**以内に、相続を放棄する旨の申述または限定承認をする旨の申述を行わない場合は、**自動的に単純承認されたものとみなされる**。したがって、家庭裁判所に単純承認をする旨を申述する必要はない。

3. ○　**限定承認**をしようとする場合、その旨を家庭裁判所に**相続人全員が共同して申述しなければならない**。なお、**相続の放棄**は、**相続人ごとに行う**。

4. ×　**相続の放棄は代襲原因に含まれない**。したがって、相続人が相続の放棄をした場合、放棄をした者の子が、放棄をした者に代わって相続人（代襲相続人）になることはない。

解答 4

1. ×　遺産分割協議書は、**法令などで特に定められた形式はなく**、自由な書式で作成することができるが、共同相続人全員の署名・捺印が必要となる。なお、協議分割は、その分割割合については、必ずしも法定相続分に従う必要はない。

2. ×　代償分割は、遺産分割協議書に「代償分割をする」旨の記載をすれば可能であり、**家庭裁判所に申し立てる必要はない**。

3. ×　代償分割によって特定の相続人から他の相続人が取得した代償財産は、特定の相続人から取得した財産であり、被相続人から相続により取得した財産ではない。しかし、自らの相続権に基づく取得となるため、被相続人からの相続として**相続税の課税対象となる**。

4. ○　換価分割は、共同相続人が相続によって取得した財産の全部または一部を金銭に換価し、その換価代金を共同相続人間で分割する方法である。

第6章

相続・事業承継

問題 5 遺言1　　　　　　　　　　　　　　　　　2014年5月試験

遺言に関する次の記述のうち、最も適切なものはどれか。

1.　公正証書遺言は、その作成時において遺言者が所有するすべての財産について受遺者を指定しなければならない。

2.　公正証書遺言は、証人2人以上の立会いの下で作成され、その公正証書の原本が公証役場に保存される。

3.　遺言者が公正証書遺言の全部または一部を撤回するためには、新たな公正証書遺言を作成しなければならず、自筆証書遺言では撤回することができない。

4.　遺言による遺産分割方法の指定や遺贈により相続人の遺留分が侵害された場合、その遺言は無効である。

問題 6 遺言2　　　　　　　　　　　　　　　　　2014年1月試験

遺言に関する次の記述のうち、最も適切なものはどれか。

1.　自筆証書遺言は、遺言者がその全文、日付および氏名を自書し、押印することによって成立するが、印鑑登録された実印で押印しなければ遺言書自体が無効となる。

2.　公正証書遺言の作成時において、遺言者の配偶者が証人として立ち会うことはできない。

3.　夫婦は、同一の証書で共同して遺言することができる。

4.　遺留分権利者が相続開始後に遺留分を放棄するためには、家庭裁判所の許可を得なければならない。

解答 2

1. × 公正証書遺言に限らず、遺言は、その作成時において遺言者が所有するすべての財産について**受遺者を指定する必要はない**。なお、受遺者が指定された財産は遺贈財産となり、指定されていない財産は相続財産として遺産分割協議の対象となる。
2. ○ なお、**公正証書遺言**は、相続開始後に家庭裁判所で**検認の手続きを受ける必要はない**。
3. × 遺言の全部または一部を撤回する際は、撤回前と同じ形式の遺言書で撤回をする必要はない。したがって、遺言者が公正証書遺言の全部または一部を撤回する際は、**自筆証書遺言で撤回することもできる**。
4. × 遺言による遺産分割方法の指定や遺贈により相続人の遺留分が侵害された場合、その遺言は**直ちに無効となるわけではなく**、遺留分権者の遺留分侵害額請求があったときに侵害された部分の遺言が無効となる。

解答 2

1. × 自筆証書遺言の押印は必ずしも実印である必要はなく、**拇印、認印でも可能**となっている。なお、遺産分割協議書を土地建物の相続登記に用いる場合は、その遺産分割協議書には各相続人が実印で捺印し、かつ、印鑑証明書が添付されていなければならない。
2. ○ 遺言者の推定相続人だけでなく、その推定相続人の**配偶者**および**直系血族**も、公正証書遺言の作成時の証人となることができない。よって、推定相続人である遺言者の配偶者は公正証書遺言の作成時の証人となることができない。
3. × 遺言の撤回が困難になる等の理由から、夫婦に限らず、2人以上の遺言者が同一の証書で**共同して遺言することは禁止されている**。
4. × 遺留分の放棄に関して家庭裁判所の許可が必要となるのは、相続の開始後の放棄ではなく、**相続の開始前の放棄である**。

第6章

相続・事業承継

贈与と法律

テキストP.427～

DATE

問題 7 贈与の種類

贈与に関する次の記述のうち、最も不適切なものはどれか。

1.　贈与契約は、当事者の一方が自己の財産を無償で相手方に与える意思表示をすることにより成立し、相手方が受諾する必要はない。
2.　定期贈与は、贈与者または受贈者の死亡によって、その効力を失う。
3.　贈与者は、贈与の目的物に瑕疵があることを知らなかった場合は、受贈者に対しその瑕疵についての責任を負わない。
4.　死因贈与は、贈与者の死亡以前に受贈者が死亡したときは、その効力を生じない。

贈与と税金

テキストP.429～

DATE

問題 8 贈与税の申告と納付

贈与税の申告と納付に関する次の記述のうち、最も適切なものはどれか。

1.　贈与税の配偶者控除の適用を受けることにより納付すべき贈与税額が算出されない場合は、贈与税の申告書の提出は不要である。
2.　贈与税の申告書の提出期間は、贈与を受けた年の翌年2月16日から3月15日までとなっており、所得税の確定申告書の提出期間と同じである。
3.　贈与税の納付方法は、金銭による一括納付が原則であるが、所定の要件を満たせば、分割して納付することも認められる。
4.　贈与税の申告書の提出先は、受贈者の住所地ではなく、贈与者の住所地を管轄する税務署長である。

解 答 1

1. × 贈与契約は、当事者の一方が自己の財産を無償で相手方に与える意思表示を
   し、**相手方がこれを受諾することで成立する契約（諾成契約）**である。

2. ○ 定期贈与とは、贈与者が受贈者に対して定期的に給付することを目的とする贈
   与のことをいい、**贈与者または受贈者の死亡によってその効力を失う。**

3. ○ 不動産売買における瑕疵担保責任と異なり、贈与においては、贈与者が贈与の
   目的物に瑕疵があることを知らなかった場合は、**贈与者は受贈者に対しその瑕疵
   についての責任を負わなくてよい。**

4. ○ 死因贈与は、贈与者の死亡によって効力を生ずる贈与契約であり、贈与者が死
   亡するまでは契約の効力が生じない。よって、贈与者の死亡以前に受贈者が死亡
   したときは、死因贈与の効力は生じない。なお、死因贈与による受贈財産は受贈
   者の贈与税の課税対象ではなく、**相続税の課税対象となる。**

解 答 3

1. × 贈与税の配偶者控除は、この控除を受ける金額その他の所定事項を記載した書
   類を確定申告書に添付した場合に限り適用される。したがって、控除額を控除し
   て計算した結果、納付すべき贈与税額が算出されない場合であっても、**贈与税の
   申告書の提出が必要である。**

2. × 贈与税の申告書の提出期間は、贈与を受けた年の翌年**2月1日から3月15日**ま
   でとなっており、所得税の確定申告書の提出期間（翌年2月16日から3月15日まで）
   とは異なる。

3. ○ 贈与税の納付方法は、**金銭による一括納付が原則**であるが、所定の要件を満た
   せば、**分割して納付することも認められる。**

4. × 贈与税の申告書の提出先は、贈与者の住所地ではなく、**受贈者の住所地を管轄
   する税務署長**である。

問題 9　贈与税の配偶者控除1　　　　2019年1月試験

贈与税の配偶者控除（以下「本控除」という）に関する次の記述のうち、最も適切なものはどれか。なお、各選択肢において、本控除の適用を受けるためのほかに必要とされる要件はすべて満たしているものとする。

1.　受贈者が本控除の適用を受けるためには、贈与時点において、贈与者との婚姻期間が20年以上であることが必要とされている。
2.　配偶者が所有する居住用家屋およびその敷地の用に供されている土地のうち、土地のみについて贈与を受けた者は、本控除の適用を受けることができない。
3.　本控除の適用を受け、その贈与後3年以内に贈与者が死亡して相続が開始し、受贈者がその相続により財産を取得した場合、本控除に係る控除額相当額は、受贈者の相続税の課税価格に加算される。
4.　本控除の適用を受けた場合、贈与税額の計算上、贈与により取得した財産の合計額から、基礎控除額も含めて最高2,000万円の配偶者控除額を控除することができる。

問題 10　贈与税の配偶者控除2　　　　2015年9月試験

夫から下記の財産を受けた妻が贈与税の配偶者控除の適用を受けた場合、贈与税の課税価格から控除することができる金額（基礎控除額と配偶者控除額との合計額）として、最も適切なものはどれか。なお、妻は、下記以外の贈与は受けていないものとし、納付すべき贈与税額が最も少なくなるように計算すること。

贈与財産	贈与時の相続税評価額
居住用家屋とその敷地	1,900万円
株式	300万円

1.　1,900万円
2.　2,000万円
3.　2,010万円
4.　2,110万円

解 答 1

1. ○ 受贈者が本控除の適用を受けるためには、贈与時点において、贈与者との婚姻期間が**20年**以上であることが必要とされている。

2. × 配偶者が所有する居住用家屋およびその敷地の用に供されている土地のうち、**土地のみについて贈与を受けた場合**であっても、**本控除の適用を受けることができる。**

3. × 本控除の適用を受け、その贈与後**3年**以内に贈与者が死亡して相続が開始し、受贈者がその相続により財産を取得した場合、本控除に係る控除額相当額は、**受贈者の相続税の課税価格に加算する必要はない。**

4. × 本控除の適用を受けた場合、贈与税額の計算上、贈与により取得した財産の合計額から、基礎控除額も含めて最高**2,110万円（2,000万円＋110万円）**の控除額を控除することができる。

解 答 3

確定申告により贈与税の配偶者控除の適用を受けた場合、贈与された居住用不動産の価額を限度として最大**2,000万円**を控除することができる。

本問の場合、妻に贈与された居住用家屋とその敷地の価額は**1,900万円（＜2,000万円）**であるため、**1,900万円を控除することになる。**

また、妻は300万円相当の株式の贈与も受けているため、この金額から基礎控除として**110万円を控除することができる。**したがって、妻の贈与税の課税価格から控除することができる金額は、1,900万円＋110万円＝2,010万円となる。

よって、**3.の選択肢が正解となる。**

問題11 住宅取得等資金の贈与 2019年1月試験

直系尊属から住宅取得等資金の贈与を受けた場合の贈与税の非課税の特例（以下「本特例」という）に関する次の記述のうち、最も適切なものはどれか。

1. 本特例は、受贈者の父母からの贈与だけでなく、受贈者の配偶者の父母からの贈与も対象となる。
2. 贈与を受けた年分の所得税に係る合計所得金額が2,000万円を超える受贈者は、本特例の適用を受けることができない。
3. 父からの贈与について相続時精算課税を選択している者は、父からの住宅取得資金の贈与について本特例と併用して適用を受けることができない。
4. 父からの住宅取得資金の贈与について本特例の適用を受けた者は、父からの子育て資金の贈与について「直系尊属から結婚・子育て資金の一括贈与を受けた場合の贈与税の非課税」と併用して適用を受けることができない。

問題12 教育資金の一括贈与 2014年9月試験

直系尊属から教育資金の一括贈与を受けた場合の贈与税の非課税の特例（以下「本特例」という）に関する次の記述のうち、最も適切なものはどれか。

1. 本特例の適用を受けるためには、直系尊属である祖父母から贈与を受ける必要があり、父母から子に対する贈与は本特例の対象とならない。
2. 本特例の適用を受けた場合、贈与税が非課税となる限度額は、受贈者1人につき2,500万円である。
3. 本特例の対象となる教育資金は、学校に直接支払われる入学金や授業料などの金銭に限られ、学校以外の施設に支払われる金銭は対象とならない。
4. 本特例の適用を受けた贈与財産のうち、受贈者が原則30歳に達した日に教育資金に充当していない金額が残っている場合は、その残額はその年に贈与があったものとして贈与税の課税対象となる。

解 答 2

1. ×　本特例は、直系尊属からの贈与に限られるため、**受贈者の配偶者の父母からの贈与は対象とならない。**

2. ○　**贈与を受けた年分**の所得税に係る合計所得金額が**2,000万円**を超える受贈者は、本特例の適用を受けることができない。

3. ×　父からの贈与について相続時精算課税を選択している者は、父からの住宅取得資金の贈与について**本特例と併用して適用を受けることもできる。**

4. ×　父からの住宅取得資金の贈与について本特例の適用を受けた者は、父からの子育て資金の贈与について「直系尊属から結婚・子育て資金の一括贈与を受けた場合の贈与税の非課税」と**併用して適用を受けることもできる。**

解 答 4

1. ×　本特例の適用を受けるためには、直系尊属からの贈与であればよいため、祖父母からの贈与に限らず、**父母から子に対する贈与も本特例の対象となる。**

2. ×　本特例の適用を受けた場合、贈与税が非課税となる限度額は、受贈者1人につき**1,500万円**である。

3. ×　本特例の対象となる教育資金は、学校に直接支払われる入学金や授業料などの金銭に限らず、**学校以外の施設に支払われる金銭も対象となる。**

4. ○　受贈者が原則**30歳**に達した日に、非課税拠出額（**1,500万円**限度）から教育資金支出額（学校以外の施設に支払われるものは500万円を限度）を控除した残額があるときは、その残額は、その**30歳**に達した年の贈与税の課税価格に算入される。

第6章　相続・事業承継

問題13 相続時精算課税制度　　　　　2014年5月試験

相続時精算課税制度(以下「本制度」という)に関する次の記述のうち、最も適切なものはどれか。なお、住宅取得等資金の贈与を受けた場合の相続時精算課税制度の特例は考慮しないものとする。

1. 相続時精算課税制度の適用を受けた贈与財産に係る贈与税額の計算上、特別控除額は特定贈与者ごとに累計3,000万円である。
2. 本制度を一度選択すると、その選択した年以後に特定贈与者から贈与を受けた財産については本制度の適用を受けることとなり、本制度の選択を撤回して暦年課税に変更することはできない。
3. 本制度の適用対象者は、本制度の適用を受ける贈与財産の贈与があった日において、贈与者は60歳以上の親・祖父母であり、受贈者は贈与者の推定相続人である18歳以上の子(代襲相続人を含む)・孫である。
4. 相続時精算課税制度に係る贈与税額の計算上、適用される税率は、一律30%である。

相続と税金　　　　　テキストP.441〜

問題14 相続税の納付　　　　　2014年5月試験

相続税の延納および物納に関する次の記述のうち、最も適切なものはどれか。

1. 相続税の延納を選択する場合、延納の担保として提供することができる財産は、相続または遺贈により取得した財産に限られる。
2. 相続開始前3年以内に被相続人から暦年課税による贈与により取得した財産で、相続税の課税価格に加算されたものは、所定の要件を満たせば、物納に充てることができる。
3. 被相続人から贈与を受けていた財産のうち、相続時精算課税の適用を受けた財産も、物納に充てることができる。
4. 小規模宅地等についての相続税の課税価格の計算の特例の適用を受けた宅地等を物納する場合の収納価額は、原則として特例適用前の価額となる。

解 答 2

1. ×　相続時精算課税制度の適用を受けた贈与財産に係る贈与税額の計算上、特別控除額は**特定贈与者ごとに累計2,500万円である。**

2. ○　なお、本制度を選択しようとする受贈者は、贈与税の申告書に相続時精算課税選択届出書をその他一定の書類とともに添付して、その選択に係る最初の贈与を受けた年分の贈与税の申告期限までに納税地の所轄税務署長に提出しなければならない。

3. ×　本制度の適用対象者は、本制度の適用を受ける贈与財産の**贈与を受けた年の1月1日**において、贈与者は**60歳**以上の親・祖父母であり、受贈者は贈与者の推定相続人である**18歳**以上の子（代襲相続人を含む）・孫である。

4. ×　相続時精算課税制度に係る贈与税額の計算上、適用される税率は、一律**20%**である。

解 答 2

1. ×　延納の担保として提供できる財産は、相続財産に限らず、担保として不適格なものでなければ、**相続人固有の財産でも認められる。**

2. ○　相続開始前**3年**以内に被相続人から暦年課税による贈与により取得した財産で、生前贈与加算の適用を受けて相続税の課税価格に加算されたものは、所定の要件を満たせば、物納に充てることができる。

3. ×　被相続人から贈与を受けていた財産のうち、相続時精算課税の適用を受けた財産は、**物納に充てることができない。**

4. ×　小規模宅地等についての相続税の課税価格の計算の特例の適用を受けた宅地等を物納する場合の収納価額は、原則として**特例適用後の価額となる。**

問題15 相続税の課税財産1　　　　　　　　2015年5月試験

次のうち、相続税の課税対象とならないものはどれか。

1. 契約者(＝保険料負担者)および被保険者を被相続人とする生命保険契約に基づいて受け取った死亡保険金
2. 被相続人の死亡により相続人が取得した被相続人に支給されるべきであった退職手当金で、被相続人の死亡から3年を経過した後に支給が確定したもの
3. 相続または遺贈により財産を取得した者が、相続開始前7年以内(2023年以前は3年以内)に当該相続の被相続人から贈与により取得した財産(特定贈与財産等を除く)
4. 相続または遺贈により財産を取得しなかった者が、相続が開始する5年前に当該相続の被相続人から相続時精算課税による贈与により取得した財産

問題16 相続税の課税財産2　　　　　　　　2015年9月試験

被相続人の死亡により相続人が受け取る生命保険金等の相続税の取扱いに関する次の記述のうち、最も不適切なものはどれか。

1. 生命保険金の非課税限度額は、「500万円×法定相続人の数」の算式によって計算される。
2. 生命保険金の非課税限度額を算出する場合の計算の基礎となる「法定相続人の数」は、相続人の中に相続の放棄をした者がいても、その放棄がなかったものとしたときの相続人の数をいう。
3. 退職手当金の非課税限度額は、被相続人に係る賞与以外の普通給与の3年分相当額である。
4. 自動車事故により死亡した被害者の遺族が、加害者の加入していた対人賠償責任保険契約によって損害保険会社から受け取った対人賠償責任保険金は、相続税の課税対象ではない。

解答 2

1. × 契約者(＝保険料負担者)および被保険者を被相続人とする生命保険契約に基づいて受け取った死亡保険金は、**みなし相続財産として相続税の課税対象となる。**

2. ○ 被相続人の死亡により相続人が取得した被相続人に支給されるべきであった退職手当金で、被相続人の死亡から**3年**を経過した後に支給が確定したものは、相続人の一時所得として所得税の課税対象となる。なお、被相続人に対する退職手当金のうち、被相続人の死亡後**3年**以内に支給が確定したものは、みなし相続財産として相続税の課税対象となる。

3. × なお、相続開始前3年以内に当該相続の被相続人から暦年課税による贈与により取得した財産であっても、受贈者が相続または遺贈により財産(みなし相続財産を含む)を取得しなかった場合は生前贈与加算の課税対象とならないため、相続税の課税対象とならない。
   ※ 特定贈与財産等とは、贈与税の配偶者控除の規定の適用により贈与税の課税価格から控除された金額に相当する部分などをいう。

4. × 相続時精算課税の適用者が相続または遺贈により財産を取得していなくても、被相続人から相続時精算課税による贈与により取得した財産については、**その取得時期にかかわらず、相続税の課税対象となる。**

解答 3

1. ○ すべての相続人が受け取った死亡保険金の合計額のうち、「**500万円×法定相続人の数**」の算式で計算した金額までは、相続税の非課税金額とされる。

2. ○ なお、相続の放棄をした者が受け取った生命保険金については、生命保険金の**非課税金額の規定の適用がない。**

3. × 退職手当金の非課税限度額は、生命保険金と同様に、「**500万円×法定相続人の数**」の算式によって計算される。なお、被相続人に係る賞与以外の普通給与の**3年**分相当額が非課税となるのは、被相続人が**業務上の事由により死亡した場合**に相続人が**被相続人の勤務先から受け取る弔慰金**である。

4. ○ 自動車事故により死亡した被害者の遺族が、加害者の加入していた対人賠償責任保険契約によって損害保険会社から受け取った対人賠償責任保険金は、遺族の所得になることから**相続税の課税対象とはならない。**また、遺族の所得についても、心身の損害に基因して支払いを受ける損害賠償金については、所得税も課税されない。

問題17 債務控除 2015年9月試験

次の費用等のうち、相続税の課税価格の計算上、相続財産の価額から債務控除することができるものはどれか。なお、当該費用等は、相続または遺贈により財産を取得した相続人が負担したものとし、被相続人および相続人は日本国内に住所があるものとする。

1. 準確定申告により納付した被相続人に係る所得税額
2. 被相続人が生前に購入した墓地の代金で、その相続開始時において未払いであったもの
3. 遺言執行者である弁護士に支払った被相続人の相続に係る遺言執行費用
4. 被相続人に係る初七日および四十九日の法要に要した費用

問題18 配偶者の税額軽減 2013年1月試験

配偶者に対する相続税額の軽減(以下「配偶者の税額軽減」という)に関する次の記述のうち、最も適切なものはどれか。なお、各選択肢において、配偶者の税額軽減の適用を受けるに当たり、他に必要とされる要件はすべて満たしているものとする。

1. 配偶者の税額軽減の対象となる配偶者には、被相続人との婚姻の届出をしていた者のみならず、被相続人と内縁関係にあった者も含まれる。
2. 配偶者が相続を放棄した場合でも、その配偶者が遺贈により財産を取得したときには、配偶者の税額軽減の適用を受けることができる。
3. 配偶者の法定相続分相当額の多寡を問わず、配偶者に係る相続税の課税価格が1億6,000万円を超える場合には、その超える部分については、配偶者の税額軽減の適用を受けることはできない。
4. 配偶者の税額軽減は、相続税の期限内申告書の提出期限までに遺産が分割された場合にのみ適用を受けることができ、提出期限後に分割された場合には適用を受けることができない。

解 答 1

1. ○ 準確定申告により納付した被相続人に係る所得税額は、**債務控除の対象にな
る**。また、被相続人が所有していた不動産に係る固定資産税のうち、相続開始時
点で納税義務は生じているが、納付期限が到来していない未払いの金額なども**債
務控除の対象になる**。

2. × 被相続人が生前に購入した墓石や墓地の代金で、その相続開始時において未払
いであったものでも、非課税財産に係る債務であるため、**債務控除の対象になら
ない**。

3. × 弁護士に支払う遺言執行費用や司法書士に支払う相続財産の登記手続き費用
は、**債務控除の対象にならない**。

4. × 被相続人に係る初七日および四十九日の法要に要した費用は、**債務控除の対象
にならない**。

解 答 2

1. × 配偶者の税額軽減の対象となる配偶者には、被相続人と**内縁関係にあった者は
含まれない**。なお、婚姻期間に係る要件はない。

2. ○ 配偶者が相続を放棄した場合でも、その配偶者が遺贈により財産を取得したと
きやみなし相続財産を取得したときには、**配偶者の税額軽減の適用を受けること
ができる**。

3. × 配偶者に係る相続税の課税価格が**1億6,000万円**を超えていても、**配偶者の
法定相続分相当額以下の金額**であれば、配偶者の税額軽減の適用を受けることが
できる。

4. × 配偶者の税額軽減は、相続税の期限内申告書の提出期限までに遺産が分割され
ていない場合であっても、その提出期限（法定申告期限）から**3年**以内に分割が行
われたときは、分割の日の翌日から**4ヵ月**以内に更正の請求をすることにより適
用を受けることができる。

第6章 相続・事業承継

財産の評価(不動産) テキストP.463〜

問題19 財産の評価(不動産)1 2014年1月試験

相続税における建物等の評価に関する次の記述のうち、最も適切なものはどれか。

1. 自用家屋の価額は、「固定資産税評価額×70%」により評価する。
2. 家屋の電気設備や給排水設備は、その家屋と構造上一体となっていても、家屋とは分けて個別に評価する。
3. 建築中の家屋の評価額は、課税時期までに投下された建築費用の合計額である。
4. 貸家は、「自用家屋としての価額×(1-借家権割合×賃貸割合)」によって算出した価額により評価する。

問題20 財産の評価(不動産)2 2015年5月試験

相続税における宅地の評価に関する次の記述のうち、最も不適切なものはどれか。

1. 宅地の価額は、その宅地が登記上は2筆の土地であっても、これを一体として利用している場合は、その全体を1画地として評価する。
2. 宅地の評価方法には、路線価方式と倍率方式とがあり、いずれを採用するかは、宅地の所在地により各国税局長が指定している。
3. 倍率方式とは、宅地の固定資産税評価額に所定の倍率を乗じた金額に、宅地の形状等に応じた各種補正率を乗じて算出した金額によって宅地の価額を評価する方式である。
4. 使用貸借契約に基づき親の所有する土地の上に子が所有する貸家が建てられている場合、その土地の評価額は自用地価額となる。

解答 4

1. × 自用家屋の価額は、「**固定資産税評価額×1.0**」により評価する。
2. × 家屋と構造上一体となっている電気設備や給排水設備は、**家屋の価額に含めて評価する**。
3. × 建築中の家屋の価額は、「**その家屋の費用現価×70%**」により評価する。
4. ○ 貸家は、「**自用家屋評価額×（1－借家権割合×賃貸割合）**」により評価する。

解答 3

1. ○ 宅地の価額は、登記上の一筆ごとの単位ではなく、利用の単位となっている**一画地ごとで評価する**規定になっている。
2. ○ 宅地の評価方法として、路線価方式と倍率方式のうち、どちらの方式を採用するかについては、**納税者が任意に選択することはできない**。なお、それぞれの評価において用いる路線価および倍率は、路線価図および評価倍率表により公表されている。
3. × 倍率方式は、宅地の固定資産税評価額に所定の倍率を乗じた金額で評価する方法である。なお、宅地の形状等に応じた各種補正は固定資産税評価額を算定する場合に考慮されているため、奥行き価格補正率などの**各種補正率を新たに乗じる必要はない**。なお、路線価方式は、宅地が面している路線ごとに定められた路線価を基礎として、宅地の形状等による補正を行って評価する。
4. ○ 使用貸借契約に基づき親の所有する土地の上に子が所有する貸家が建てられている場合、その借地権相当額について財産評価を行わないため、**親の有する土地の評価額は自用地価額となる**。

問題21 財産の評価（不動産）3　　　　　2012年1月試験

宅地および宅地の上に存する権利等（定期借地権等を除く）の相続税評価に関する次の記述のうち、最も適切なものはどれか。なお、評価の対象となる宅地は、借地権の取引慣行のある地域にあるものとする。

1.　借地権の価額は、「自用地価額×（1－借地権割合）」の算式で計算した金額により評価する。

2.　貸家建付地の価額は、「自用地価額×借地権割合×（1－借家権割合×賃貸割合）」の算式で計算した金額により評価する。

3.　相続人が相続により取得した宅地が「小規模宅地等についての相続税の課税価格の計算の特例」における特定居住用宅地等に該当する宅地等について本特例の適用を受ける場合は、200㎡を限度として80％相当額が減額できる。

4.　相続人が相続により取得した宅地が「小規模宅地等についての相続税の課税価格の計算の特例」における特定事業用宅地等に該当する宅地等について本特例の適用を受ける場合は、400㎡を限度として80％相当額が減額できる。

財産の評価（金融資産）　テキストP.475〜

問題22 財産の評価（金融資産）1　　　　　2012年1月試験

相続税の財産評価に関する次の記述のうち、最も適切なものはどれか。

1.　定期預金の価額は、課税時期における預入残高で評価する。

2.　個人向け国債の価額は、額面金額で評価する。

3.　取引相場のあるゴルフ会員権の価額は、課税時期における通常の取引価額の80％に相当する金額で評価する。

4.　金融商品取引所に上場されている証券投資信託の受益証券の価額は、上場株式の評価に準じて評価する。

解 答 4

1. × 借地権の価額は、「**自用地価額×借地権割合**」の算式で計算した金額により評価する。なお、「自用地価額×(1－借地権割合)」の算式で計算した金額により評価するのは、貸宅地の価額である。

2. × 貸家建付地の価額は、「**自用地価額×(1－借地権割合×借家権割合×賃貸割合)**」の算式で計算した金額により評価する。

3. × 相続人が相続により取得した宅地が「小規模宅地等についての相続税の課税価格の計算の特例」における特定居住用宅地等に該当する宅地等について本特例の適用を受ける場合は、**330㎡を限度として80%相当額**が減額できる。

4. ○ 特定事業用宅地等に該当する宅地等については、本特例の適用を受ける場合は、**400㎡を限度として80%相当額**が減額できる。なお、貸付事業用宅地等に該当する宅地等について本特例の適用を受ける場合は、**200㎡を限度として50%相当額**が減額できる。

解 答 4

1. × 定期預金の価額は、原則として、**課税時期の預入残高に源泉所得税相当額控除後の既経過利子を加算した金額**により評価する。

2. × 個人向け国債の価額は、**課税時期において中途換金した場合に取扱機関から支払いを受けることができる価額**によって評価する。

3. × 取引相場のあるゴルフ会員権の価額は、**課税時期における通常の取引価額の70%に相当する金額**で評価する。

4. ○ なお、金融商品取引所に上場されていない証券投資信託の受益証券の価額は、**課税時期において解約請求または買取請求を行ったとした場合に証券会社等から支払いを受ける価額により評価する。**

問題**23** 財産の評価(金融資産)2 　　　　　　　　　2013年9月試験

自社株(非上場株式)を同族株主等が相続または遺贈により取得した場合の株式の評価に関する次の記述のうち、最も適切なものはどれか。なお、選択肢1から3において、評価会社は、いずれも特定の評価会社ではないものとする。

1. 　規模区分が大会社と判定された評価会社の株式を取得した場合、当該株式の価額は、原則として、類似業種比準方式により評価する。

2. 　規模区分が中会社と判定された評価会社の株式を取得した場合、当該株式の価額は、原則として、類似業種比準方式と配当還元方式の併用方式により評価する。

3. 　規模区分が小会社と判定された評価会社の株式を取得した場合、当該株式の価額は、原則として、配当還元方式により評価する。

4. 　土地保有特定会社または株式保有特定会社に該当する評価会社の株式を取得した場合、当該株式の価額は、原則として、類似業種比準方式と純資産価額方式の併用方式により評価する。

解 答 1

1. ○ なお、類似業種比準方式の比準要素は、1株当たりの配当金額、年利益金額および純資産価額である。

2. × 規模区分が中会社と判定された評価会社の株式を取得した場合、当該株式の価額は、原則として、**類似業種比準方式と純資産価額方式の併用方式**により評価する。

3. × 規模区分が小会社と判定された評価会社の株式を取得した場合、当該株式の価額は、原則として、**純資産価額方式により評価する**。なお、配当還元方式は、同族会社の株式を同族株主以外の株主が相続により取得した場合に用いる評価方法である。

4. × 土地保有特定会社または株式保有特定会社に該当する評価会社の株式を取得した場合、当該株式の価額は、原則として、**純資産価額方式により評価する**。

第6章 相続・事業承継

DATE

問題24　相続・事業承継対策　　　　2014年9月試験

相続人が複数いる場合の遺産分割対策および相続税の納税資金対策に関する次の記述のうち、最も適切なものはどれか。

1. 将来の代償分割に備えて、被保険者を被相続人、保険料負担者および保険金受取人を代償交付金を交付する予定の相続人とする生命保険に加入することは、遺産分割対策として有効である。

2. 被相続人が相続人と話し合い、被相続人の生前に相続の放棄をする旨を家庭裁判所に申述させることは、遺産分割対策として有効である。

3. 抵当権の目的となっている不動産を相続した場合、当該不動産を売却して相続税の納税資金を捻出することは困難であるため、当該不動産を優先的に物納財産に充当するのが有効である。

4. 相続税の納税資金に充てるため、相続人が相続開始前から所有していた不動産を売却する場合、所定の要件を満たせば、譲渡所得の金額の計算上、納付すべき相続税額のうちの一定の金額を取得費に加算することができる。

解 答 1

1. ○ 生命保険金は、保険金受取人の固有財産となるため、被保険者を被相続人、保険料負担者および保険金受取人を代償交付金を交付する相続人とする生命保険に加入することは、代償分割を想定した遺産分割対策として有効である。
2. × **被相続人の生前に相続の放棄をすることはできない**ため、本選択肢は遺産分割対策として有効でない。
3. × **抵当権の目的となっている不動産**は物納不適格財産として**物納することができない**。また、当該不動産を売却して相続税の納税資金を捻出することも困難である。したがって、別途納税資金を確保する必要がある。
4. × 譲渡所得の金額の計算上、納付すべき相続税額のうちの一定額を取得費に加算することができる特例（相続税額の取得費加算の特例）は、**相続または遺贈によって取得した財産**を相続開始のあった日の翌日から相続税の申告期限の翌日以後3年を経過する日までに譲渡した場合に適用される。したがって、相続人が相続開始前から所有していた不動産を売却しても、この特例の適用を受けることはできない。

まとめ

＜相続人と相続分＞

	配偶者	配偶者以外	合　計
第1順位 （配偶者と子※）	1/2	1/2	1
第2順位 （配偶者と直系尊属）	2/3	1/3	1
第3順位 （配偶者と兄弟姉妹）	3/4	1/4	1

（複数いる場合は均等割）

※子が先に死亡している場合はその者の子（被相続人の孫）が代襲相続人となる

＜相続の承認と放棄＞

放棄、限定承認	自己のために相続開始があったことを知った時から3ヵ月以内
準確定申告	自己のために相続開始があったことを知った日の翌日から4ヵ月以内
相続税の申告	自己のために相続開始があったことを知った日の翌日から10ヵ月以内

＜遺産分割＞

手　続　き	・遺産分割協議は、相続人全員の合意があれば必ずしも民法に規定する相続分に従う必要はないが、家庭裁判所の審判分割は民法に規定する相続分に従って分割される ・遺産分割には、原則として分割の時期および期間の定めはない
換価分割	各相続人が相続によって取得した財産の全部または一部を、現物で分割することに代え、それを売却し金銭に換価した上でその売却代金を分割する方法
代償分割	・各相続人のうち、特定の者（代償債務者）が被相続人の遺産を取得し、その代償としてその者が自己の固有財産を他の相続人に支払う方法 ・代償分割によって取得した代償財産は、実質的には相続によって取得したものと同様であるため、相続税の課税対象となる ・交付した代償財産は、代償債務者の課税価格から控除する ・代償財産として交付したものが金銭ではなく、土地または家屋のように譲渡所得の課税対象となる資産であるときは、その代償財産を交付（譲渡）した者に譲渡所得として所得税・住民税が課税される

＜普通方式の遺言＞

種　類	自筆証書遺言	公正証書遺言	秘密証書遺言
作成方法	本人が全文、日付、氏名を自署し押印 代筆不可 ワープロ不可 なお、財産目録は自書でなくても可	本人が遺言の内容を口述（手話含む）し、公証人が筆記した上で、公証人が遺言者・証人に読み聞かせる 本人、公証人、証人が署名、押印	本人が遺言書に、署名、押印し、遺言書を封じ同じ印で封印する 代筆可　ワープロ可 公証人の前で本人が自分の遺言書であること、住所、氏名を口述し、公証人がその口述内容、日付を封書に記載する 本人、公証人、証人が署名、押印
作成場所	自由	公証役場	公証役場
証　人	不要	2人以上	2人以上
署名捺印	本人	本人・公証人・証人	本人・公証人・証人
保管場所	自由※	公証役場	自由
検　認	必要（家庭裁判所）※	不要	必要（家庭裁判所）

※自筆証書遺言を法務局で保管することができる
　この場合、検認の手続きは不要である

＜贈与の種類＞

負担付贈与	贈与者が受贈者に対して一定の給付をなすべき義務を負わせる贈与をいい、受贈者が負担すべき債務を履行しない場合、贈与者はその贈与契約を解除することができる
死因贈与	贈与者の死亡によって効力が生じる贈与をいい、贈与者の死亡以前に受贈者が死亡した場合には、その贈与契約の効力は生じない
定期贈与	贈与者が受贈者に対して定期的に金銭等を給付することを目的とする贈与をいい、原則として、贈与者または受贈者の死亡により効力を失う

＜贈与の申告と納付＞

申　告	その贈与があった年の翌年の2月1日から3月15日までに贈与税の申告書を納税地（原則として、受贈者の住所地）の所轄税務署長に提出しなければならない
納　付	・贈与税の申告書を提出した者は、その申告書の申告期限までに納付すべき税額の全額を金銭で一時に納付しなければならない ・金銭一時納付が困難な場合、延納により贈与税を納付することができるが、延納期間は最長5年までしか認められない

第6章
まとめ

＜贈与税の配偶者控除＞

婚姻期間	20年以上の配偶者による贈与であること
適用資産	居住用不動産または居住用不動産を取得するための金銭を贈与により取得した場合
控 除 額	基礎控除110万円のほかに最大2,000万円が控除できる

＜直系尊属からの贈与の非課税＞

	非課税となる金額
教育資金の一括贈与	1,500万円
結婚・子育て資金の一括贈与	1,000万円

＜相続時精算課税制度＞

適用対象者	・贈与者は、60歳以上の親および祖父母 ・受贈者は、18歳以上の子である推定相続人および孫 ・年齢の判定は贈与年の1月1日で行う
手 続 き	・本制度の選択を行おうとする受贈者は、その選択に係る最初の贈与を受けた年の翌年2月1日から3月15日までの間に所轄税務署長に対して相続時精算課税選択届出書を贈与税の申告書に添付することにより行うものとする ・本制度は、相続時まで継続して適用される
贈 与 税 額	$\left\{ \left[\begin{array}{l} \text{特定贈与者からのその年中の} \\ \text{贈与財産の価額の合計額} \end{array} \right] -110万円-最高2,500万円^{※} \right\} \times 20\%$ ※毎年控除し、110万円を下回る場合は申告不要

＜相続税の計算＞

弔慰金等の 非課税金額	業務上の死亡	普通給与の3年分
	非業務上の死亡	普通給与の6ヵ月分
生命保険金等の非課税金額		500万円×法定相続人の数※
遺産に係る基礎控除額		3,000万円＋600万円×法定相続人の数※

※法定相続人の数の注意点
　・相続を放棄した者も含める
　・実子がいる場合は養子は1人までしか算入できない
　　（実子がいない場合は、養子は最大2人まで算入できる）

＜債務控除＞

控除対象になるもの	控除対象にならないもの
銀行等からの借入金	墓地購入の未払代金
被相続人の所得税の未納分	墓碑および墓地の買入費
埋葬、火葬、納骨などの費用	香典返戻費用

＜配偶者の税額軽減＞

内　　容	配偶者の課税価格のうち、その「配偶者の法定相続分」または「1億6,000万円」までは相続税が軽減される
要　　件	・法律上の婚姻関係があること(内縁関係は不可) ・相続税の申告書を提出すること ・相続または遺贈により財産を取得していること ・取得財産が確定していること (未分割の場合でも申告期限から3年以内に遺産分割協議が整い、配偶者が取得する財産が確定すれば、この規定の適用を受けることができる)

＜財産の評価(不動産)＞

貸　　　家	固定資産税評価額×(1−借家権割合×賃貸割合)
借　地　権	自用地としての価額×借地権割合
貸　宅　地	自用地としての価額×(1−借地権割合)
貸家建付地	自用地としての価額×(1−借地権割合×借家権割合×賃貸割合)

＜小規模宅地等の評価減＞

	減額割合	減額限度面積
特定事業用宅地等	80%	400㎡
特定居住用宅地等	80%	330㎡
貸付事業用宅地等	50%	200㎡

第6章 まとめ

195

＜財産の評価（金融資産）＞

（上場株式）

次のいずれか低い価格により評価する

- ・課税時期の最終価格
- ・課税時期の属する月の毎日の最終価格の平均額
- ・課税時期の属する月の前月中の毎日の最終価格の平均額
- ・課税時期の属する月の前々月中の毎日の最終価格の平均額

（取引相場のない株式）

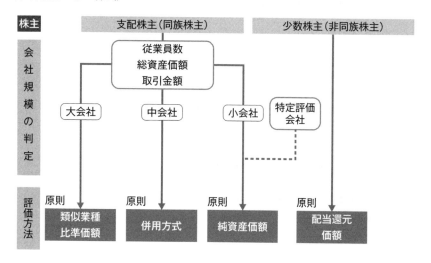

〈実技編〉

ファイナンシャル・プランニング技能検定・実技試験

2級 資産設計 提案業務

（日本ファイナンシャル・プランナーズ協会）

問　題

【第1問】 次の問1〜問2について解答しなさい。

問1

　ファイナンシャル・プランニング・プロセスの順序に従い、次の(ア)〜(オ)を作業順に並べ替えたとき、その中で4番目となるものはどれか。

(2014年1月)

（ア）　顧客のプランを実現するために、金融商品等の購入、相続の準備等の実行支援を行う。

（イ）　顧客に対して、FPから提供するサービスの内容の説明を行う。

（ウ）　顧客の家族の状況等から、キャッシュフロー表等を作成し、顧客の資産および負債の状況を把握する。

（エ）　顧客の家族構成や収入・支出情報のほか、顧客の将来の希望等を、面談等によって確認する。

（オ）　顧客の資産状況や将来の目標・希望等を踏まえ、提案書を作成する。

問2

　ファイナンシャル・プランニングの6つのステップにおける、第2ステップ「顧客データの収集と目標の明確化」において収集する顧客のデータに関する次の記述の空欄(ア)〜(ウ)にあてはまる語句の組み合わせとして正しいものはどれか。

(2011年5月)

・収集すべき顧客データとしては、定性的情報と定量的情報がある。定量的情報の例としては、（　ア　）等が該当する。

・情報収集の方法として、面談によるものと質問紙によるものがあるが、面談においては、（　イ　）より（　ウ　）の収集がより適しているといえる。

1.　（ア）生活目標　　（イ）定量的情報　　（ウ）定性的情報
2.　（ア）生活目標　　（イ）定性的情報　　（ウ）定量的情報
3.　（ア）預金残高　　（イ）定量的情報　　（ウ）定性的情報
4.　（ア）預金残高　　（イ）定性的情報　　（ウ）定量的情報

【第2問】 次の問1〜問3について解答しなさい。

問1

　下記の図は、住宅ローンの繰上げ返済（一部繰上げ返済）のイメージ図である。仮に、元利均等返済の住宅ローンについて「返済額軽減型」で繰上げ返済を行った場合、これを表すイメージ図として、最も適切なものはどれか。

　なお、繰上げ返済は元金分に充当するものとし、図中の縦軸は毎回の返済金額、横軸は返済期間、網かけ部分(■、▨)は繰上げ返済する元金部分または軽減される利息を表示している。

（2014年9月）

1.
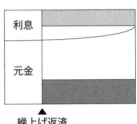

2.
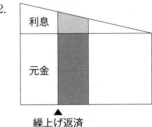

3.
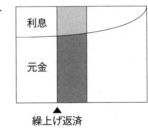

4.
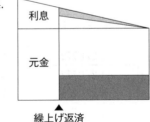

問2

　下記の表は、山田さんが借りている住宅ローンの返済予定表を年単位に修正したものである。山田さんが、17年目までの返済を終えた時点で、住宅ローンを全額繰上げ返済する場合、必要となる金額として、正しいものはどれか。なお、手数料等はかからないものとする。

（2007年1月）

＜住宅ローン＞

債務者　　：山田さん
借入金額：2,000万円
返済方法：元利均等返済
金利　　　：固定金利（当初10年間・年2.5％、11年目以降・年4.0％）
返済期間：20年

＜住宅ローンの返済予定表＞　　　　　　　　　　（単位：円）

年数	返済額	返済額の内訳	
		利子充当部分	元金充当部分
1年目	1,271,772	491,096	780,676
2年目	1,271,772	471,354	800,418
3年目	1,271,772	451,113	820,659
4年目	1,271,772	430,359	841,413
5年目	1,271,772	409,080	862,692
6年目	1,271,772	387,263	884,509
7年目	1,271,772	364,897	906,875
8年目	1,271,772	341,962	929,810
9年目	1,271,772	318,450	953,322
10年目	1,271,772	294,342	977,430
11年目	1,365,864	432,703	933,161
12年目	1,365,864	394,686	971,178
13年目	1,365,864	355,117	1,010,747
14年目	1,365,864	313,938	1,051,926
15年目	1,365,864	271,081	1,094,783
16年目	1,365,864	226,477	1,139,387
17年目	1,365,864	180,058	1,185,806
18年目	1,365,864	131,747	1,234,117
19年目	1,365,864	81,467	1,284,397
20年目	1,365,832	29,138	1,336,694

1. 3,000,000円
2. 3,242,352円
3. 3,855,208円
4. 4,097,560円

問3

　福岡さんは、現在居住しているマンションの住宅ローン（全期間固定金利、返済期間30年、元利均等返済、ボーナス返済なし）の繰上げ返済を検討しており、FPの明石さんに繰上げ返済について質問をした。福岡さんが住宅ローンを244回返済後に、200万円以内で期間短縮型の繰上げ返済をする場合、この繰上げ返済により短縮される返済期間として、正しいものはどれか。なお、計算に当たっては、次の＜資料＞を使用し、繰上げ返済額は200万円を超えない範囲での最大額とすること。また、繰上げ返済に伴う手数料等は考慮しないものとする。

（2016年1月）

<資料>福岡家の住宅ローンの償還予定表の一部

返済回数(回)	毎月返済額(円)	うち元金(円)	うち利息(円)	残高(円)
243	116,766	85,279	31,487	11,722,485
244	116,766	85,506	31,260	11,636,979
245	116,766	85,734	31,032	11,551,244
246	116,766	85,963	30,803	11,465,282
247	116,766	86,192	30,574	11,379,090
248	116,766	86,422	30,344	11,292,668
249	116,766	86,652	30,114	11,206,016
250	116,766	86,883	29,883	11,119,132
251	116,766	87,115	29,651	11,032,017
252	116,766	87,347	29,419	10,944,670
253	116,766	87,580	29,186	10,857,090
254	116,766	87,814	28,952	10,769,276
255	116,766	88,048	28,718	10,681,228
256	116,766	88,283	28,483	10,592,945
257	116,766	88,518	28,248	10,504,427
258	116,766	88,754	28,012	10,415,673
259	116,766	88,991	27,775	10,326,682
260	116,766	89,228	27,538	10,237,454
261	116,766	89,466	27,300	10,147,987
262	116,766	89,705	27,061	10,058,283
263	116,766	89,944	26,822	9,968,339
264	116,766	90,184	26,582	9,878,155
265	116,766	90,424	26,342	9,787,731
266	116,766	90,665	26,101	9,697,065
267	116,766	90,907	25,859	9,606,158
268	116,766	91,150	25,616	9,515,008
269	116,766	91,393	25,373	9,423,616

1. 1年4ヵ月
2. 1年5ヵ月
3. 1年10ヵ月
4. 2年

資産設計 提案業務

問4
　日本学生支援機構の貸与型奨学金（第一種・第二種）および日本政策金融公庫の教育一般貸付（国の教育ローン）に関する下表の空欄（ア）〜（エ）にあてはまる語句の組み合わせとして、最も適切なものはどれか。なお、記載のない事項については一切考慮しないこととする。

	日本学生支援機構の貸与型奨学金	日本政策金融公庫の教育一般貸付
貸付（貸与）対象者	（　ア　）	主に学生・生徒の保護者
申込み時期	決められた募集期間内	（　イ　）
利息	［第一種奨学金］無利息 ［第二種奨学金］（　ウ　）を上限とする利息付き（在学中は無利息）	在学期間内は利息のみの返済とすることが可能
貸付可能額（貸与額）	［第一種奨学金］ 月額2万円、3万円、4.5万円から選択（国公立大学、自宅通学の場合） ［第二種奨学金］ 月額2万円から12万円（1万円単位）	子ども1人当たり（　エ　）以内 ※　一定の要件に該当する場合は450万円以内

1.　（ア）主に学生・生徒の保護者　　　（イ）いつでも可能　　　　　　（ウ）金利5％
　　（エ）350万円

2.　（ア）主に学生・生徒の保護者　　　（イ）決められた募集期間内　　（ウ）金利3％
　　（エ）300万円

3.　（ア）学生・生徒本人　　　　　　　（イ）決められた募集期間内　　（ウ）金利5％
　　（エ）300万円

4.　（ア）学生・生徒本人　　　　　　　（イ）いつでも可能　　　　　　（ウ）金利3％
　　（エ）350万円

【第3問】

　大原さん（会社員36歳）は、本年8月に胆石の手術で3日間入院した。大原さんの本年8月の1ヵ月間における保険診療分の医療費（窓口での自己負担分）が15万円であった場合、高額療養費として支給される額（多数該当は考慮しない）として、正しいものはどれか。なお、大原さんは全国健康保険協会管掌健康保険（協会けんぽ）の被保険者であり、大原さんの標準報酬月額は34万円であるものとする。また、「健康保険限度額適用認定証」の提示はしていないものとする。

（2015年9月）

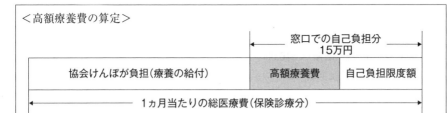

＜高額療養費の算定＞

＜医療費の1ヵ月当たりの自己負担限度額（70歳未満の人）＞

	所得区分	自己負担限度額（月額）
①	標準報酬月額 83万円以上	252,600円 ＋（総医療費 − 842,000円）× 1%
②	標準報酬月額 53万円〜79万円	167,400円 ＋（総医療費 − 558,000円）× 1%
③	標準報酬月額 28万円〜50万円	80,100円 ＋（総医療費 − 267,000円）× 1%
④	標準報酬月額 26万円以下	57,600円
⑤	低所得者 （住民税非課税者等）	35,400円

1.　92,400円
2.　82,430円
3.　67,570円
4.　35,400円

資産設計提案業務

【第4問】 次の問1〜問3について解答しなさい。

問1
　馬場和美さん(1964年10月12日生まれ)が60歳到達月に老齢基礎年金の支給繰上げの請求をした場合、60歳時に受け取る繰上げ支給の老齢基礎年金の額として、正しいものはどれか。なお、計算に当たっては、下記<資料>に基づくこととする。

(2015年1月)

［和美さんの国民年金保険料納付済期間］
1990年10月〜2024年9月：408月
※　このほかに保険料納付済期間はなく、保険料免除期間もないものとする。
［その他］
・老齢基礎年金の額(満額)：816,000円(2024年度価格)
・和美さんの加入可能年数：40年
・繰上げ支給の減額率：0.4%×繰上げ請求月から65歳に達する月の前月までの月数
・振替加算は考慮しないものとする。
・年金額の端数処理
　年金額の計算においては円未満を四捨五入するものとする。

1.　527,136円
2.　568,752円
3.　693,600円
4.　718,080円

問2

　天野幸子さんの60歳時点における厚生年金保険加入歴等が下記＜資料＞のとおりである場合、幸子さんが65歳から受給できる老齢厚生年金の額を計算しなさい。なお、幸子さんは、60歳以降は会社に勤務しない(厚生年金保険に加入しない)ものとし、記載以外の老齢厚生年金の受給要件はすべて満たしているものとする。また、年金額の計算に当たっては、計算過程、解答ともに円未満を四捨五入するものとし、解答に当たっては、解答欄に記載されている単位に従うこと。

(2013年1月)

＜資料＞

［幸子さんの厚生年金保険加入歴等］

2003年3月以前：被保険者期間　　36月　　平均標準報酬月額　260,000円

2003年4月以後：被保険者期間　252月　　平均標準報酬額　　350,000円

［老齢厚生年金の計算式］

A：平均標準報酬月額 $\times \dfrac{7.125}{1000} \times$ 2003年3月以前の被保険者期間の月数

B：平均標準報酬額 $\times \dfrac{5.481}{1000} \times$ 2003年4月以後の被保険者期間の月数

報酬比例部分の年金額＝A＋B

解答欄　　　　　（円）

問3

　大場隆志さん(63歳)は60歳で定年を迎えたが、引き続き今の会社の再雇用制度を利用して働き続けている。隆志さんは64歳時の特別支給の老齢厚生年金が受給できるのかどうかFPの米田さんに質問をした。米田さんが下記<資料>を基に計算した在職老齢年金の支給額(月額)を計算しなさい。なお、解答に当たっては、解答欄に記載されている単位に従うこと。

(2013年9月)

<資料>

```
[隆志さんに関するデータ]
・定年の日の翌日からフルタイムで働き、引き続き厚生年金保険に加入している。
・60歳以降の給与(標準報酬月額)：22万円
・60歳以降の賞与(標準賞与額)　　：年2回の支給で合計60万円
・64歳から支給される年金月額(基本月額)：12万円
・雇用保険の高年齢雇用継続給付は受けないものとする。

[総報酬月額相当額の計算]
総報酬月額相当額＝標準報酬月額＋(直近1年間の標準賞与額の合計÷12)

[在職老齢年金の支給停止額の計算]
・「総報酬月額相当額＋基本月額」が50万円以下の場合
　支給停止されない(全額支給)。
・「総報酬月額相当額＋基本月額」が50万円を超える場合
　支給停止額＝(総報酬月額相当額＋基本月額－50万円)×1／2
```

解答欄　　　　　　　(円)

【第5問】

　下記の大津富士雄さんが在職中の現時点(45歳)で死亡した場合、富士雄さんの死亡時点において秋江さんが受給できる公的年金の遺族給付の額として、正しいものはどれか。なお、富士雄さんは大学卒業後の22歳から死亡時まで継続して厚生年金保険に加入しているものとし、記載以外の遺族給付の受給要件はすべて満たしているものとする。また、遺族給付の額の計算に当たっては、下記<資料>の金額を使用することとする。

(2015年5月)

氏名	続柄	生年月日	年齢	備考
大津　富士雄	本人	1979年10月12日	45歳	会社員(正社員)
秋江	妻	1978年12月22日	46歳	パート勤務
早苗	長女	2007年11月25日	17歳	高校3年生

<資料>

・遺族厚生年金の額：600,000円
・中高齢寡婦加算額：612,000円(2024年度価額)
・遺族基礎年金の額：816,000円(2024年度価額)
・遺族基礎年金の子の加算額
　第1子・第2子(1人当たり)：234,800円(2024年度価額)

1.　1,212,000円
2.　1,416,000円
3.　1,650,800円
4.　2,028,000円

【第6問】　次の問1〜問2について解答しなさい。

(2016年1月)

＜福岡家の家族データ＞

氏　名	続柄	生年月日	備考
福岡　貴司	本人	1973年12月4日	会社員
宏美	妻	1976年4月25日	主婦
翔	長男	2001年10月18日	会社員
美月	長女	2003年5月16日	学生

※　長男の翔さんは就職を機に独立し、別居している。

※　長女の美月さんの就職後は、基本生活費は236万円から190万円(いずれも現在価値)に減る。

＜福岡家のキャッシュフロー表＞　　　　　　　　　　　　　　　　　(単位：万円)

経過年数			基準年	1年	2年	3年	4年
西暦(年)			2024	2025	2026	2027	2028
家族構成／年齢	福岡　貴司	本人	51歳	52歳	53歳	54歳	55歳
	宏美	妻	48歳	49歳	50歳	51歳	52歳
	翔	長男	23歳	24歳	25歳	26歳	27歳
	美月	長女	21歳	22歳	23歳	24歳	25歳
ライフイベント		変動率	翔就職	銀婚式海外旅行	美月就職	自動車の買換え	
収入	給与収入(夫)	1%	597	603	609	615	621
	収入合計	—	597	603	609	615	621
支出	基本生活費	2%	236	241	198		(ア)
	住居費	—	150	150	150	150	150
	教育費	—	110	110			
	保険料	—	46	46	34	34	34
	一時的支出	—		100		200	
	その他支出	1%	20	20	20	21	21
	支出合計	—	562	667	402	607	
年間収支		—	35	▲64	207		
金融資産残高		1%	508	(イ)			

※　年齢は各年12月31日現在のものとし、2024年を基準年とする。

※　給与収入は手取り額で記載している。

※　記載されている数値は正しいものとする。

※　問題作成の都合上、一部を空欄にしてある。

問1

福岡家のキャッシュフロー表の空欄(ア)に入る数値を計算しなさい。なお、計算に当たっては、キャッシュフロー表中に記載の整数を使用し、計算結果については万円未満を四捨五入すること。また、解答に当たっては、解答欄に記載されている単位に従うこと。

解答欄　　　　　　　（万円）

問2

福岡家のキャッシュフロー表の空欄(イ)に入る数値を計算しなさい。なお、計算に当たっては、キャッシュフロー表中に記載の整数を使用し、計算結果については万円未満を四捨五入すること。また、解答に当たっては、解答欄に記載されている単位に従うこと。

解答欄　　　　　　　（万円）

【第7問】 次の問1～問8について解答しなさい。なお、解答に当たっては下記の係数早見表を使用し、税金は一切考慮しないこととする。また、計算結果は円未満を四捨五入すること。

＜係数早見表（年利1.0％）＞

	終価係数	現価係数	減債基金係数	資本回収係数	年金終価係数	年金現価係数
10年	1.105	0.905	0.096	0.106	10.462	9.471
15年	1.161	0.861	0.062	0.072	16.097	13.865
20年	1.220	0.820	0.045	0.055	22.019	18.046

(2015年9月その他)

問1

川野さんは、住宅の改築費用として、10年後に1,000万円を準備したいと考えている。10年間、年利1.0％で複利運用する場合、現在いくらの資金があればよいか。

問2

細川さんは、老後資金として、毎年年末に100万円を受け取りたいと考えている。受取り期間を15年間とし、年利1.0％で複利運用する場合、受取り開始年の初めにいくらの資金があればよいか。

問3

青山さんは、これまでに老後の生活資金の一部として積み立てた3,000万円の資金を有している。これを20年間、年利1.0％で複利運用しながら毎年年末に均等に取り崩す場合、毎年年末に受け取ることができる金額はいくらになるか。

問4

山田さんは、開業用の資金の一部として、これから毎年年末に1回ずつ一定金額を積み立てて、10年後に2,000万円を準備したいと考えている。年利1.0％で複利運用した場合、毎年いくらずつ積み立てればよいか。

問5

杉山さんは、早期退職時に受け取った退職金1,000万円を老後の生活資金として使用する予定である。これを15年間、年利1.0％で複利運用した場合、15年後の合計額はいくらになるか。

問6

　松尾さんは、老後の生活資金の準備として、毎年年末に100万円を積み立てる予定である。これを15年間、年利1.0％で複利運用する場合、15年後の合計額はいくらになるか。

問7

　増田さんは、住宅購入資金として、2,000万円を借り入れることを考えている。これを今後20年間、年利1.0％で毎年年末に元利均等返済をする場合、毎年の返済額はいくらになるか。

【第8問】

　下記[資料1]～[資料3]をもとに、現時点(20X1年9月1日時点)における北村さん夫婦(正明さんと芳恵さん)のバランスシート分析を行うこととした。下表の空欄(ア)に入る数値を計算しなさい。

(2015年9月)

<北村さん夫婦(正明さんと芳恵さん)のバランスシート>　　　　(単位：万円)

[資産]		[負債]	
金融資産		住宅ローン	×××
預貯金等	×××	負債合計	×××
株式等	×××		
生命保険(解約返戻金相当額)	×××		
不動産		純資産	（　ア　）
土地・建物(自宅)	×××		
その他(動産等)	×××		
資産合計	×××	負債・純資産合計	×××

[資料1：保有資産(時価)]　　　　　　　　　　　　　　　(単位：万円)

	正明	芳恵
金融資産		
預貯金等	1,350	140
株式等	640	―
生命保険(解約返戻金相当額)	[資料3を参照]	[資料3を参照]
不動産		
土地・建物(自宅)	1,000	―
その他(動産等)	240	100

[資料2：負債残高]

　住宅ローン：800万円(債務者は正明さん。団体生命保険付き)

[資料3：生命保険(定期保険特約付終身保険A)]

保険種類	保険契約者	被保険者	死亡保険金受取人	保険金額	解約返戻金相当額	保険期間
終身保険部分	正明	正明	芳恵	300	150	終身
定期保険部分	正明	正明	芳恵	3,000	―	20X3年まで

注1：解約返戻金相当額は、現時点(20X1年9月1日時点)で解約した場合の金額です。

注2：保険契約者が保険料を負担している。

【第9問】 次の問1～問2について解答しなさい。

問1

　下記（ア）～（ウ）は、養老保険について、従来の保険料を払い続けることが困難になった場合に、解約をせずに保険契約を継続する方法の仕組みを図で表したものである。（ア）～（ウ）の仕組み図と契約継続方法の組み合わせとして正しいものはどれか。

（2013年1月）

（ア）

（イ）
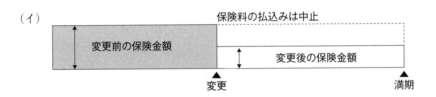

（ウ）
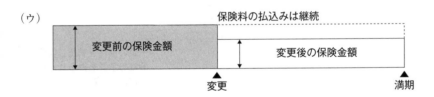

1.　（ア）払済保険　　　　　（イ）延長（定期）保険　　（ウ）自動振替貸付
2.　（ア）延長（定期）保険　（イ）払済保険　　　　　　（ウ）減額
3.　（ア）延長（定期）保険　（イ）払済保険　　　　　　（ウ）自動振替貸付
4.　（ア）払済保険　　　　　（イ）延長（定期）保険　　（ウ）減額

問2

　山根さんは、現在加入している生命保険の保険料を払込期日に支払うことができなかったため、保険契約が継続できるのかFPの伊丹さんに相談をした。伊丹さんが、生命保険の契約継続について一般的な流れを説明する際に使用した下記＜資料＞の空欄（ア）～（ウ）に入る語句を語群の中から選び、その番号のみを解答欄に記入しなさい。なお、同じ語句を何度選んでもよいこととする。

（2016年5月）

＜資料＞

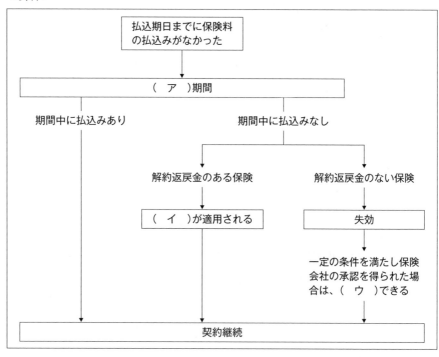

＜語群＞

1. 延長（定期保険）　2. 免除　　　　3. 自動振替貸付　4. 契約者貸付
5. 再契約　　　　　6. 払込猶予　　7. 復活　　　　　8. てん補
9. 減額　　　　　　10. 更新

【第10問】

下記のイメージ図のうち、定期保険の解約返戻金相当額の推移に係るイメージ図を選びなさい。なお、下記の図は、定期保険、終身保険、養老保険、定額個人年金保険のいずれかである。

(2014年9月)

1.
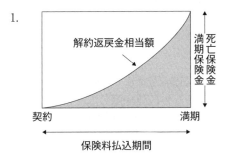

2.
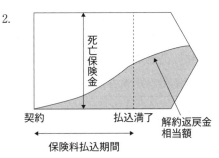

3.
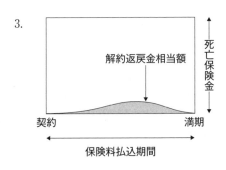

4.
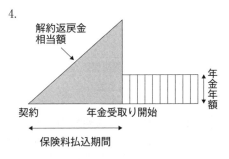

【第11問】

明石由美子さん(55歳)が保険契約者(保険料負担者)および被保険者として加入している生命保険(下記<資料>参照)の保障内容に関する次の記述の空欄(ア)～(ウ)にあてはまる数値を解答欄に記入しなさい。なお、保険契約は有効に継続し、かつ、特約は自動更新されているものとし、由美子さんはこれまでに<資料>の保険から、保険金・給付金を一度も受け取っていないものとする。また、各々の記述はそれぞれ独立しており、相互に影響を与えないものとする。

(2015年9月)

<資料／保険証券1>

定期保険特約付終身保険		保険証券記号番号　××－××××××	

保険契約者	明石　由美子　様	保険契約者印 明石	◇契約日 20XX年7月1日 ◇主契約の保険期間 終身 ◇主契約の保険料払込期間 22年間 ◇特約の保険期間 10年
被保険者	明石　由美子　様 19XX年2月13日生　女性		
受取人	死亡保険金 明石　忠之　様(夫)	受取割合 10割	

◇ご契約内容

終身保険金額(主契約保険金額)	200万円
定期保険特約保険金額	1,000万円
傷害特約保険金額	500万円
災害入院特約　　　入院5日目から　日額　5,000円	
疾病入院特約　　　入院5日目から　日額　5,000円	
(※約款所定の手術を受けた場合、手術の種類に応じて入院給付金日額の10倍・20倍・40倍の手術給付金を支払います。)	
女性疾病入院特約　入院5日目から　日額　5,000円	

◇お払い込みいただく合計保険料

毎回　△△△△円
[保険料払込方法] 月払い

※　入院給付金の1入院当たりの限度日数は120日、通算限度日数は1,095日です。

終身ガン保険		保険証券記号番号	○○-○○○○○

保険契約者	明石　由美子　様	保険契約者印 明石	◇契約日 　20XX年5月1日
被保険者	明石　由美子　様 19XX年2月13日生　女性		◇主契約の保険期間 　終身
受取人	給付金　被保険者　様 死亡給付金　明石　忠之　様(夫)	受取割合 10割	◇主契約の保険料払込期間 　終身

◇ご契約内容

ガン診断給付金	初めてガンと診断されたとき	100万円
ガン入院給付金	1日目から　　日額	1万円
ガン手術給付金	1回につき	20万円
死亡給付金	ガンによる死亡	20万円
死亡給付金	ガン以外による死亡	10万円

◇お払い込みいただく合計保険料

毎回　△△△△円
[保険料払込方法] 月払い

- 由美子さんが現時点(55歳)で、突発性難聴で20日間入院した場合(手術は受けていない)、保険会社から支払われる保険金・給付金の合計は（　ア　）万円である。
- 由美子さんが現時点(55歳)で、初めて乳ガン(悪性新生物)と診断され10日間入院し、給付倍率40倍の手術(1回)を受けた場合、保険会社から支払われる保険金・給付金の合計は（　イ　）万円である。
- 由美子さんが現時点(55歳)で、交通事故で即死した場合、保険会社から支払われる保険金・給付金の合計は（　ウ　）万円である。

【第12問】

　浜松さんは、最近、同じ病気で2回入院した。浜松さんが契約している医療保険から受け取れる入院給付金の日数として、正しいものはどれか。なお、浜松さんはこれまでにこの医療保険から一度も給付金を受け取っていないものとする。また、手術給付金については考慮しないものとする。

（2014年5月）

＜浜松さんの入院日数＞

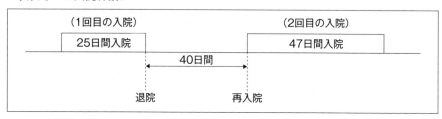

＜浜松さんの医療保険の入院給付金（日額）の給付概要＞

・給付金の支払い条件：5日以上の入院で入院5日目から支払う。
・1入院限度日数：60日
・通算限度日数：730日
・180日以内に同じ病気で再度入院した場合は、1回の入院とみなす。

1.　1回目の入院につき21日分、2回目の入院につき39日分
2.　1回目の入院につき21日分、2回目の入院につき47日分
3.　1回目の入院につき25日分、2回目の入院につき35日分
4.　1回目の入院につき25日分、2回目の入院につき47日分

【第13問】

　保険価額3,000万円の居住用建物を目的として、保険金額1,500万円の住宅総合保険を契約している。この建物が半焼して1,000万円の損害を受けた場合、支払われる損害保険金の額として、正しいものはどれか。なお、解答に当たっては、下記<資料>に基づくこととする。

（2014年5月）

(右側縦書き) 資産設計　提案業務

<資料>

［住宅総合保険普通保険約款（一部抜粋）］

（損害保険金の支払額）

当会社が損害保険金として支払うべき損害の額は、保険価額によって定めます。

・　保険金額が保険価額の80％に相当する額以上のときは、当会社は、保険金額を限度とし、損害の額を損害保険金として、支払います。

・　保険金額が保険価額の80％に相当する額より低いときは、当会社は、保険金額を限度とし、次の算式によって算出した額を損害保険金として、支払います。

$$損害の額 \times \frac{保険金額}{保険価額の80％に相当する額} = 損害保険金の額$$

1.　　500万円

2.　　625万円

3.　　800万円

4.　1,000万円

問1

　下記<資料>の外貨定期預金について、満期時の外貨ベースの元利合計額を円転した金額として、正しいものはどれか。

（2015年9月）

<資料>

・預入額　10,000オーストラリアドル
・預入期間　1ヵ月
・預金金利　12.0％（年率）
・為替レート（1オーストラリアドル）※　預入時と満期時の為替レートは同一とする。

	TTS	TTM（中値）	TTB
預入時および満期時	94.00円	93.00円	92.00円

注1：利息の計算に際しては、預入期間は日割りではなく月単位で計算すること。

注2：為替差益・為替差損に対する税金については考慮しないこと。

注3：利息に対しては、オーストラリアドル建ての利息額の20％（復興特別所得税は考慮しない）相当額が所得税・住民税として源泉徴収されるものとすること。

1.　　927,360円

2.　　929,200円

3.　　947,520円

4.　1,008,320円

問2

　下記＜資料＞に基づく外貨預金に関する次の記述の空欄（ア）、（イ）にあてはまる語句の組み合わせとして、正しいものはどれか。なお、為替差益および為替差損に対する税金は考慮しないものとする。また、利息に対しては、各通貨建てにおける利息額の20%（復興特別所得税は考慮しない）相当額が、所得税および住民税として源泉徴収されるものとする。

（2016年1月）

＜資料＞

［預金時の外国為替相場一覧表］　　　　（単位：円）

	TTS	TTB
米ドル	125.00	123.00
ユーロ	140.00	137.00
トルコリラ	50.00	45.00

［満期時の外国為替相場一覧表］　　　　（単位：円）

	TTS	TTB
米ドル	128.00	126.00
ユーロ	143.00	140.00
トルコリラ	53.00	48.00

［外貨預金金利］

	米ドル	ユーロ	トルコリラ
定期預金(1年)	0.3%	0.3%	5.0%

・ユーロ定期預金(1年)に10,000ユーロ預け入れる場合、必要な資金は（　ア　）である。

・米ドル定期預金(1年)とトルコリラ定期預金(1年)に、それぞれ100万円の範囲内（整数単位で可能な範囲）の預入れを行った場合、満期時の外貨ベースの元利合計額を円転した金額が多くなるのは（　イ　）定期預金(1年)である。

1.　（ア）137万円　　　（イ）米ドル
2.　（ア）137万円　　　（イ）トルコリラ
3.　（ア）140万円　　　（イ）米ドル
4.　（ア）140万円　　　（イ）トルコリラ

【第15問】

下記＜資料＞に関する次の(ア)〜(エ)の記述について、正しいものには○、誤っているものには×を解答欄に記入しなさい。なお、所得税および住民税は一切考慮しないものとする。また、(エ)の計算結果については小数点以下第4位を切り捨てること。

(2017年5月)

＜資料＞

	KA株式会社	KB株式会社
種類	普通社債	
格付け	A	AA
利率(年)	1.00%	0.80%
発行価格(額面100円につき)	101.00円	100.00円
額面	100万円	
発行日	20X1年1月31日	
利払日	年2回(毎年1月31日および7月31日)	
償還期限	20X6年1月31日	

(ア)　KA株式会社の社債のような発行方式をオーバーパー発行という。

(イ)　KA株式会社の社債を額面100万円分購入した場合、償還時には101万円が償還される。

(ウ)　20X3年5月30日にKB株式会社の社債を額面100万円分購入し、償還まで保有した場合、償還までに7回の利払いがある。

(エ)　20X4年1月31日にKB株式会社の社債を単価95円で額面100万円分購入し、償還まで保有した場合(残存期間2年)の最終利回り(単利・年率)は3.473％である。

【第16問】

　下記＜資料＞に関する次の記述の空欄（ア）、（イ）にあてはまる数値または語句の組み合わせとして、正しいものはどれか。なお、（ア）の解答に当たっては、小数点以下第3位を四捨五入すること。

（2013年9月）

＜資料＞

	A社	B社
株価(円)	4,300	10,000
1株当たり配当金(円)	90	260
1株当たり純資産(円)	4,200	4,800
1株当たり利益(円)	360	1,000

・A社におけるPER（株価収益率）は、（　ア　）倍である。

・A社とB社のうち、企業の資産価値を基準とした場合に、より株価が割安な企業と考えられるのは、（　イ　）社である。

1.　（ア）11.94　　（イ）A
2.　（ア）11.94　　（イ）B
3.　（ア）11.67　　（イ）A
4.　（ア）11.67　　（イ）B

【第17問】

東京証券取引所に上場している株式会社QWは、3月末日が決算日および配当金の基準日である。QW社の20X1年3月期の配当金の権利が得られる最終の買付日として、正しいものはどれか。なお、解答に当たっては、下記のカレンダーを使用すること。

20X1年　3月						
日	月	火	水	木	金	土
22	23	24	25	26	27	28
29	30	31				

※　権利確定日は3月31日である。

※　カレンダーの網掛け部分は、土日である。

1.　3月26日
2.　3月27日
3.　3月30日
4.　3月31日

【第18問】

　　羽田さんは、課税口座で保有しているWS投資信託（追加型国内公募株式投資信託）の収益分配金を本年12月に受け取った。WS投資信託の状況が下記＜資料＞のとおりである場合、次の記述の空欄（ア）～（ウ）にあてはまる語句または数値の組み合わせとして、正しいものはどれか。なお、羽田さんはこれまでに収益分配金を受け取ったことはないものとする。

（2016年1月）

＜資料＞

［羽田さんが保有するWS投資信託の収益分配金受取時の状況］
・収益分配前の個別元本：16,520円
・収益分配前の基準価額：16,860円
・収益分配金　　　　　：500円
・収益分配後の基準価額：16,360円

　　羽田さんが受け取った収益分配金のうち、収益分配前の基準価額から収益分配前の個別元本を差し引いた部分を（　ア　）といい、所得税および住民税が課税される。一方、羽田さんが受け取った収益分配金のうち、（　ア　）を除く部分を（　イ　）といい、非課税となる。
　　羽田さんには（　イ　）が支払われたため、収益分配後の個別元本は（　ウ　）円となる。

1.　（ア）元本払戻金（特別分配金）　　（イ）普通分配金　　　　　　　（ウ）16,520
2.　（ア）元本払戻金（特別分配金）　　（イ）普通分配金　　　　　　　（ウ）16,360
3.　（ア）普通分配金　　　　　　　　　（イ）元本払戻金（特別分配金）　（ウ）16,520
4.　（ア）普通分配金　　　　　　　　　（イ）元本払戻金（特別分配金）　（ウ）16,360

【第19問】

　下記＜資料＞は、工藤和男さんおよび工藤商店のSD銀行における金融資産(時価)の一覧である。仮に本年12月にSD銀行(日本国内にある普通銀行)が破綻した場合、和男さんおよび工藤商店がSD銀行に保有している金融資産のうち、預金保険制度によって保護される金額の上限額として、正しいものはどれか。なお、預金利息については考慮しないこととする。また、和男さんおよび工藤商店はSD銀行からの借入れはないものとする。

(2015年5月)

＜資料＞

```
［和男さん名義］
普通預金：60万円(決済用預金ではない)
定期預金：250万円
外貨預金：300万円
［工藤商店名義］
当座預金：120万円
定期預金：340万円
```

1.　　310万円
2.　　430万円
3.　　770万円
4.　1,000万円

【第20問】

鶴見さん(69歳)の本年分の収入等が以下のとおりである場合、鶴見さんの本年分の総所得金額を計算しなさい。なお、解答に当たっては、記載以外の要件は考慮せず、解答欄に記載されている単位に従うこと。

(2016年1月)

＜本年分の収入等＞

内　　容	金　額
老齢厚生年金および企業年金(老齢年金)	270万円
事業収入	200万円
事業に係る必要経費	90万円

※　鶴見さんは、自宅の一部を改装して喫茶店を開業し、開業年分から青色申告者となっており、正規の簿記(複式簿記)ではなく簡易帳簿で記帳を行っている。

＜公的年金等控除額の速算表＞

納税者区分	公的年金等の収入金額		公的年金等控除額
			公的年金等に係る雑所得以外の所得に係る合計所得金額 1,000万円以下
65歳以上の者		330万円未満	110万円
	330万円以上	410万円未満	収入金額×25％＋27.5万円
	410万円以上	770万円未満	収入金額×15％＋68.5万円
	770万円以上	1,000万円未満	収入金額×5％＋145.5万円
	1,000万円以上		195.5万円

解答欄　　　　　　　　(万円)

【第21問】

　北村正明さんの勤務する会社では、満55歳になった時点で退職すると、割増退職金（一時金）が支給される早期退職優遇制度があり、北村さんはこの制度を利用して早期退職するかどうか検討している。下記<資料>に基づき、仮に北村さんが満55歳になる本年12月に勤続年数31年8ヵ月で退職した場合、支給される退職一時金3,000万円から源泉徴収される所得税の税額として、正しいものはどれか。なお、北村さんは、これまでに役員であったことはなく、障害者になったことに基因する退職ではないものとする。また、「退職所得の受給に関する申告書」については適正に提出するものとする。

（2015年9月）

<資料>

[正明さんの退職に係るデータ]
・退職一時金の額：3,000万円
・勤続年数：31年8ヵ月
・障害者になったことに基因する退職ではないものとする。

[所得税の速算表]

課税される所得金額		税率	控除額
1,000円から	1,949,000円まで	5%	―
1,950,000円から	3,299,000円まで	10%	97,500円
3,300,000円から	6,949,000円まで	20%	427,500円
6,950,000円から	8,999,000円まで	23%	636,000円
9,000,000円から	17,999,000円まで	33%	1,536,000円
18,000,000円から	39,999,000円まで	40%	2,796,000円
40,000,000円以上		45%	4,796,000円

（注1）　課税される所得金額の1,000円未満の端数は切捨て
（注2）　復興特別所得税については、考慮しない

1.　　932,500円
2.　1,008,500円
3.　2,952,000円
4.　3,183,000円

【第22問】

　下記は、同一の特定口座内で行ったQY株式会社の株式の取引に係る明細である。20X5年12月20日に売却した200株について、譲渡所得の取得費の計算の基礎となる1株当たりの取得価額として、正しいものはどれか。なお、計算結果については円未満の端数を切り上げること。

(2014年1月)

取引日	売買の別	約定単価(円)	株数(株)
20X1年11月17日	買付	3,250	200
20X2年10月10日	買付	2,890	300
20X3年11月25日	買付	2,640	200
20X5年12月20日	売却	3,700	200

※　売買手数料や消費税については考慮しないこととする。

1.　2,640円
2.　2,922円
3.　2,927円
4.　3,250円

【第23問】

　天野義隆さんと妻の智子さんが加入している下記の生命保険契約について、保険金・給付金が支払われた場合の課税に関する次の記述の空欄（ア）〜（ウ）に入る適切な語句を語群の中から選び、その番号のみを解答欄に記入しなさい。なお、同じ語句を何度選んでもよいこととする。

（2015年1月）

	保険種類	保険料 払込方法	保険契約者 （保険料負担者）	被保険者	死亡保険金 受取人
契約A	終身保険	年払い	智子さん	義隆さん	智子さん
契約B	収入保障保険	月払い	義隆さん	義隆さん	智子さん
契約C	医療保険	月払い	智子さん	智子さん	義隆さん

・契約Aについて、智子さんが一時金で受け取った死亡保険金は、（　ア　）となる。
・契約Bについて、智子さんが一時金で受け取った死亡保険金は、（　イ　）となる。
・契約Cについて、智子さんが受け取った入院給付金は、（　ウ　）となる。

```
＜語群＞
1.　相続税の課税対象              2.　贈与税の課税対象
3.　所得税（一時所得）の課税対象    4.　所得税（雑所得）の課税対象
5.　所得税（源泉分離課税）の課税対象  6.　非課税
```

【第24問】

　　川原さんは、生計を一にする妻と小学生の長女の3人で暮らしている。川原さん一家が本年中に支払った医療費等が下記<資料>のとおりである場合、川原さんの本年分の所得税の確定申告における医療費控除の金額として、正しいものはどれか。なお、川原さんの本年中の所得は給与所得452万円のみである。また、保険金等により補てんされる金額はない。

（2015年1月）

支払年月	医療を受けた人	医療機関等	内容	支払金額
本年9月	本人	A病院	健康診断(注1)	15,000円
本年9月～10月	長女	B病院	骨折で通院(注2)	160,000円
本年1月～12月	妻	C整体院	健康維持のためのマッサージ	83,200円

（注1）　川原さんの健康診断の結果に異常はなかった。
（注2）　長女はテニスの試合中に足首を骨折した。公共交通機関が近くにない場所であったため病院までタクシーで移動し、タクシー代金として5,400円を支払い、その後の通院については自家用自動車を利用し、駐車場代金として2,400円を支払った。これらの代金については医療費（160,000円）とは別に支払っている。

1.　166,000円
2.　158,200円
3.　67,800円
4.　65,400円

【第25問】

　下記<資料>に基づき、長岡信夫さんの本年分の所得税を計算する際の所得控除に関する次の(ア)～(エ)の記述について、正しいものには○、誤っているものには×を解答欄に記入しなさい。

（2016年1月）

<資料>

氏名	続柄	年齢	職業	本年分の所得等
長岡　信夫	本人(世帯主)	43歳	会社員	給与所得900万円
聡子	妻	42歳	パート	給与所得55万円
孝昌	長男	19歳	大学生	収入なし
勝	二男	14歳	中学生	収入なし
シゲ	母	70歳	無職	年金収入78万円

※　家族は全員、信夫さんと同居し、生計を一にしている。
※　障害者または特別障害者に該当する者はいない。
※　本年12月31日時点でのデータである。

（ア）　妻の聡子さんは、控除対象配偶者として、配偶者控除の対象となる。
（イ）　長男の孝昌さんは、特定扶養親族として、扶養控除の対象となる。
（ウ）　二男の勝さんは、一般の控除対象扶養親族として、扶養控除の対象となる。
（エ）　母のシゲさんは、同居老親等の老人扶養親族として、扶養控除の対象となる。

【第26問】

下記<資料>は、高倉さんが購入を検討しているマンションの登記事項証明書の一部である。この<資料>に関する次の(ア)～(エ)の記述について、正しいものには○、誤っているものには×を解答欄に記入しなさい。

(2016年9月)

<資料>

全部事項証明書(建物)

表 題 部 （専有部分の建物の表示）			不動産番号	××××××××××××
家屋番号	××1丁目2番3の205		余白	
建物の名称	205		余白	
①種類	②構造	③床面積㎡	原因及びその日付［登記の日付］	
居宅	鉄筋コンクリート造1階建	2階部分 66 ⋮ 32	平成20年●月●●日新築 ［平成20年●月●●日］	
表 題 部 （敷地権の表示）				
①土地の符号	②敷地権の種類	③敷地権の割合	原因及びその日付［登記の日付］	
1	所有権	58235分の735	平成20年●月●●日敷地権 ［平成20年●月●●日］	
所 有 者	神奈川県△△市××4丁目3番4号　株式会社にじいろ不動産			

権 利 部 （甲区） （所有権に関する事項）			
順位番号	登記の目的	受付年月日・受付番号	権利者その他の事項
1	所有権保存	平成20年●月●●日 第△△△△△△△号	原因　平成20年●月●●日売買 所有者　神奈川県△△市××1丁目2番3の205 西山博

※　下線のあるものは抹消事項であることを示す。

(ア)　表題部に記載されている205号室の専有部分の床面積は、壁の中心(壁芯)から測った面積である。

(イ)　登記記録上、このマンションの205号室の現在の所有者は、株式会社にじいろ不動産であることが分かる。

(ウ)　高倉さんが金融機関からの借入れによりこのマンションの205号室を購入して抵当権を設定した場合、抵当権設定に関する登記事項は「権利部(甲区)」に記載される。

(エ)　登記事項証明書は、誰でも法務局において手数料を納付すれば交付の請求をすることができる。

【第27問】

　大地広志さんは、本年9月に販売価格3,630万円(うち消費税150万円)のマンションを購入する予定である。広志さんがこのマンションを購入する場合の販売価格のうち、土地(敷地の共有持分)の価格を計算しなさい。なお、消費税の税率は10%とする。また、解答に当たっては、解答欄に記載されている単位に従うこと。

(2015年9月)

解答欄　　　　　　(万円)

【第28問】

　下記は、インターネット上の不動産広告(抜粋)である。この広告の内容に関する次の(ア)～(ウ)の記述について、正しいものには○、誤っているものには×を記入しなさい。

(2013年5月)

＜○○町3丁目　建築条件付き土地＞

所在地	□□市○○町3丁目15番	用途地域	第一種住居地域
交通	△△線○○駅から徒歩7分	建蔽率	60%
価格	3,350万円	容積率	150%
面積	120㎡	設備	公営水道・都市ガス・本下水
土地の権利	所有権	地目	宅地
建築条件	あり	取引態様	売主

(ア)　△△線○○駅からこの土地までの道路距離は、560m超640m以下である。

(イ)　この土地の用途地域内には、建築基準法上、病院を建築することができる。

(ウ)　この土地は、売買契約から一定期間内に特定の建築業者と建築請負契約を結ぶことが条件となっている。

【第29問】

　建築基準法に従い、下記＜資料＞の土地に建物を建築する場合の建築面積の最高限度として、正しいものはどれか。なお、＜資料＞に記載のない条件については一切考慮しないこと。

（2016年9月）

＜資料＞

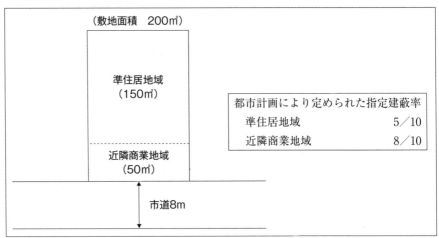

1.　100㎡
2.　115㎡
3.　130㎡
4.　160㎡

【第30問】

　建築基準法の規制に従い、下記の土地に建物を建てる場合の延べ面積（床面積の合計）の最高限度を計算しなさい。なお、記載のない条件は一切考慮しないこととする。また、解答に当たっては、解答欄に記載されている単位に従うこと。

（2015年9月）

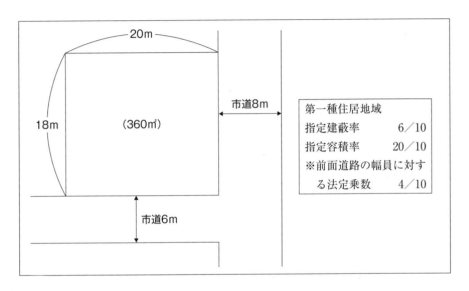

第一種住居地域
指定建蔽率　　　　6／10
指定容積率　　　　20／10
※前面道路の幅員に対する法定乗数　　4／10

解答欄　　　　　　（㎡）

【第31問】

　宇野さんは、9年前に相続により取得し継続して居住している自宅を売却した。売却に係る状況が下記<資料>のとおりである場合、課税長期譲渡所得の金額として、正しいものはどれか。

（2016年5月）

<資料>

> ・本年3月に自宅(土地および建物)を売却し、同月中に引渡しを行った。
> ・取得費：土地および建物とも不明であるため概算取得費とする。
> ・売却価格(合計)：8,500万円
> ・譲渡費用(合計)：300万円
> ※　居住用財産を譲渡した場合の3,000万円特別控除の特例の適用を受けるものとする。
> ※　所得控除は考慮しないものとする。

1.　4,350万円
2.　4,620万円
3.　4,775万円
4.　5,060万円

【第32問】

　下記<資料>は、投資用マンションについての概要である。この物件の実質利回り（年率）として、正しいものはどれか。なお、下記に記載のない事項については一切考慮しないこととし、計算結果については小数点以下第3位を四捨五入すること。

（2014年9月）

<資料>

・購入費用総額：1,750万円（消費税と仲介手数料等取得費用を含めた金額） ・想定される賃料（月額）：90,000円 ・運営コスト（月額）：管理費等10,000円 　　　　　　　　　　　　家賃代行手数料月額賃料の5% ・想定される固定資産税（年額）：60,000円

1.　4.83%
2.　5.18%
3.　5.83%
4.　6.17%

【第33問】

　下記の＜親族関係図＞の場合において、民法の規定に基づく法定相続分に関する次の記述の空欄（ア）〜（ウ）に入る適切な語句または数値を語群の中から選びなさい。なお、同じ語句または数値を何度選んでもよいこととする。

（2015年1月）

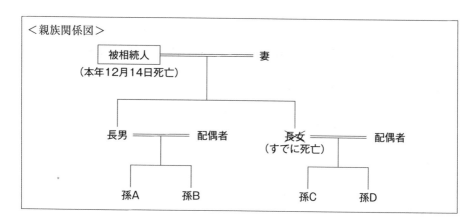

［相続人の法定相続分］

・被相続人の妻の法定相続分は（　ア　）。

・被相続人の長男の法定相続分は（　イ　）。

・被相続人の孫Cと孫Dのそれぞれの法定相続分は（　ウ　）。

＜語群＞

なし	1／2	1／3	1／4	1／8	2／3
3／4	3／8	1／16			

【第34問】

　近藤栄子さん(59歳)は、本年9月に夫から居住用不動産(財産評価額2,450万円)の贈与を受けた。栄子さんが贈与税の配偶者控除の適用を受けた場合の本年分の贈与税額として、正しいものはどれか。なお、本年においては、このほかに栄子さんが受けた贈与はないものとする。また、納付すべき贈与税額が最も少なくなるように計算すること。

(2021年9月)

<贈与税の速算表>

(イ)　18歳以上の者が直系尊属から贈与を受けた財産の場合(特例贈与財産、特例税率)

基礎控除後の課税価格		税率	控除額
	200万円以下	10%	—
200万円超	400万円以下	15%	10万円
400万円超	600万円以下	20%	30万円
600万円超	1,000万円以下	30%	90万円
1,000万円超	1,500万円以下	40%	190万円
1,500万円超	3,000万円以下	45%	265万円
3,000万円超	4,500万円以下	50%	415万円
4,500万円超		55%	640万円

(ロ)　上記(イ)以外の場合(一般贈与財産、一般税率)

基礎控除後の課税価格		税率	控除額
	200万円以下	10%	—
200万円超	300万円以下	15%	10万円
300万円超	400万円以下	20%	25万円
400万円超	600万円以下	30%	65万円
600万円超	1,000万円以下	40%	125万円
1,000万円超	1,500万円以下	45%	175万円
1,500万円超	3,000万円以下	50%	250万円
3,000万円超		55%	400万円

1.　41万円

2.　43万円

3.　70万円

4.　920万円

【第35問】

　北村正明さんの母の聡子さんは、現時点(本年9月1日時点)で下記<資料>の財産を保有している。仮に現時点で聡子さんが死亡した場合の相続税の課税価格の合計額(基礎控除を差し引く前の金額)として、正しいものはどれか。なお、小規模宅地等の評価減特例については考慮しないこととし、下記<資料>の金額が相続税評価額であるものとして計算すること。また、相続を放棄した者はいないものとする。

(2015年9月)

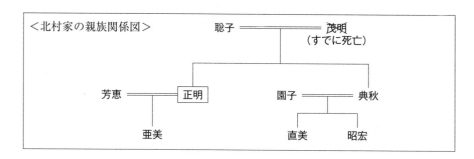

<資料>

・金融資産(預貯金等):3,300万円
・不動産(自宅敷地):8,000万円
・その他(動産等):200万円
・生命保険

保険種類	保険契約者	被保険者	死亡保険金受取人	保険金額	解約返戻金相当額	保険期間
終身保険A	聡子	聡子	正明	400万円	370万円	終身
終身保険B	聡子	聡子	典秋	400万円	370万円	終身
終身保険C	聡子	聡子	亜美	300万円	280万円	終身

※　解約返戻金相当額は、現時点(本年9月1日)で解約した場合の金額である。
※　すべての契約について、聡子さんが保険料を負担している。
※　契約者配当および契約者貸付については考慮しないこと。

1.　11,500万円

2.　11,600万円

3.　11,800万円

4.　12,600万円

【第36問】

　下記＜資料＞の宅地（貸家建付地）について路線価方式により相続税評価を行った場合、相続税評価額として、正しいものはどれか。

（2015年5月）

＜資料＞

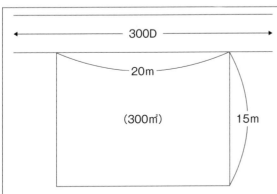

［借地権割合］

記号	借地権割合
A	90%
B	80%
C	70%
D	60%
E	50%
F	40%
G	30%

注1：奥行価格補正率14m以上16m未満　1.00

注2：借家権割合　30%

注3：この宅地には宅地所有者の賃貸マンションが建っていて、現在満室（すべて賃貸中）となっている。

注4：その他の記載のない条件は考慮しないこととする。

1.　3,600万円

2.　5,400万円

3.　7,380万円

4.　9,000万円

〈実技編〉

ファイナンシャル・プランニング技能検定・実技試験

2級 資産設計 提案業務

（日本ファイナンシャル・プランナーズ協会）

解答・解説

【第1問】

問1 （正解）　オ

　　ファイナンシャル・プランニング・プロセスのステップ（6ステップ）は、次のように
なる。

① 顧客との関係確立とその責任の明確化……選択肢（イ）

② 顧客データの収集と目標の明確化…選択肢（エ）

③ 顧客のファイナンス状態の現状分析と評価…選択肢（ウ）

④ プラン（提案書）の検討・作成と提示…選択肢（オ）

⑤ プランの実行援助…選択肢（ア）

⑥ プランの定期的見直し

　　よって、本問は、（イ）→（エ）→（ウ）→（オ）→（ア）の順番となり、4番目となるもの
は、（オ）の選択肢となる。

問2 （正解）　3

　　記述の空欄を埋めると、次のとおりとなる。

> ・収集すべき顧客データとしては、定性的情報と定量的情報がある。定量的情報の
> 　例としては、（預金残高）等が該当する。
> ・情報収集の方法として、面談によるものと質問紙によるものがあるが、面談にお
> 　いては、（定量的情報）より（定性的情報）の収集がより適しているといえる。

　　よって、3.の選択肢が正解となる。

【第2問】

問1 （正解） 1

　　返済方法が元利均等返済であるため、元利均等返済の返済額軽減型を選択すること
になる。

1. ○ 元利均等返済の返済額軽減型のイメージ図である。
2. × 元金均等返済の期間短縮型のイメージ図である。
3. × 元利均等返済の期間短縮型のイメージ図である。
4. × 元金均等返済の返済額軽減型のイメージ図である。

　　よって、1.の選択肢が正解となる。

問2 （正解） 3

　　17年目までの返済を終えた時点での住宅ローンの元金残高が、全部繰上げ返済する
場合に必要となる金額であり、返済予定表より次のとおり求める。

　　1,234,117円＋1,284,397円＋1,336,694円＝3,855,208円

　　よって、3.の選択肢が正解となる。

問3 （正解） 3

　　期間短縮型で244回目の約定返済後に最大200万円の繰上げ返済を行うということ
は、244回目の約定返済後の残高11,636,979円を、次のとおり最大200万円減らすこと
になる。

　　11,636,979円－2,000,000円＝9,636,979円

　　償還予定表で、残高が9,636,979円に最も近く、この金額よりも大きい金額となる
残高（9,697,065円）となるように繰上げ返済を行えば、繰上げ返済額が200万円を超え
ない範囲での最大額とすることができる。

　　したがって、繰上げ返済額は次のとおりとなる。

　　11,636,979円－9,697,065円＝1,939,914円

　　この繰上げ返済をした結果、本来の返済回数の266回目の返済が終了したことにな
るため、245回目から266回目の返済期間（22回分：1年10ヵ月）が短縮されることにな
る。

　　したがって、1年10ヵ分の返済が短縮されたこととなる。

　　よって、3.の選択肢が正解となる。

問4 （正解）　4

　　日本学生支援機構の貸与型奨学金（第一種・第二種）および日本政策金融公庫の教育
一般貸付（国の教育ローン）に関する表の空欄を埋めると、次のとおりとなる。

	日本学生支援機構の貸与型奨学金	日本政策金融公庫の教育一般貸付
貸付（貸与）対象者	（学生・生徒本人）　空欄(ア)	主に学生・生徒の保護者
申込み時期	決められた募集期間内	（いつでも可能）　空欄(イ)
利息	［第一種奨学金］無利息 ［第二種奨学金］（金利3％）を上限と　空欄(ウ) する利息付き（在学中は無利息）	在学期間内は利息のみの返済とすることが可能
貸付可能額（貸与額）	［第一種奨学金］ 月額2万円、3万円、4.5万円から選択（国公立大学、自宅通学の場合） ［第二種奨学金］ 月額2万円から12万円（1万円単位）	子ども1人当たり（350万円）以内　空欄(エ) ※　一定の要件に該当する場合は450万円以内

　よって、4.の選択肢が正解となる。

【第3問】

(正解)　3

① 自己負担限度額（大原さんの標準報酬月額は34万円のため、所得区分は③）

$80,100円 + (500,000円 - 267,000円) \times 1\% = 82,430円$

※ $\underset{\text{窓口での自己負担額}}{150,000円} \div 0.3 = \underset{\text{医療費総額}}{500,000円}$

② 高額療養費の支給額

$150,000円 - 82,430円 = 67,570円$

よって、3.の選択肢が正解となる。

【第4問】

問1　(正解)　1

　　60歳到達月に老齢基礎年金の支給繰上げの請求をした場合に、60歳時に受け取る繰上げ支給の老齢基礎年金の額は、次のとおりとなる。

　　保険料納付済期間は、408ヵ月であるため、和美さんが繰上げ請求を行わなかった場合、65歳から受給できる老齢基礎年金の額は、次のとおりとなる。

$816,000円 \times \dfrac{408月}{12月 \times 40年} = 693,600円$

　　60歳になったところで老齢基礎年金の繰上げ請求を行った場合、60ヵ月の繰上げとなるため、60歳から受給できる老齢基礎年金の額は、次のとおりとなる。

$693,600円 \times (1 - \underset{\text{減額率}}{0.004 \times 60月}) = 527,136円$

　　よって、1.の選択肢が正解となる。

問2　(正解)　550,114（円）

　　幸子さんが65歳から受給できる老齢厚生年金の額は、次のとおりとなる。

$260,000円 \times \dfrac{7.125}{1,000} \times 36月 + 350,000円 \times \dfrac{5.481}{1,000} \times 252月 = 550,114円$

問3　(正解)　120,000(円)

① 基本月額　120,000円

② 総報酬月額相当額
　標準報酬月額　　直近1年間の標準賞与の総額
　220,000円 ＋　600,000円　÷ 12 ＝ 270,000円

③ 支給停止額
　① ＋ ② ＝ 390,000円 ＜ 500,000円
　※　支給停止はされず、年金は全額(120,000円)支給される。

【第5問】

(正解)　3

① 遺族基礎年金　816,000円 ＋ 234,800円 × 1人 ＝ 1,050,800円
　※　長女が18歳に達する日以後の最初の3月31日を迎えるまでは、秋江さんは遺族基礎年金を受給できる。

② 遺族厚生年金　600,000円

③ ① ＋ ② ＝ 1,650,800円
　※　長女が18歳に達する日以後の最初の3月31日を迎えた後、遺族基礎年金の受給権は消滅するが、遺族基礎年金の受給権の消滅時に秋江さんは40歳以上65歳未満であるため、遺族厚生年金に中高齢寡婦加算が加算されるようになる。

よって、3.の選択肢が正解となる。

【第6問】

問1　(正解)　206(万円)

　2028年の基本生活費は、美月さん就職後のため、190万円(現在価値)を元に計算する。変動率が2％である場合には、4年後の基本生活費・空欄(ア)は次のとおり求める。

190万円 × (1 ＋ 0.02)^4 ＝ 206万円(万円未満四捨五入)

問2　(正解)　449(万円)

　2024年末の金融資産残高は508万円である。この508万円を変動率(運用率)1％で運用し、2025年の年間収支の▲64万円を減算して2025年末の金融資産残高・空欄(イ)を計算する。

508万円 × (1 ＋ 0.01) － 64万円 ＝ 449万円(万円未満四捨五入)

【第7問】

問1　（正解）　9,050,000（円）

　10年間複利運用しながら目標金額（1,000万円）を貯めるために、現在いくらの元本が必要かを求めるので、現価係数（10年）を用いる。

　10,000,000円×0.905＝9,050,000円

問2　（正解）　13,865,000（円）

　15年間、複利運用しながら、毎年年末に100万円ずつ受け取るのに必要な資金を求めるので、年金現価係数用いる。

　1,000,000円×13.865＝13,865,000円

問3　（正解）　1,650,000（円）

　3,000万円を複利運用しながら20年間、毎年年末に均等に取り崩す場合の毎年受け取ることができる金額を求めるので、資本回収係数（20年）を用いる。

　30,000,000円×0.055＝1,650,000円

問4　（正解）　1,920,000（円）

　毎年年末に一定額を積み立てて複利運用しながら、10年後に2,000万円を用意するための毎年の積立額を求めるので、減債基金係数（10年）を用いる。

　20,000,000円×0.096＝1,920,000円

問5　（正解）　11,610,000（円）

　1,000万円を複利運用した場合の15年後の元利合計額を求めるので、終価係数（15年）を用いる。

　10,000,000円×1.161＝11,610,000円

問6　（正解）　16,097,000（円）

　100万円を毎年積み立てて年利1.0％で複利運用した場合の15年後の元利合計金額を求めるので、年金終価係数（1.0％、15年）を用いる。係数早見表より、年金終価係数は16.097である。

　1,000,000円×16.097＝16,097,000円

問7 （正解）　1,100,000（円）

　2,000万円を借り入れて、20年間、毎年年末に元利均等で返済する場合の毎年の返済額を求めるので、資本回収係数（20年）を用いる。

　20,000,000円×0.055＝1,100,000円

【第8問】

（正解）　2,820（万円）

　北村家（正明さんと芳恵さん）のバランスシートを完成させると、次のとおりとなる。

（単位：万円）

［資産］		［負債］	
金融資産		住宅ローン	800
預貯金等①	1,490	負債合計	800
株式等	640		
生命保険（解約返戻金相当額）	150		
不動産		［純資産］③	空欄(ア) (2,820)
土地・建物（自宅）	1,000		
その他（動産等）②	340		
資産合計	3,620	負債・純資産合計	3,620

（注意点）

① 　預貯金等　　1,350万円（正明）＋140万円（芳恵）＝1,490万円

② 　動産等　　240万円（正明）＋100万円（芳恵）＝340万円

③ 　純資産　　3,620万円（資産合計）－800万円（負債合計）＝2,820万円（空欄(ア)）

【第9問】

問1　（正解）　2

（ア）　延長（定期）保険を説明している図である。延長（定期）保険は、元の契約の保険金額を変えないで保険料の払込みを中止するため、保険期間は変更前の契約より短くなる。

（イ）　払済保険を説明している図である。払済保険は、元の契約の保険期間を変えないで保険料の払込みを中止するため、保険金額は変更前の契約より低くなる。

（ウ）　減額を説明している図である。減額は、保険料の払込みを継続することを前提に、保険金額を減額することで保険料の負担を軽くすることができる。

よって、2.の選択肢が正解となる。

問2　（正解）　（ア）　6　（イ）　3　（ウ）　7

生命保険において、払込期日までに保険料の支払いがなかった場合において、（払込猶予）期間中に、保険料の払込みがあれば、保険契約は継続する。
空欄（ア）・語群6

なお、払込猶予期間中に保険料の払込みがなかった場合においては、次のとおりとなる。

① 　解約返戻金のある保険は、（自動振替貸付）が適用されて、契約は継続される
空欄（イ）・語群3

② 　解約返戻金のない保険は、払込猶予期間が経過すると、契約は失効する。なお、一定の条件を満たし、保険会社の承諾を得られた場合は、（　復活　）できる。
空欄（ウ）・語群7

【第10問】

（正解）　3

1.　×　「養老保険」における解約返戻金相当額の推移に係るイメージ図である。

2.　×　「終身保険」における解約返戻金相当額の推移に係るイメージ図である。

3.　○　「定期保険」における解約返戻金相当額の推移に係るイメージ図である。

4.　×　「定額個人年金保険」における解約返戻金相当額の推移に係るイメージ図である。

【第11問】

(正解)　(ア)　8(万円)　　(イ)　156(万円)　　(ウ)　1,710(万円)

(ア)　由美子さんが現時点(55歳)で、突発性難聴で20日間入院した場合(手術は受けていない)、保険会社から支払われる保険金・給付金の合計は、次のとおりとなる。

$$5,000円 \times \overset{\text{疾病入院特約(証券1)}}{(20日 - 4日)} = 80,000円$$

(イ)　由美子さんが現時点(55歳)で、初めて乳ガン(悪性新生物)と診断され10日間入院し、給付倍率40倍の手術(1回)を受けた場合、保険会社から支払われる保険金・給付金の合計は、次のとおりとなる。

①　証券1　$5,000円 \times \overset{\text{疾病入院特約}}{(10日 - 4日)} + 5,000円 \times \overset{\text{女性疾病入院特約}}{(10日 - 4日)} + \overset{\text{手術給付金}}{5,000円 \times 40倍}$
　　　　　　$= 260,000円$

②　証券2　$\overset{\text{ガン診断給付金}}{100万円} + \overset{\text{ガン入院給付金}}{1万円 \times 10日} + \overset{\text{ガン手術給付金}}{20万円} = 130万円$

③　① + ② = 156万円

(ウ)　由美子さんが現時点(55歳)で、交通事故で即死した場合、保険会社から支払われる保険金・給付金の合計は、次のとおりとなる。

①　証券1　$\overset{\text{終身保険}}{200万円} + \overset{\text{定期保険特約}}{1,000万円} + \overset{\text{傷害特約}}{500万円} = 1,700万円$

②　証券2　$\overset{\text{死亡給付金}}{10万円}$

③　① + ② = 1,710万円

【第12問】

(正解)　1

①　1回目の入院分で受け取れる入院給付金の日数

25日 − 4日※ = 21日

※　「5日以上の入院で入院5日目から支払う」ため。最初の4日分は支給されない。

②　2回目の入院分で受け取れる入院給付金の日数

「180日以内に同じ病気で再度入院した場合は、1回の入院とみなす」ため、退院後40日で同じ病気により再入院した場合は、入院給付金は1日目から受け取ることができる。

$$\overset{\text{2回目の入院日数}}{47日} > \overset{\text{1入院限度日数}}{60日} - \overset{\text{1回目の入院の支給日数}}{21日} = 39日 \quad \therefore 39日$$

よって、1.の選択肢が正解となる。

【第13問】

（正解）　2

　　本問の契約は、保険金額1,500万円が保険価額3,000万円の80％に相当する額（＝2,400万円）より低いため、損害保険金の支払いは「住宅総合保険普通保険約款」によって計算される。

　　したがって、支払われる損害保険金額は次のとおりとなる。

$$1,000万円 \times \frac{1,500万円}{3,000万円 \times 80\%} = 625万円 < 1,500万円 \quad \therefore 625万円$$

　　よって、2.の選択肢が正解となる。

【第14問】

問1　（正解）　1

　　満期時の外貨ベースの元利合計額を円転した金額は、次のとおりとなる。

$$10,000豪ドル + 10,000豪ドル \times \overset{金利}{12.0\%} \times 1/12 \times (1 - \overset{所得税・住民税}{20\%}) = 10,080豪ドル$$
$$10,080豪ドル \times \overset{TTB}{92.00円} = 927,360円$$

　　よって、1.の選択肢が正解となる。

（参考）

税引後利回り（年率）

① 　初期投資額　　10,000豪ドル $\times \overset{TTS}{94.00円} = 940,000円$

② 　税引後収益　　927,360円 － ① ＝ ▲12,640円

③ 　税引後利回り（年率）　　▲12,640円 ÷ ① × 12/1$^{※}$ × 100 ≒ ▲16.1%

　　　※　1ヵ月の利回りを12ヵ月（1年）に換算している。

問2　（正解）　3

（ア）　ユーロ定期預金(1年)に10,000ユーロ預け入れる場合、必要な資金は、次のとおりとなる。

　　　　10,000ユーロ×140円 = (140万円)
　　　　　　　　　　　 ^TTS　　　　　^空欄(ア)

（イ）　米ドル定期預金(1年)とトルコリラ定期預金(1年)に、それぞれ100万円の範囲内(整数単位で可能な範囲)の預入れを行った場合の外貨ベースの預入額は、次のとおりとなる。

　　　　米ドル定期預金　　　100万円÷125.00円=8,000米ドル
　　　　　　　　　　　　　　　　　　　^TTS
　　　　トルコリラ定期預金　100万円÷50.00円=20,000トルコリラ
　　　　　　　　　　　　　　　　　　　^TTS

　　満期時の外貨ベースの元利合計額を円転した金額は、次のとおりとなる。

　　　　米ドル定期預金

　　　　8,000米ドル+8,000米ドル×0.3%×(1-20%)=8,019.2米ドル

　　　　8,019.2米ドル×126.00円=1,010,419.2円
　　　　　　　　　　　　^TTB

　　　　トルコリラ定期預金

　　　　20,000トルコリラ+20,000トルコリラ×5.0%×(1-20%)

　　　　=20,800トルコリラ

　　　　20,800トルコリラ×48.00円=998,400円
　　　　　　　　　　　　^TTB

　　したがって、満期時の外貨ベースの元利合計額を円転した金額が多くなるのは(米ドル)定期預金(1年)である。
　　　　　　　　　　　　　　　　　　　　　　　　^空欄(イ)

　よって、3.の選択肢が正解となる。

【第15問】

(正解)　(ア)　○　　(イ)　×　　(ウ)　×　　(エ)　○

(ア)　○　KA株式会社の社債は、額面100円につき発行価格が101.00円である。この
　　　　ように、額面を超える金額で発行される発行方式をオーバーパー発行とい
　　　　う。逆に、額面を下回る金額で発行される発行方式をアンダーパー発行とい
　　　　い、額面と発行価格が同額の発行方式をパー発行という。

(イ)　×　KA株式会社の社債を額面100万円分購入した場合、償還時には額面の100
　　　　万円が償還される。発行価格は101万円であるため、償還時に償還差損が発
　　　　生する。

(ウ)　×　20X3年5月30日にKB株式会社の社債を額面100万円分購入し、20X6年1月31
　　　　日の償還まで保有した場合、次の6回の利払いがある。

　　　①　20X3年7月31日　　②　20X4年1月31日　　③　20X4年7月31日
　　　④　20X5年1月31日　　⑤　20X5年7月31日　　⑥　20X6年1月31日

(エ)　○　KB株式会社の社債の最終利回りは、次の算式により求めることができる。

$$\frac{0.80円 + \dfrac{100円 - 95円}{2年}}{95円} \times 100 = 3.473\%（小数点以下第4位切捨）$$

【第16問】

(正解)　1

(ア)　A社におけるPER(株価収益率)は、次のとおりとなる。
　　　4,300円÷360円=(11.94)倍(小数点以下第3位四捨五入)

(イ)　企業の資産価値を基準とした場合に、より株価が割安な企業と考えられるの
　　　は、(A)社である。
　　　資産価値を基準として判断する場合、PBR(株価純資産倍率)により判断するこ
　　　ととなり、次のとおりとなる。
　　　A社　4,300円÷4,200円=1.02倍(小数点以下第3位四捨五入)
　　　B社　10,000円÷4,800円=2.08倍(小数点以下第3位四捨五入)
　　　よって、1.の選択肢が正解となる。

【第17問】

（正解）　2

　　株式売買の決済日は、売買が成立した当日（約定日）を含めて、原則として3営業日目である。

　　本問の場合、権利確定日である3月31日（火）までに決済が行われていなければ、配当金を受け取ることができない。

　　以上より、買い手が配当金を受け取る権利を得るためには、権利確定日から起算して3営業日前である3月27日（金）までにQW社株式を買い付ける必要がある。

　　よって、2.の選択肢が正解となる。

【第18問】

（正解）　4

　　WS投資信託の収益分配金受取りに関する記述の空欄を埋めると、次のとおりとなる。

> 　羽田さんが受け取った収益分配金のうち、収益分配前の基準価額から収益分配前の個別元本を差し引いた部分を（普通分配金）といい、所得税および住民税が課税される。一方、羽田さんが受け取った収益分配金のうち、普通分配金を除く部分を（元本払戻金（特別分配金））といい、非課税となる。
>
> 　羽田さんには元本払戻金（特別分配金）が支払われたため、収益分配後の個別元本は（16,360）円となる。

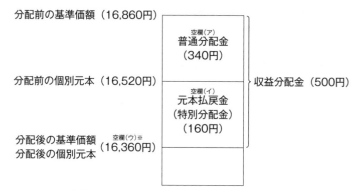

　※　元本払戻金（特別分配金）が支払われた場合、羽田さんの個別元本は、払い戻された金額（元本払戻金相当額）だけ減額修正される。

　　よって、4.の選択肢が正解となる。

【第19問】

（正解） 3

① 全額保護されるもの（決済用預金） 当座預金 120万円

② 元本1,000万円とその利息等が保護されるもの

・工藤和男さん名義の預金 普通預金 60万円＋定期預金 250万円＝310万円

・工藤商店名義の預金 定期預金 340万円

310万円＋340円＝650万円＜1,000万円 ∴650万円

※ 外貨預金は預金保険制度では保護されない。

③ ①＋②＝770万円

なお、個人事業主の場合、事業用の預金等と事業用以外の預金等は、同一人の預金等として名寄せされる。したがって、「工藤和男さん名義の預金」と「工藤商店名義の預金」は同一人の預金として取り扱う。

よって、3.の選択肢が正解となる。

【第20問】

（正解） 260万円

鶴見さんの本年分の総所得金額は、次のとおりとなる。

① 雑所得の金額（公的年金等に係る雑所得の金額）

老齢年金 270万円 － 公的年金等控除額 110万円 ＝160万円

② 事業所得の金額

事業収入 200万円 － 事業に係る必要経費 90万円 － 青色申告特別控除額※ 10万円 ＝100万円

※ 鶴見さん（青色申告者）は、簡易帳簿で記帳を行っているため、青色申告特別控除額は10万円となる。

③ 総所得金額

①＋②＝260万円

【第21問】

(正解)　1

　　北村さんに支給される退職一時金から源泉徴収される所得税の額は、「退職所得の受給に関する申告書」を適正に提出しているため、「退職所得の金額×超過累進税率」により計算される。

①　退職所得の金額

$$(3,000万円 - 1,640万円^※) \times \frac{1}{2} = 680万円$$

※　退職所得控除額

$$800万円 + 70万円 \times (32年^{(注)} - 20年) = 1,640万円$$

(注)　31年8ヵ月→32年(1年未満の勤続年数は1年とする。)

②　源泉徴収される所得税の額

$$6,800,000円 \times 20\% - 427,500円 = 932,500円$$

よって、1.の選択肢が正解となる。

【第22問】

(正解)　2

　　譲渡所得の取得費の計算の基礎となる1株当たりの取得価額は、次のとおりとなる。

$$\frac{3,250円 \times 200株^{20X1年取得分} + 2,890円 \times 300株^{20X2年取得分} + 2,640円 \times 200株^{20X3年取得分}}{200株 + 300株 + 200株} = 2,922円(円未満切上)$$

よって、2.の選択肢が正解となる。

【第23問】

(正解)　(ア)　3　　(イ)　1　　(ウ)　6

(ア)　契約Aの場合

　　契約者(保険料負担者)と保険金受取人が同一の場合、死亡保険金は(所得税(一時所得)の課税対象)となる。
　　　　　　　　空欄(ア)・語群3.

(イ)　契約Bの場合

　　契約者(保険料負担者)が被保険者である場合、死亡保険金は(相続税の課税対象)となる。
　　　　　　　　　　　　　　　　　　　　　　　空欄(イ)・語群1.

(ウ)　契約Cの場合

　　入院給付金は、契約者(保険料負担者)にかかわらず、(非課税)となる。
　　　　　　　　　　　　　　　　　　空欄(ウ)・語群6.

【第24問】

（正解）　4

川原さんの本年分の医療費控除の金額は、次のとおりとなる。

$$\underset{\text{B病院}}{160{,}000円} + \underset{\text{タクシー代}}{5{,}400円} - \underset{\text{※}}{100{,}000円} = 65{,}400円$$

※　$\underset{\text{給与所得(課税標準の合計額)}}{452万円} \times 5\% = 226{,}000円 > 100{,}000円$　∴100,000円

なお、健康診断の費用（診断結果に異常がないもの）、健康維持のためのマッサージの費用、自家用車で通院した場合の駐車場代は、医療費控除の対象とならない。

よって、4.の選択肢が正解となる。

【第25問】

（正解）　（ア）×　（イ）○　（ウ）×　（エ）○

（ア）　×　妻の聡子さんの給与所得は55万円であり、合計所得金額が48万円を超えているため、配偶者控除の対象とならない。

（イ）　○　長男の孝昌さんは19歳で所得もないため、特定扶養親族（19歳以上23歳未満）として、扶養控除の対象となる。

（ウ）　×　16歳未満の者は扶養控除の対象とならない。したがって、二男の勝さん（14歳）は、扶養控除の対象とならない。

（エ）　○　母のシゲさん（70歳）の雑所得に係る年金収入は78万円であるが、公的年金等控除額110万円を控除すると、雑所得の金額は0となる。したがって、同居老親等の老人扶養親族（70歳以上）として、扶養控除の対象となる。

【第26問】

（正解）　（ア）×　（イ）×　（ウ）×　（エ）○

（ア）　×　マンションの専有部分の床面積は、壁芯面積ではなく、壁の内側の部分の面積（内法面積）で登記される。

（イ）　×　建物が新築された場合において、権利部（甲区）に所有権保存登記がまだされない場合は、表題部の「所有者」欄に所有者が記載される。なお、所有権保存登記がなされると、この表題部の「所有者」欄は抹消される。本問の場合、表題部「所有者」欄は抹消されており、権利部（甲区）には、西山博さんの記載があるため、このマンションの現在の所有者は、西山博さんであることがわかる。

（ウ）　×　抵当権設定に関する登記事項は「権利部（乙区）」に記載される。

（エ）　○

【第27問】

（正解）　1,980万円

　　マンションを購入する場合の販売価格3,630万円に占める消費税額150万円は、すべて建物に係るものであるため、消費税の税率（10％）で割り戻すことで、建物の販売価格を求めることができる。

　　建物の販売価格

　　$\underset{\text{消費税}}{150万円} \div \underset{\text{消費税率}}{0.1} = 1,500万円$

　　土地の販売価格

　　$3,630万円 - (\underset{\text{建物の販売価格}}{1,500万円} + \underset{\text{消費税}}{150万円}) = 1,980万円$

【第28問】

（正解）　（ア）　×　　（イ）　〇　　（ウ）　〇

（ア）　×　徒歩による所要時間は、道路距離80mを1分間として表示し、1分未満の端数は切り上げることとなっている。

　　　　　広告の「交通」欄に、「△△線○○駅から徒歩7分」と記載されているため、△△線○○駅から物件までの道路距離は、480m超560m以下である。

（イ）　〇　広告の「用途地域」欄に、「第一種住居地域」と記載されているため、病院や診療所を建築することができる。

　　　　　なお、診療所はすべての用途地域で建築することができ、病院は第一種低層住居専用地域、第二種低層住居専用地域、田園住居地域、工業地域、工業専用地域以外の用途地域で建築することができる。

（ウ）　〇　広告の「建築条件」欄に、「あり」と記載されているため、この土地は、売買契約から一定期間内に特定の建築業者と建築請負契約を結ぶことが条件となっていることがわかる。

【第29問】

（正解）　2

(1)　建蔽率の限度

$$50\%\,(5/10)\times\underset{準住居地域}{\frac{150㎡}{150㎡+50㎡}}+80\%\,(8/10)\times\underset{近隣商業地域}{\frac{50㎡}{150㎡+50㎡}}=57.5\%$$

(2)　建築面積の最高限度

$$(150㎡+50㎡)\times57.5\%=115㎡$$

［別解］

$$150㎡\times\underset{準住居地域}{50\%\,(5/10)}+50㎡\times\underset{近隣商業地域}{80\%\,(8/10)}=115㎡$$

よって、2.の選択肢が正解となる。

【第30問】

（正解）　720㎡

$$360㎡\times200\%^{※}=720㎡$$

※　$\underset{指定容積率}{200\%\,(20/10)}<\underset{前面道路幅員}{8m}\times\underset{法定乗数}{4/10}=320\%\,(32/10)\quad\therefore 200\%（小さい方）$

なお、前面道路が2以上ある場合は、幅員の広い方を用いる。

【第31問】

（正解）　3

宇野さんの自宅（土地および建物）の売却に係る課税長期譲渡所得の金額は、次のとおりとなる。

$$8,500万円-(\underset{概算取得費}{8,500万円\times5\%}+\underset{譲渡費用}{300万円})-\underset{特別控除}{3,000万円}=4,775万円$$

よって、3.の選択肢が正解となる。

【第32問】

(正解)　1

　　投資用マンションの実質利回り(年率)は、次のとおりとなる。

① 賃料収入
90,000円×12ヵ月＝1,080,000円

② 経費
(10,000円＋90,000円×0.05)×12ヵ月＋60,000円＝234,000円

③ 実質利回り
(①－②)÷1,750万円×100≒4.83%(小数点以下第3位四捨五入)

　　よって、1.の選択肢が正解となる。

【第33問】

(正解)　(ア) 1/2　　(イ) 1/4　　(ウ) 1/8

　　法定相続人は、被相続人の妻(配偶者)、長男(子)、孫C・孫D(長女の代襲相続人)であり、法定相続分は、次のとおりとなる。

(ア)　妻　　　　　　　1/2
(イ)　長男　　　　　　1/2×1/2＝1/4
(ウ)　孫C、孫D　　　1/2×1/2×1/2＝1/8

【第34問】

(正解)　2

　　栄子さんが贈与税の配偶者控除の適用を受けた場合の本年分の贈与税額は、次のとおりである。

(2,450万円－2,000万円－110万円)×20%－25万円＝43万円

※1　2,450万円＞2,000万円　∴2,000万円
※2　贈与税の配偶者控除と基礎控除は併用することができる。
※3　配偶者(直系尊属以外)からの贈与のため、税額速算表は(ロ)を使用する。

　　よって、2.の選択肢が正解となる。

【第35問】

（正解）　__3__

聡子さんが死亡したと仮定した場合の相続税の課税価格は、次のとおりとなる。

金融資産（預貯金等）　不動産（自宅敷地）　動産等
$$3,300万円 + 8,000万円 + 200万円 + 300万円^{※} = 11,800万円$$

※　死亡保険金

終身保険A、終身保険B、終身保険Cは、ともに聡子さんが保険料を負担していたため、みなし相続財産として相続税の課税対象となる。よって、課税価格に算入される生命保険金等の金額は、次のとおりとなる。

① 終身保険A

受取人の正明さんは相続人となるため、生命保険金等の非課税金額を控除する。

$$400万円 - 500万円^{※} < 0 \quad ∴0$$

※　生命保険金等の非課税金額

$$500万円 \times 2^{※} = 1,000万円$$

※　法定相続人の数 ＝ 2（正明さんと典秋さん）

$$1,000万円 \times \frac{\overset{\text{終身保険A}}{400万円}}{\underset{\text{終身保険A}}{400万円} + \underset{\text{終身保険B}}{400万円}} = 500万円（正明さんの非課税金額）$$

② 終身保険B

受取人の典秋さんは相続人となるため、生命保険金等の非課税金額を控除する。

$$400万円 - 500万円^{※} < 0 \quad ∴0$$

※　生命保険金等の非課税金額

$$1,000万円 \times \frac{\overset{\text{終身保険B}}{400万円}}{\underset{\text{終身保険A}}{400万円} + \underset{\text{終身保険B}}{400万円}} = 500万円（典秋さんの非課税金額）$$

③ 終身保険C

受取人の亜美さんは相続人でないため、生命保険金等の非課税金額は適用されず、300万円全額が課税価格に算入される。

よって、3.の選択肢が正解となる。

【第36問】

（正解）　__3__

貸家建付地としての評価額は、次のとおりとなる。

自用地評価額×（1－借地権割合×借家権割合×賃貸割合）

路線価　　奥行価格補正率　　　　　　　借地権割合　借家権割合　賃貸割合
$$300,000円 \times \underset{}{1.00} \times 300㎡ \times (1 - 60\% \times 30\% \times 100\%) = 7,380万円$$

※　路線価の数字は千円単位で表示されているため、「300」は300,000円である。

※　路線価の右横のアルファベットが「D」であるため、借地権割合は60％である。

よって、3.の選択肢が正解となる。

〈実技編〉

ファイナンシャル・プランニング技能検定・実技試験

2級 個人資産 相談業務

（金融財政事情研究会）

第1回

問 題

【第1問】 次の設例に基づいて、下記の各問（《問1》～《問3》）に答えなさい。

《設 例》

　会社員のAさんは、2025年2月15日に55歳で病死した。Aさんには、妻Bさん（51歳）、長男Cさん（24歳）および長女Dさん（19歳）の3人の家族がいた。妻Bさんは、現在のところ、就業の予定はなく、今後は長男Cさんおよび長女Dさんと3人で暮らす予定である。妻Bさんは、公的年金制度からの遺族給付等について理解を深めたいと考えている。そこで、妻Bさんは、ファイナンシャル・プランナーのMさんに相談することにした。

　Aさんおよびその家族に関する資料は、以下のとおりである。

〈Aさんおよびその家族に関する資料〉

(1)　Aさん（会社員）

　　　生年月日：1969年4月14日

　　　厚生年金保険、全国健康保険協会管掌健康保険、雇用保険に加入していた。

　　　〔公的年金の加入歴〕

1989年4月　1992年4月		2003年4月	2025年2月
国民年金 未加入 36月	厚　生　年　金　保　険 394月		
	132月 平均標準報酬月額 300,000円	262月 平均標準報酬額 380,000円	

　　　20歳　　　23歳　　　　　　　　　　　　　　　　　　　　　　　　　　　55歳

(2)　妻Bさん（専業主婦）

　　　生年月日：1973年12月7日

　　　高校卒業後から25歳でAさんと結婚するまでは厚生年金保険に加入。結婚後はAさんの被扶養配偶者として国民年金に加入していた。

(3)　長男Cさん（会社員）

　　　生年月日：2000年8月8日

　　　厚生年金保険、全国健康保険協会管掌健康保険、雇用保険に加入。

(4)　長女Dさん（大学生）

　　　生年月日：2005年12月8日

※　妻Bさん、長男Cさんおよび長女Dさんは、Aさんと同居し、生計維持関係にあった。

※　妻Bさん、長男Cさんおよび長女Dさんは、現在および将来においても公的年金制度における障害等級に該当する障害の状態にないものとする。

※　上記以外の条件は考慮せず、各問に従うこと。

（2015年1月）

《問1》 Mさんは、妻Bさんに対して、Aさんの死亡後の公的年金制度および公的医療保険制度について説明した。Mさんが説明した以下の文章の空欄①～③に入る最も適切な語句を、下記の〈語句群〉のイ～チのなかから選び、その記号を記入しなさい。

ⅰ）「Bさんは、今後は国民年金の（　①　）被保険者として、国民年金の保険料を納付することになります」

ⅱ）「Bさんは、今後、ご自身の年間収入が（　②　）未満かつ長男Cさんの年間収入の2分の1未満で、長男Cさんにより生計を維持される場合、原則として、長男Cさんが加入する健康保険の被扶養者となることができます。なお、この場合におけるBさんの年間収入に、公的年金制度から支給される遺族年金による収入は（　③　）」

┌─〈語句群〉───
│ イ．第1号　　　ロ．第2号　　　ハ．第3号　　　ニ．130万円　　　ホ．180万円
│ ヘ．240万円　　　ト．含まれます　　　チ．含まれません
└──

《問2》 遺族給付についてMさんが妻Bさんに対して説明した次の記述①～③について、適切なものには○印を、不適切なものには×印を記入しなさい。

① 「Aさんは老齢基礎年金を受給することなく亡くなられていますので、Bさんには、国民年金から死亡一時金が支給されます」
② 「遺族年金は、原則として、毎年2月、4月、6月、8月、10月および12月の6期に、それぞれの前月までの分が支給されます」
③ 「Bさんには、65歳以後、ご自身の老齢基礎年金および老齢厚生年金が支給されますが、遺族厚生年金については、Bさんの老齢厚生年金の額に相当する部分の支給が停止されます」

《問3》 妻Bさんに支給される遺族厚生年金の年金額を、計算過程を示して求めなさい。
なお、年金額は2024年度価額に基づくものとし、計算にあたっては、《設例》および下記の〈資料〉を利用すること。また、端数処理は、計算過程および年金額のそれぞれについて1円未満四捨五入とすること。

〈資料〉

遺族厚生年金の計算式

遺族厚生年金の年金額＝基本額＋中高齢寡婦加算額

ⅰ）基本額 ＝ （① ＋ ②） × $\dfrac{\triangle}{\square}$

   ① 2003年3月以前の期間分

     平均標準報酬月額 × $\dfrac{7.125}{1,000}$ × 2003年3月以前の被保険者期間の月数

   ② 2003年4月以後の期間分

     平均標準報酬額 × $\dfrac{5.481}{1,000}$ × 2003年4月以後の被保険者期間の月数

ⅱ）中高齢寡婦加算額　612,000円（要件を満たしている場合のみ加算すること）

※ 問題の性質上、明らかにできない部分は「△」「□」で示してある。

【第2問】 次の設例に基づいて、下記の各問(《問4》～《問6》)に答えなさい。

《設 例》

　会社員であるAさん(38歳)は、これまでの貯蓄等により余裕資金が300万円程度できたことから、その一部を用いて資産運用をしたいと考えている。Aさんは、これまで投資信託を購入した経験はないが、下記のX投資信託に興味を持っており、ファイナンシャル・プランナーに相談することにした。

　X投資信託に関する資料等は以下のとおりである。

〈X投資信託〉

　追加型／北米／株式(為替ヘッジなし)

　特徴：主に米国の高配当株式を中心に投資し、高いリターンを目指す。

　決算日：毎月18日

　基準価額：12,500円(1万口当たり)

　収益分配金(直近12期計)：500円(1万口当たり)

　過去5年間の収益率の平均値(リターン)：7%

　過去5年間の収益率の標準偏差(リスク)：12%

　購入時手数料：3.15%(税込)

　運用管理費用(信託報酬)：純資産総額の1.575%(税込)

　信託財産留保額：なし

〈X投資信託の今後1年間のシナリオの生起確率と予想収益率〉

シナリオ	生起確率	予想収益率
好況	35%	＋18%
現状維持	35%	＋7%
不況	30%	－15%

※　上記以外の条件は考慮せず、各問に従うこと。

(2013年5月)

個人資産　相談業務(第1回)

《問4》 X投資信託についてファイナンシャル・プランナーが説明した次の記述①～③について、適切なものには○印を、不適切なものには×印を記入しなさい。

① 米ドルに対し、日本円の相対的な価値が下落した場合、他の条件が同一であれば、X投資信託の基準価額の値下がり要因となる。

② X投資信託の投資対象に、公社債を組み入れることはできない。

③ 個人がX投資信託を換金することによって生じた譲渡益は、上場株式等の譲渡所得等として申告分離課税の対象となる。

《問5》 ファイナンシャル・プランナーは、X投資信託のパフォーマンス評価等に関する計算を行った。次の①、②をそれぞれ計算過程を示して求めなさい。

① 《設例》の条件に基づき、X投資信託のシャープ・レシオを求めなさい。なお、無リスク資産利子率を1%とする。

② 《設例》の〈X投資信託の今後1年間のシナリオの生起確率と予想収益率〉に基づき、X投資信託の今後1年間の期待収益率を求めなさい。なお、〈答〉は%表示の小数点以下第2位まで表示すること。

《問6》 ファイナンシャル・プランナーはX投資信託をドルコスト平均法により購入した場合について説明した。下記の空欄①〜③に入る数値を求めなさい。なお、計算にあたっては購入時手数料等は考慮しないものとし、③の解答にあたっては円未満を四捨五入すること。また、問題の性質上、明らかにできない部分は□□□で示してある。

〈X投資信託の購入条件〉

購入時期	基準価額 (1万口当たり)	毎回200,000円購入する場合		毎回200,000口購入する場合	
		購入口数	購入金額	購入口数	購入金額
第1回	12,500円	□□□口	200,000円	200,000口	□□□円
第2回	10,000円	□□□口	200,000円	200,000口	□□□円
第3回	8,000円	□□□口	200,000円	200,000口	□□□円
第4回	10,000円	□□□口	200,000円	200,000口	□□□円
第5回	12,500円	□□□口	200,000円	200,000口	□□□円
合計	—	(①)口	1,000,000円	1,000,000口	(②)円

上記より、X投資信託をドルコスト平均法を用いて購入した場合の平均購入単価(1万口当たり)は、(③)円である。

【第3問】　次の設例に基づいて、下記の各問(《問7》~《問9》)に答えなさい。

--------《設　例》--------

　　会社員のAさん(44歳)は、妻Bさん(44歳)と長女Cさん(21歳)との3人暮らしである。Aさんは、本年10月に住宅ローンを利用して新築等住宅(省エネ基準適合住宅)を取得し、同月中に居住の用に供しており、本年分の所得税の確定申告により住宅借入金等特別控除の適用を受ける予定である。

　　Aさんの本年分の収入等に関する資料等は、以下のとおりである。

1.　Aさんの家族構成
　　　Aさん　　　　：会社員
　　　妻Bさん　　　：本年中に、パートにより給与収入90万円を得ている。
　　　長女Cさん　：大学3年生。本年中に、アルバイトにより給与収入25万円を得ている。

2.　Aさんの本年分の収入等
　　①　給与収入
　　　　給与収入の金額　　　　　：8,400,000円
　　②　養老保険(保険期間20年)の満期保険金
　　　　契約年月日　　　　　　　：20X1年4月1日
　　　　契約者(=保険料負担者)：Aさん
　　　　満期保険金額　　　　　　：6,000,000円
　　　　正味払込保険料　　　　　：5,000,000円

3.　Aさんが取得した住宅(省エネ基準適合住宅)および借入金の概要
　　　(住宅の建物および敷地を本年10月に一括で取得した)
　　　住宅(建物)の床面積……… 90㎡　　住宅(建物)の取得価額…………1,400万円
　　　土地(住宅の敷地)の面積…120㎡　　土地(住宅の敷地)の取得価額…1,200万円
　　　資金調達：自己資金………1,000万円
　　　　　　　　銀行借入金……1,600万円(25年の割賦償還、本年の年末残高は1,580万円)

※　妻Bさんおよび長女Cさんは、Aさんと同居し、生計を一にしている。
※　Aさん一家は、一定の要件を満たす子育て世帯等には該当しない。
※　上記以外の条件は考慮せず、各問に従うこと。

(2014年1月)

《問7》 所得税における住宅借入金等特別控除に関する以下の文章の空欄①～③に入る
最も適切な語句または数値を、下記の〈語句群〉のイ～ヌのなかから選び、その記
号を記入しなさい。

住宅借入金等特別控除は、住宅ローン等を利用して居住用住宅を取得等し、自己の
居住の用に供した場合で一定の要件を満たすとき、借入金等の年末残高を基として計
算した金額をその年分以後の各年分の所得税額から控除するものであり、その主な適
用要件は、以下のとおりである。
・新築または取得の日から（　①　）ヵ月以内に居住の用に供し、適用を受ける各年の
12月31日まで引き続いて住んでいること
・適用を受ける年分の合計所得金額が2,000万円以下であること
・新築または取得をした住宅の床面積の（　②　）がもっぱら自己の居住の用に供する
ものであること
・借入金等は、新築または取得のための一定の借入金等で、（　③　）年以上にわたり
分割して返済する方法になっているものであること

┌─〈語句群〉─────────────────────────────
│ イ．1　　 ロ．3　　 ハ．6　　 ニ．10　　 ホ．12　　 ヘ．20　　 ト．30
│ チ．3分の1以上　　 リ．2分の1以上　　 ヌ．全部
└──────────────────────────────────────

《問8》 Aさんの本年分の所得税の計算等に関する次の記述①～③について、適切なも
のには○印を、不適切なものには×印を記入しなさい。

① Aさんの合計所得金額は1,000万円以下であるが、妻Bさんの合計所得金額は48万円
を超えているため、Aさんは配偶者控除の適用を受けることができない。
② Aさんの合計所得金額は2,500万円以下であるため、Aさんは基礎控除の適用を受け
ることができる。
③ 長女Cさんの合計所得金額は48万円以下であるため、Aさんは63万円の扶養控除の
適用を受けることができる。

《問9》 Aさんが本年分の所得税において、住宅借入金等特別控除の適用を受けた場合の所得税の還付税額を計算した下記の表の空欄①〜④に入る最も適切な数値を記入しなさい。なお、復興特別所得税は考慮しないものとする。また、問題の性質上、明らかにできない部分は□□□で示してある。

(a) 総所得金額		(②)円
	給与所得の金額：(①)円	
	総所得金額に算入される一時所得の金額：□□□円	
(b) 所得控除の額の合計額		2,556,000円
(c) 課税総所得金額(a−b)		□□□円
(d) 算出税額(cに対する税額)		□□□円
(e) 住宅借入金等特別控除		(③)円
(f) 差引所得税額(d−e)		□□□円
(g) 源泉徴収税額		333,300円
(h) 還付税額(f−g)		△(④)円

〈資料〉

給与所得控除額

給与収入金額	給与所得控除額
万円超　　万円以下	
180	収入金額×40％ − 10万円（55万円に満たない場合は、55万円）
180 〜 360	収入金額×30％ + 8万円
360 〜 660	収入金額×20％ + 44万円
660 〜 850	収入金額×10％ +110万円
850	195万円

所得税の速算表〈一部抜粋〉

課税総所得金額	税率	控除額
万円超　　万円以下	％	万円
195	5	—
195 〜 330	10	9.75
330 〜 695	20	42.75
695 〜 900	23	63.6
900 〜 1,800	33	153.6
1,800	40	279.6

【第4問】 次の設例に基づいて、下記の各問（《問10》～《問12》）に答えなさい。

------------------------------《設 例》------------------------------

　Aさん（66歳）は、首都圏近郊に所有する戸建住宅（4LDK）に妻Bさん（67歳）と2人で暮らしている。Aさん夫婦には3人の子がいるが、すでにそれぞれが独立して生計を立てている。現在の戸建住宅は夫婦2人で住むには部屋数も多く、Aさんは体力が衰えてきたこともあり、その管理等に煩わしさを感じるようになってきた。そこで、Aさんは、戸建住宅を賃貸または売却し、夫婦2人で住むための手ごろなマンションに住み替えることを検討している。なお、Aさんは、戸建住宅を売却する場合、更地にしてからその敷地を売却しようと考えている。

　Aさんが現在居住している戸建住宅の概要は、以下のとおりである。

〈Aさんが現在居住している戸建住宅（建物およびその敷地）の概要〉
・取得日　　：1976年8月5日
・取得費　　：不明
・譲渡価額：4,000万円（更地にした場合の金額）
・譲渡費用：300万円　（建物の取り壊し費用を含めた金額）

※　上記以外の条件は考慮せず、各問に従うこと。

（2014年1月）

《問10》 Aさんが、戸建住宅を第三者に賃貸した場合に関する次の記述①～③について、適切なものには○印を、不適切なものには×印を記入しなさい。

① 宅地建物取引業者を通さずに自ら戸建住宅を賃貸しようとする場合、Aさんは宅地建物取引業の免許を取得しなければならない。

② 戸建住宅を賃貸して受け取る家賃収入は不動産所得に区分されるが、その貸付けが事業的規模ではないため、Aさんはこの所得について青色申告書を提出することはできない。

③ 戸建住宅を賃貸した場合であっても、Aさんは引き続き当該戸建住宅にかかる固定資産税の納税義務を負う。

《問11》 「居住用財産を譲渡した場合の3,000万円の特別控除の特例」および「居住用財産を譲渡した場合の長期譲渡所得の課税の特例（軽減税率の特例）」の適用要件に関する以下の文章の空欄①～③に入る最も適切な語句を、下記の〈語句群〉のイ～リのなかから選び、その記号を記入しなさい。

ⅰ）「居住用財産を譲渡した場合の3,000万円の特別控除の特例」は、居住用財産の所有期間の長短に関係なく、譲渡所得から最高3,000万円まで控除ができる特例である。この特例の適用を受けるためには、譲渡する居住用財産に居住しなくなった日から（　①　）を経過する日の属する年の12月31日までに、その居住用財産を譲渡する必要がある。なお、家屋を取り壊した場合は、敷地の譲渡契約を家屋を取り壊した日から1年以内に締結するとともに、それまでにその敷地を貸付けその他の用に供していないことが必要となる。

ⅱ）「居住用財産を譲渡した場合の長期譲渡所得の課税の特例（軽減税率の特例）」は、一定の要件のもと、居住用財産を譲渡した場合の長期譲渡所得に対する所得税および住民税の税率を軽減するものである。この特例の適用を受けるためには、譲渡の年の（　②　）現在において、その居住用財産の所有期間が（　③　）を超えていることが必要となる。

─〈語句群〉──
イ. 1年　　ロ. 2年　　ハ. 3年　　ニ. 5年　　ホ. 10年　　ヘ. 15年
ト. 1月1日　　チ. 4月1日　　リ. 12月31日

《問12》 Aさんが戸建住宅を取り壊し、その敷地（更地）を第三者に売却した場合について、「居住用財産を譲渡した場合の3,000万円の特別控除の特例」および「居住用財産を譲渡した場合の長期譲渡所得の課税の特例（軽減税率の特例）」の適用を受けた場合における所得税および住民税の合計額を、計算過程を示して求めなさい。なお、復興特別所得税は考慮しないものとする。

【第5問】 次の設例に基づいて、下記の各問(《問13》~《問15》)に答えなさい。

《設 例》

　Aさんは、本年11月に病気により70歳で死亡した。Aさんと妻Bさんは、長女Dさん家族と20年前から同居しており、Aさん夫婦は長女Dさんの子である孫Fさんと養子縁組(特別養子縁組ではない)をしている。また、Aさんは生前に公正証書遺言を作成している。

　Aさんの親族関係図および主な財産の状況等は、以下のとおりである。

〈Aさんの親族関係図〉

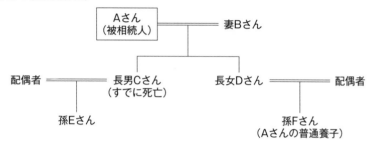

〈Aさんの主な財産(相続税評価額)〉
・預貯金　　　　　　　　:7,000万円
・有価証券　　　　　　　:8,500万円
・自宅の敷地(250㎡):1億2,500万円
　(「小規模宅地等についての相続税の課税価格の計算の特例」適用前の相続税評価額)
・自宅の建物　　　　　　:1,100万円

〈Aさんが加入していた生命保険契約に関する資料〉
　保険の種類　　　　　　　　　　　　:終身保険
　契約者(=保険料負担者)・被保険者:Aさん
　死亡保険金受取人　　　　　　　　　:妻Bさん
　死亡保険金額　　　　　　　　　　　:2,500万円

※　上記以外の条件は考慮せず、各問に従うこと。

(2015年1月)

《問13》 相続開始後の手続等に関する以下の文章の空欄①〜④に入る最も適切な語句を、下記の〈語句群〉のイ〜ヲのなかから選び、その記号を記入しなさい。

i ）Aさんが作成していた公正証書遺言は、証人（ ① ）以上の立会いのもと、遺言者が遺言の趣旨を公証人に口授し、公証人がこれを筆記して作成されるものであり、作成された遺言書の原本は（ ② ）に保管される。この方式による遺言は、被相続人の相続開始後に検認の手続が不要である。

ii ）相続人は自己のために相続の開始があったことを知った時から原則として（ ③ ）以内に、その相続について単純承認、限定承認または放棄のいずれかを選択しなければならない。また、相続税の申告義務を有する者は、遺産が分割されたか否かにかかわらず、その相続の開始があったことを知った日の翌日から原則として（ ④ ）以内に、相続税の申告書を納税地の所轄税務署長に提出しなければならない。

―〈語句群〉――――――――――――――――――――――――――――――
イ．1人　　ロ．2人　　ハ．3人　　ニ．家庭裁判所　　ホ．簡易裁判所
ヘ．公証役場　　ト．1ヵ月　　チ．3ヵ月　　リ．4ヵ月　　ヌ．6ヵ月
ル．8ヵ月　　ヲ．10ヵ月
――――――――――――――――――――――――――――――――――

《問14》 Aさんの相続に関する次の記述①〜③について、適切なものには○印を、不適切なものには×印を記入しなさい。

① 孫Eさんおよび孫Fさんが相続人となる場合、これらの者に係る相続税額は2割加算となる。

② 妻Bさんが相続によりAさんの自宅の敷地（宅地）を取得する場合、その敷地（宅地）を相続税の申告期限までに売却した場合であっても、「小規模宅地等についての相続税の課税価格の計算の特例」の適用を受けることにより、330㎡を限度面積として、評価額の80％を減額することができる。

③ 「配偶者に対する相続税額の軽減」は、相続税の申告期限までに遺産が分割された場合にのみ適用を受けることができるため、申告期限後に遺産が分割された場合、妻Bさんはその適用を受けることができない。

《問15》 Aさんの相続における課税遺産総額（「課税価格の合計額－遺産に係る基礎控除額」）が1億2,000万円であった場合の相続税の総額を計算した下記の表の空欄①～③に入る最も適切な数値を求めなさい。なお、問題の性質上、明らかにできない部分は「□□□」で示してある。

課税価格の合計額	□□□万円
遺産に係る基礎控除額	□□□万円
課税遺産総額	1億2,000万円
相続税の総額の基となる税額	
妻Bさん	（　①　）万円
長女Dさん	（　②　）万円
⋮	⋮
相続税の総額	（　③　）万円

〈相続税の速算表（一部抜粋）〉

法定相続分に応ずる取得金額		税率	控除額
	1,000万円以下	10%	—
1,000万円超	3,000万円以下	15%	50万円
3,000万円超	5,000万円以下	20%	200万円
5,000万円超	1億円以下	30%	700万円

〈実技編〉

ファイナンシャル・プランニング技能検定・実技試験

2級 個人資産 相談業務

（金融財政事情研究会）

第1回

解答・解説

【第1問】
《問1》 （正解） ① イ ② ニ ③ ト

> ⅰ）「Bさんは、今後は国民年金の(第1号)被保険者として、国民年金の保険料を納付することになります」
>
> ⅱ）「Bさんは、今後、ご自身の年間収入が(130万円)未満かつ長男Cさんの年間収入の2分の1未満で、長男Cさんにより生計を維持される場合、原則として、長男Cさんが加入する健康保険の被扶養者となることができます。なお、この場合におけるBさんの年間収入に、公的年金制度から支給される遺族年金による収入は(含まれます)」

《問2》 （正解） ① × ② ○ ③ ○

① × 死亡一時金は、国民年金の第1号被保険者として保険料を納めた月数が36月以上ある者が、老齢基礎年金・障害基礎年金を受けることなく亡くなったとき、その者と生計を同じくしていた遺族(1配偶者、2子、3父母、4孫、5祖父母、6兄弟姉妹の中で優先順位が高い者)が遺族基礎年金を受給できない場合に受けることができる。Aさんは第1号被保険者として保険料を納めた月が無いことから、Bさんに死亡一時金は支給されない。

② ○ なお、遺族年金に限らず、年金は、原則として、毎年2月、4月、6月、8月、10月および12月の6期に、それぞれの前月までの分(例えば、4月に支払われる年金は、2月、3月の2ヵ月分)が支給される。

③ ○

《問3》 （正解） 1,232,879円

〔計算過程〕
・報酬比例部分の額
{(300,000円×7.125／1,000×132月) + (380,000円×5.481／1,000×262月)}
×3／4＝620,879円(円未満四捨五入)
・中高齢寡婦加算額
612,000円
・遺族厚生年金の年金額
620,879円＋612,000円＝1,232,879円

【第2問】

《問4》 （正解） ① ×　　② ×　　③ ○

① ×　X投資信託は、米国の株式を中心に投資する投資信託である。米ドルに対し、日本円の相対的な価値が下落した場合、すなわち円安ドル高の場合には、円換算による評価額は大きくなり、基準価額の値上がり要因となる。なお、為替ヘッジとは、為替相場の変動による影響を回避するための手段であるが、「為替ヘッジなし」であるため、為替相場の変動による影響を受け、基準価額が変動することになる。

② ×　X投資信託は、中心となる投資対象を株式としていることから、株式投資信託に該当する。株式投資信託は、投資対象に公社債を組み入れることができる投資信託である。

③ ○

《問5》 （正解）　① 0.5　　② 4.25%

〔計算過程〕

① $\dfrac{7\% - 1\%}{12\%} = 0.5$

シャープレシオは、標準偏差(リスク)1単位当たりの収益性を測定する指標であり、次の算式で計算した数値が大きいほど、投資信託が効率よく運用されている(パフォーマンスが高い)と評価される。

$$シャープレシオ = \dfrac{ポートフォリオの収益率 - 無リスク資産の利子率}{標準偏差}$$

② $(18\% \times 0.35) + (7\% \times 0.35) + (-15\% \times 0.3) = 6.3\% + 2.45\% - 4.5\% = 4.25\%$

X投資信託の今後1年間の期待収益率は、シナリオごとの予想収益率を生起確率で加重平均したものである。

《問6》　（正解）　①　970,000口　　②　1,060,000円　　③　10,309円

① 毎回200,000円購入する場合（ドルコスト平均法）の購入口数
第1回　200,000円÷(12,500円÷10,000口)＝160,000口
第2回　200,000円÷(10,000円÷10,000口)＝200,000口
第3回　200,000円÷(8,000円÷10,000口)＝250,000口
第4回　200,000円÷(10,000円÷10,000口)＝200,000口
第5回　200,000円÷(12,500円÷10,000口)＝160,000口　合計970,000口

② 毎回200,000口購入する場合の購入金額
第1回　200,000口×(12,500円÷10,000口)＝250,000円
第2回　200,000口×(10,000円÷10,000口)＝200,000円
第3回　200,000口×(8,000円÷10,000口)＝160,000円
第4回　200,000口×(10,000円÷10,000口)＝200,000円
第5回　200,000口×(12,500円÷10,000口)＝250,000円　合計1,060,000円

③ ドルコスト平均法（毎回200,000円購入する場合）の平均購入単価（1万口当たり）
(200,000円×5回)÷970,000口×10,000口≒10,309円
なお、毎回200,000口購入する場合の平均購入単価（1万口当たり）は次のとおりで
ある。
1,060,000円÷(200,000口×5回)×10,000口＝10,600円

【第3問】

《問7》　（正解）　①　ハ　　②　リ　　③　ニ

> 　住宅借入金等特別控除は、住宅ローン等を利用して居住用住宅を取得等し、自己の居住の用に供した場合で一定の要件を満たすとき、借入金等の年末残高を基として計算した金額をその年分以後の各年分の所得税額から控除するものであり、その主な適用要件は、以下のとおりである。
> ・新築または取得の日から（ 6 ）ヵ月以内に居住の用に供し、適用を受ける各年の
> 　12月31日まで引き続いて住んでいること
> ・適用を受ける年分の合計所得金額が2,000万円以下であること
> ・新築または取得をした住宅の床面積の（2分の1以上）がもっぱら自己の居住の用に
> 　供するものであること
> ・借入金等は、新築または取得のための一定の借入金等で、（ 10 ）年以上にわたり
> 　分割して返済する方法になっているものであること

《問8》　（正解）　①　×　　②　○　　③　○

①　×　　配偶者控除の適用を受けるためには、納税者の合計所得金額が1,000万円以下であり、かつ、配偶者の合計所得金額が48万円以下が要件となる。Aさんの合計所得金額は1,000万円以下（問9の解説参照）であり、妻Bさんの合計所得金額は48万円以下※であるため、Aさんは配偶者控除の適用を受けることができる。
　　　　※　90万円 － 55万円 ＝35万円
（給与収入の金額）（給与所得控除額）

②　○　　基礎控除の金額は納税者の合計所得金額が2,400万円以下の場合は48万円、2,400万円超2,450万円以下の場合は32万円、2,450万円超2,500万円以下の場合は16万円となる。よって、Aさんの合計所得金額は2,400万円以下（問9の解説参照）であるため基礎控除の金額は48万円となる。

③　○　　長女Cさんの合計所得金額は48万円以下※であり、年齢19歳以上23歳未満であるため、Aさんは63万円（特定扶養親族）の扶養控除の適用を受けることができる。
　　　　※　25万円 － 55万円 ＜0　∴0
（給与収入）（給与所得控除額）

《問9》 （正解） ① 6,460,000円　　② 6,710,000円　　③ 110,600円
　　　　　④ 40,600円

(a) 総所得金額	給与所得の金額：（　①　）円	（　②　）円
	総所得金額に算入される一時所得の金額：□□□円	
(b) 所得控除の額の合計額		2,556,000円
(c) 課税総所得金額(a－b)		□□□円
(d) 算出税額(cに対する税額)		□□□円
(e) 住宅借入金等特別控除		（　③　）円
(f) 差引所得税額(d－e)		□□□円
(g) 源泉徴収税額		333,300円
(h) 還付税額(f－g)		△（　④　）円

＜給与所得の金額＞

給与収入の金額　　　　　　給与所得控除額　　　　　　空欄①
$8,400,000円 - (8,400,000円 \times 10\% + 110万円) = \underline{6,460,000円}$

＜総所得金額＞

① 給与所得の金額　6,460,000円

② 一時所得の金額　満期保険金額 正味払込保険料 特別控除
$6,000,000円 - 5,000,000円 - 500,000円 = 500,000円$

③ ①＋②×1／2※＝空欄②$\underline{6,710,000円}$

※　一時所得の金額は、総所得金額に算入する際、1／2をする点に留意すること。

＜住宅借入金等特別控除＞

借入金年末残高　　　　空欄③
$1,580万円^※ \times 0.7\% = \underline{110,600円}$

※　省エネ基準適合住宅の住宅借入金等の年末残高の限度額は3,000万円である。

＜還付税額＞

総所得金額　　　　所得控除の額の合計　　　課税総所得金額
$6,710,000円 - 2,556,000円 = 4,154,000円$

速算表　　　　　算出税額
$4,154,000円 \times 20\% - 42.75万円 = 403,300円$

住宅借入金等特別控除　　　差引所得税額
$403,300円 - 110,600円 = 292,700円$

源泉徴収税額　　　　空欄④
$292,700円 - 333,300円 = △\underline{40,600円}$

【第4問】

《問10》（正解）　①　×　　②　×　　③　○

①　×　自らが保有する不動産を賃貸する場合、宅地建物取引業に該当しないため、免許の取得は不要である。

②　×　不動産の貸付けの規模が事業的規模であるか否かに関わらず、Aさんは不動産所得について青色申告書を提出することができる。

③　○　固定資産税は固定資産課税台帳に所有者として登録された者が納税義務者となるため、当該戸建住宅を賃貸した場合でも引き続き納税義務を負う。

《問11》（正解）　①　ハ　　②　ト　　③　ホ

i）「居住用財産を譲渡した場合の3,000万円の特別控除の特例」は、居住用財産の所有期間の長短に関係なく、譲渡所得から最高3,000万円まで控除ができる特例である。この特例の適用を受けるためには、譲渡する居住用財産に居住しなくなった日から（3年）を経過する日の属する年の12月31日までに、その居住用財産を譲渡する必要がある。なお、家屋を取り壊した場合は、敷地の譲渡契約を家屋を取り壊した日から1年以内に締結するとともに、それまでにその敷地を貸付けその他の用に供していないことが必要となる。

ii）「居住用財産を譲渡した場合の長期譲渡所得の課税の特例（軽減税率の特例）」は、一定の要件のもと、居住用財産を譲渡した場合の長期譲渡所得に対する所得税および住民税の税率を軽減するものである。この特例の適用を受けるためには、譲渡の年の（1月1日）現在において、その居住用財産の所有期間が（10年）を超えていることが必要となる。

《問12》（正解）　70万円

Aさんが敷地を売却した場合の所得税および住民税の合計額は、次のとおりである。

〔計算過程〕

・譲渡所得の金額

4,000万円（譲渡価額）－（200万円（取得費※）＋300万円（譲渡費用））＝3,500万円

※　取得費が不明なため、概算取得費（譲渡価額×5%）により計算を行う。

4,000万円（譲渡価額）×5%＝200万円

・課税長期譲渡所得の金額

3,500万円－3,000万円（特別控除）＝500万円

・所得税および住民税の合計額

500万円（課税長期譲渡所得の金額）×14%（所得税10%、住民税4%）＝70万円

個人資産　相談業務（第1回）

【第5問】

《問13》（正解）　①　ロ　　②　ヘ　　③　チ　　④　ヲ

> ⅰ）Aさんが作成していた公正証書遺言は、証人(2人)以上の立会いのもと、遺言
> 者が遺言の趣旨を公証人に口授し、公証人がこれを筆記して作成されるものであ
> り、作成された遺言書の原本は(公証役場)に保管される。この方式による遺言
> は、被相続人の相続開始後に検認の手続が不要である。
>
> ⅱ）相続人は自己のために相続の開始があったことを知った時から原則として
> (3ヵ月)以内に、その相続について単純承認、限定承認または放棄のいずれかを
> 選択しなければならない。また、相続税の申告義務を有する者は、遺産が分割さ
> れたか否かにかかわらず、その相続の開始があったことを知った日の翌日から原
> 則として(10ヵ月)以内に、相続税の申告書を納税地の所轄税務署長に提出しなけ
> ればならない。

《問14》（正解）　①　×　　②　○　　③　×

①　×　孫Eさんは長男Cさんの代襲相続人となるため、相続税額の2割加算の対象と
　　はならない。孫Fさんは、被相続人(Aさん)の普通養子に該当するが、代襲相
　　続人ではない孫養子であるため相続税額の2割加算の対象となる。

②　○　妻Bさん(配偶者)が相続によりAさんの自宅の敷地(宅地)を取得する場合、
　　その敷地(宅地)を相続税の申告期限までに売却した場合、あるいは、申告期限
　　まで引き続き居住の用に供していないくても、「小規模宅地等についての相続
　　税の課税価格の計算の特例」の適用を受けることにより、330㎡を限度面積とし
　　て、評価額の80%を減額することができる。

③　×　「配偶者に対する相続税額の軽減」は、相続税の申告期限までに遺産が分割さ
　　れていない場合でも、申告期限から3年以内に遺産が分割され、配偶者が取得
　　する財産が確定すれば、妻Bさんは「配偶者に対する相続税額の軽減」の適用を
　　受けることができる。

《問15》（正解）　①　1,100万円　　②　250万円　　③　1,850万円

　　課税遺産総額を1億2,000万円とした場合の相続税の総額は、次のとおりとなる。
・法定相続分に応じた取得金額
　　妻Bさん　　　　　　　　　　　　1億2,000万円×1／2＝6,000万円
　　長女Dさん、孫Eさん、孫Fさん　1億2,000万円×1／2×1／3＝2,000万円
・相続税の総額の基となる税額
　　妻Bさん　　　　　　　　　　　　6,000万円×30％－700万円＝<u>1,100万円</u>（空欄①）
　　長女Dさん、孫Eさん、孫Fさん　2,000万円×15％－50万円＝<u>250万円</u>（空欄②）
・相続税の総額
　　1,100万円＋250万円×3(長女Dさん、孫Eさん、孫Fさん)＝<u>1,850万円</u>（空欄③）

〈実技編〉

ファイナンシャル・プランニング技能検定・実技試験

2級 個人資産 相談業務

（金融財政事情研究会）

第2回

問　題

【第1問】 次の設例に基づいて、下記の各問(《問1》~《問3》)に答えなさい。

《設 例》

　会社員のAさん(59歳)は、妻Bさん(50歳)との2人暮らしである。Aさんは、大学卒業後から現在に至るまで、X社に勤務している。Aさんは、2025年6月10日にX社を満60歳で定年退職する予定であり、その後は再就職はせずに、妻Bさんの就業を支えたいと考えている。そこで、Aさんは、退職後の社会保険制度について詳しく知りたいと考え、ファイナンシャル・プランナーのMさんに相談することにした。

　Aさんおよび妻Bさんに関する資料は、以下のとおりである。

〈Aさんおよび妻Bさんに関する資料〉

(1) Aさん(会社員)

　　生年月日:1965年6月10日

　　厚生年金保険、全国健康保険協会管掌健康保険、雇用保険に加入中である。

〔公的年金の加入歴(見込みを含む)〕

1985年6月　　1988年4月		2025年6月
国民年金 任意未加入期間 34月	厚生年金保険 被保険者期間 446月	
20歳　　　　　22歳		60歳

　　　　　　　　　　　　2003年3月以前の平均標準報酬月額　30万円(180月)
　　　　　　　　　　　　2003年4月以後の平均標準報酬額　　40万円(266月)

(2) 妻Bさん(会社員)

　　生年月日:1974年4月15日

　　厚生年金保険、全国健康保険協会管掌健康保険、雇用保険に加入中である。

〔公的年金の加入歴(見込みを含む)〕

1994年4月　　1997年4月　　1999年8月		2018年4月　　　2034年4月	
国民年金 未加入期間 36月	厚生年金保険 被保険者期間 28月	国民年金 第3号被保険者期間 224月	厚生年金保険 被保険者期間 192月
20歳　　　　　22歳　　　　　25歳		44歳　　　　　60歳	

※　妻Bさんは、現在および将来においても、Aさんと同居し、生計維持関係にあるものとする。

※　Aさんおよび妻Bさんは、現在および将来においても、公的年金制度における障害等級に該当する障害の状態にないものとする。

※　上記以外の条件は考慮せず、各問に従うこと。

(2016年9月)

《問1》 Aさんが、60歳でX社を退職し、その後再就職しない場合に、原則として65歳から受給することができる老齢厚生年金の年金額（2024年度価額）を計算した次の〈計算式〉の空欄①～④に入る最も適切な数値を記入しなさい。計算にあたっては、《設例》および下記の〈資料〉を利用すること。なお、問題の性質上、明らかにできない部分は「□□□」で示してある。

〈計算式〉

1. 報酬比例部分の額（円未満四捨五入）

$$\square\square\square円 \times \frac{7.125}{1,000} \times \square\square\square月 + \square\square\square円 \times \frac{5.481}{1,000} \times \square\square月 = (\quad ① \quad)円$$

2. 経過的加算額（円未満四捨五入）

$$1,701円 \times \square\square\square月 - 816,000円 \times \frac{\square\square\square月}{\square\square\square月} = (\quad ② \quad)円$$

3. 基本年金額（上記「1＋2」の額）

$$(\quad ③ \quad)円$$

4. 老齢厚生年金の年金額

加給年金額が加算□□□□□ので、

$$(\quad ④ \quad)円$$

〈資料〉

老齢厚生年金の年金額
　　下記、老齢厚生年金の計算式の　ⅰ）＋ⅱ）＋ⅲ）

老齢厚生年金の計算式

ⅰ）　報酬比例部分の額＝（イ）＋（ロ）

　（イ）　2003年3月以前の期間分

　　　　平均標準報酬月額 $\times \dfrac{7.125}{1,000} \times$ 2003年3月以前の被保険者期間の月数

　（ロ）　2003年4月以後の期間分

　　　　平均標準報酬額 $\times \dfrac{5.481}{1,000} \times$ 2003年4月以後の被保険者期間の月数

ⅱ）　経過的加算額＝1,701円×被保険者期間の月数

　　　　$-816,000円 \times \dfrac{\text{1961年4月以後で20歳以上60歳未満の厚生年金保険の被保険者期間の月数}}{\text{加入可能年数}\times12}$

ⅲ）　加給年金額＝408,100円（要件を満たしている場合のみ加算すること）

《問2》 Mさんは、Aさんに対して、退職後の公的医療保険制度について説明した。Mさんが説明した以下の文章の空欄①～③に入る最も適切な語句を、下記の〈語句群〉のイ～リのなかから選び、その記号を記入しなさい。

「X社を退職した後における公的医療保険制度への加入については、国民健康保険に加入する、退職時の健康保険に任意継続被保険者として加入する、妻Bさんの健康保険の被扶養者となる、などの選択肢があります。退職時の健康保険に任意継続被保険者として加入する場合、原則として、退職日の翌日から（ ① ）以内に任意継続被保険者の資格取得手続を行う必要があり、任意継続被保険者として健康保険に加入できる期間は最長で（ ② ）となります。また、Aさんが妻Bさんの健康保険の被扶養者となるためには、Aさんの退職後の年間収入が180万円未満の見込みで、かつ、原則として妻Bさんの年間収入の（ ③ ）未満の見込みであることなどの要件を満たす必要があります」

〈語句群〉

　イ. 10日　　ロ. 14日　　ハ. 20日　　ニ. 1年間　　ホ. 2年間　　ヘ. 3年間
　ト. 2分の1　　チ. 3分の2　　リ. 4分の3

《問3》 Aさんは、X社から支給される予定の退職金のうち、1,500万円を活用して老後資金を準備したいと考えている。そこで、Mさんは、諸係数早見表を用いてシミュレーションを行った。下記の係数を用いて、次の問に答えなさい。なお、答はそれぞれ万円未満を四捨五入して万円単位とし、税金や手数料等は考慮しないものとする。

また、問題の性質上、明らかにできない部分は「□□□」で示してある。

〈利率(年率)1%の諸係数早見表〉

期間	年金現価係数	終価係数	減債基金係数	資本回収係数	現価係数
10年	9.4713	1.1046	0.0956	0.1056	0.9053
15年	13.8651	1.1610	0.0621	0.0721	0.8613

(1) 元金1,500万円を、利率(年率)1%で10年間複利運用する場合、10年後の元利合計金額を計算した次の式の空欄①に入る最も適切な数値を記入しなさい。

1,500万円×□□□=□□□円⇒(①)万円

(2) 上記(1)で求めた金額に資金を上乗せした2,000万円について、15年間にわたって、利率(年率)1%で複利運用しながら、15年間、毎年一定額を取り崩す場合、毎年の取崩し金額の上限となる金額を計算した次の式の空欄②に入る最も適切な数値を記入しなさい。

2,000万円×□□□=□□□円⇒(②)万円

【第2問】 次の設例に基づいて、下記の各問(《問4》~《問6》)に答えなさい。

《設 例》

　会社員のAさん(59歳)は、個人向け国債(変動金利型10年満期)を保有してきたが、来年9月に勤務先から退職金を受け取る予定もあり、投資対象を少し広げたいと考えている。

　Aさんは、ETF(上場投資信託)および株式会社Xの社債(X社社債)を投資対象の候補として考えており、ETFや債券による資産運用について、ファイナンシャル・プランナーのMさんに相談することにした。また、Aさんは、個人向け国債についても改めて確認したいと考えている。

　X社社債に関する資料は、以下のとおりである。

〈X社社債に関する資料〉
・表面利率：1.2%
・残存期間：4年
・購入価格：103.5円(額面100円当たり)
・償還価格：100円

※　上記以外の条件は考慮せず、各問に従うこと。

（2016年5月）

《問4》 Mさんは、Aさんに対して、個人向け国債について説明した。Mさんが説明した以下の文章の空欄①～③に入る最も適切な語句を、下記の〈語句群〉のイ～リのなかから選び、その記号を記入しなさい。

「個人向け国債には、変動金利型10年満期、固定金利型5年満期、固定金利型（　①　）満期があります。Aさんは、現在、変動金利型10年満期をお持ちですが、その適用利率は、基準金利に（　②　）ものとなります。なお、基準金利は各利子計算期間の開始日の前月までの最後に行われた10年固定利付国債の入札における平均落札利回りとなりますが、変動金利型10年満期には、最低金利が保証されており、適用利率は、その下限である（　③　）を下回ることはありません」

─〈語句群〉─────────────────────────────
　イ．1年　　　ロ．2年　　　ハ．3年　　　ニ．0.5を乗じた　　　ホ．0.66を乗じた
　ヘ．0.8を乗じた　　　ト．0.01%　　　チ．0.03%　　　リ．0.05%
─────────────────────────────────

《問5》 Mさんは、Aさんに対して、ETFおよびX社社債について説明した。Mさんが説明した次の記述①～③について、適切なものには○印を、不適切なものには×印を記入しなさい。

① 「ETFは、証券取引所に上場されている投資信託であるため、証券会社に注文を委託することにより、指値注文・成行注文による売買を行うことができます」
② 「ETFの信託報酬率は、一般に、他の非上場の投資信託よりも低くなっています。また、どの証券会社を通してETFを買い付けても、売買委託手数料はかかりません」
③ 「X社社債は、NISA（少額投資非課税制度）の適用対象となりますので、NISAを利用することにより、X社社債についての売買益や利息は非課税となります」

《問6》 X社社債を《設例》の条件で購入した場合について、次の①～③をそれぞれ求めなさい（計算過程の記載は不要）。なお、〈答〉は%表示の小数点以下第3位を四捨五入することとし、税金や手数料は考慮しないものとする。

① X社社債を購入した場合の直接利回り
② X社社債を購入し、償還まで保有した場合の最終利回り（年率・単利）
③ X社社債を購入し、2年後に額面100円当たり101.50円で売却した場合の所有期間利回り（年率・単利）

【第3問】 次の設例に基づいて、下記の各問(《問7》～《問9》)に答えなさい。

《設 例》

　Aさん(60歳)は、妻Bさん(55歳)、長男Cさん(21歳)および長女Dさん(17歳)との4人家族である。Aさんは、本年6月25日にそれまで勤務していたX社を退職し、X社から支給された退職金、および契約していた生命保険契約の解約返戻金を開業資金の一部として利用し、同年7月1日から個人事業主として小売業を営んでいる。なお、Aさんは青色申告の承認申請書を期限内に提出している。

　Aさんの本年分の収入等に関する資料等は、以下のとおりである。

〈Aさんの家族構成〉

・Aさん 　　：個人事業主
・妻Bさん 　：本年中にパートタイマーとして給与収入1,200,000円を得ている。
　　　　　　　なお、Aさんの青色事業専従者ではない。
・長男Cさん ：大学生。本年中にアルバイトにより給与収入1,000,000円を得ている。
・長女Dさん ：高校生。本年中に収入はない。

〈Aさんの本年分の収入等に関する資料〉

・給与収入の金額　　　　　　　　：4,800,000円
・事業所得の金額　　　　　　　　：2,550,000円(青色申告特別控除後の金額)
・生命保険契約の解約返戻金額：9,000,000円
・退職所得の金額　　　　　　　　：15,000,000円

　Aさんは退職金の支給を受ける際に「退職所得の受給に関する申告書」を提出している。

〈Aさんが本年中に解約した生命保険契約に関する資料〉

　　保険の種類　　　　　　　　：一時払変額個人年金保険
　　契約年月日　　　　　　　　：20X1年3月1日
　　契約者(＝保険料負担者)：Aさん
　　解約返戻金額　　　　　　　：9,000,000円
　　正味払込保険料　　　　　　：7,200,000円

※　妻Bさん、長男Cさんおよび長女Dさんは、Aさんと同居し、生計を一にしている。
※　家族は、いずれも障害者または特別障害者には該当しない。
※　家族の年齢は、いずれも本年12月31日現在のものである。

※　上記以外の条件は考慮せず、各問に従うこと。

(2015年1月)

《問7》 青色申告に関する以下の文章の空欄①～④に入る最も適切な語句を、下記の〈語句群〉のイ～ヲのなかから選び、その記号を記入しなさい。

ⅰ）不動産所得、事業所得または山林所得を生ずべき業務を行う者が、一定の帳簿書類を備え付け、所轄税務署長に対して青色申告の承認申請を行い、その承認を受けた場合、所得税について青色申告書を提出することができる。青色申告承認申請書の提出期限は、原則として、青色申告をしようとする年の（　①　）まで（その年1月16日以後新たに業務を開始した場合、その業務を開始した日から（　②　）以内）である。

ⅱ）青色申告者が受けられる税務上の特典として、青色申告特別控除、青色事業専従者給与の必要経費算入、純損失の繰戻還付、最長（　③　）の純損失の繰越控除などがある。不動産所得または事業所得を生ずべき事業を営む青色申告者が、その取引の内容を正規の簿記の原則により記帳し、それに基づいて作成した貸借対照表等とともに確定申告書をe-Taxを使用して法定申告期限内に申告した場合の青色申告特別控除の控除額は、最高（　④　）である。

┌─〈語句群〉────────────────────────────
│　イ．1月15日　　　ロ．3月15日　　　ハ．3月31日　　　ニ．2ヵ月　　　ホ．3ヵ月
│　ヘ．4ヵ月　　　ト．3年間　　　チ．7年間　　　リ．10年間　　　ヌ．38万円
│　ル．65万円　　　ヲ．103万円
└──────────────────────────────────

《問8》 Aさんの本年分の所得税に関する次の記述①～③について、適切なものには○印を、不適切なものには×印を記入しなさい。

① Aさんは妻Bさんについて配偶者控除の適用を受けることができ、その控除額は38万円である。
② Aさんは長男Cさんおよび長女Dさんについて扶養控除の適用を受けることができ、その控除額は76万円である。
③ Aさんは退職金の支給を受ける際に「退職所得の受給に関する申告書」を提出しているため、原則として、その退職所得について所得税の確定申告は不要である。

《問9》　Aさんの本年分の各種所得の金額および総所得金額を計算した下記の表および文章の空欄①～③に入る最も適切な数値を求めなさい。なお、問題の性質上、明らかにできない部分は「□□□」で示してある。

Aさんの本年分の各種所得の金額は、以下の表のとおりである。

各種所得	各種所得の金額
事業所得の金額	2,550,000円
給与所得の金額	（　①　）円
一時所得の金額	（　②　）円
退職所得の金額	□□□円

以上から、Aさんの本年分の総所得金額は、（　③　）円となる。

〈資料〉

給与所得控除額

給与収入金額		給与所得控除額
万円超	万円以下	
	～　　180	収入金額×40％－　10万円（55万円に満たない場合は、55万円）
180　～	360	収入金額×30％＋　　8万円
360　～	660	収入金額×20％＋　44万円
660　～	850	収入金額×10％＋110万円
850		195万円

【第4問】 次の設例に基づいて、下記の各問(《問10》~《問12》)に答えなさい。

-------------------------------《設 例》-------------------------------

　Aさん(60歳)は、3年前に母親から相続した青空駐車場(甲土地)と賃貸アパートの建物およびその敷地(乙土地)を所有している。賃貸アパートは、木造2階建てで築40年が経過して老朽化し、建替えが必要であるため、Aさんは、甲土地と乙土地を一体とした土地上に賃貸アパートを建て替えたいと考えている。
　甲土地および乙土地に関する資料は、以下のとおりである。

〈甲土地および乙土地に関する資料〉

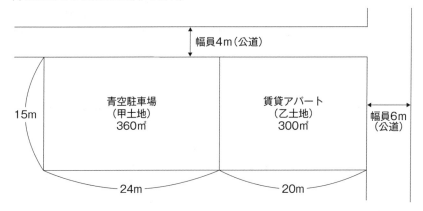

○甲土地
　・用途地域　　：第一種住居地域
　・指定建蔽率：60%
　・指定容積率：200%
　・前面道路幅員による容積率の制限
　　　：前面道路幅員×$\frac{4}{10}$
　・防火規制　：準防火地域

○乙土地
　・用途地域　　：近隣商業地域
　・指定建蔽率：80%
　・指定容積率：300%
　・前面道路幅員による容積率の制限
　　　：前面道路幅員×$\frac{6}{10}$
　・防火規制　：防火地域

※　乙土地、および甲土地と乙土地の一体地は、ともに建蔽率の緩和について特定
　行政庁が指定する角地である。

※　指定建蔽率および指定容積率とは、それぞれ都市計画において定められた数値
　である。

※　特定行政庁が都道府県都市計画審議会の議を経て指定する区域ではない。

※　上記以外の条件は考慮せず、各問に従うこと。

(2017年1月)

《問10》 甲土地および乙土地を一体とした土地上に賃貸アパートを建築する場合の建築基準法上の規制に関する以下の文章の空欄①～③に入る最も適切な語句または数値を、下記の〈語句群〉のイ～リのなかから選び、その記号を記入しなさい。

ⅰ）甲土地と乙土地を一体とした土地上に建築物を建築する場合、建築物の用途制限については、甲土地と乙土地の一体の土地の全部について、（　①　）地域の建築物の用途に関する規定が適用される。

ⅱ）防火地域内においては、原則として、地階を含む階数が（　②　）以上または延べ面積が100㎡を超える建築物は耐火建築物としなければならないとされており、準防火地域内においては、原則として、地階を除く階数が4以上または延べ面積が（　③　）を超える建築物は耐火建築物としなければならないとされている。なお、建築物が防火地域と準防火地域にわたる場合、原則として、その建築物の全部について、防火地域内の建築物に関する規定が適用される。

〈語句群〉

イ．近隣商業　　ロ．第一種住居　　ハ．準住居　　ニ．2　　ホ．3　　ヘ．5
ト．500㎡　　チ．1,000㎡　　リ．1,500㎡

《問11》 甲土地および乙土地を一体とした土地上に耐火建築物を建築する場合、建蔽率の上限となる建築面積および容積率の上限となる延べ面積を求める次の〈計算式〉の空欄①〜④に入る最も適切な数値を記入しなさい。なお、問題の性質上、明らかにできない部分は「□□□」で示してある。

〈計算式〉

1. 建蔽率の上限となる建築面積
   ・第一種住居地域部分　360㎡×（　①　）% ＝□□□㎡
   ・近隣商業地域部分　　300㎡×□□□% ＝□□□㎡
   　　したがって□□□㎡＋□□□㎡＝□□□㎡

2. 容積率の上限となる延べ面積
   (1) 容積率の判定
   　・甲土地部分
   　指定容積率：200%
   　前面道路幅員による容積率の制限：（　②　）%
   　　したがって□□□%
   　・乙土地部分
   　指定容積率：300%
   　前面道路幅員による容積率の制限：360%
   　　したがって□□□%
   (2) 容積率の上限となる延べ面積
   　・甲土地部分：360㎡×□□□% ＝□□□㎡
   　・乙土地部分：300㎡×□□□% ＝（　③　）㎡
   　　したがって□□□㎡＋（　③　）㎡＝（　④　）㎡

《問12》 賃貸アパートの賃貸借契約に関する次の記述①～③について、適切なものに
は○印を、不適切なものには×印を記入しなさい。なお、本問においては、借
地借家法における定期建物賃貸借契約を定期借家契約といい、それ以外の建物
賃貸借契約を普通借家契約という。

① 普通借家契約において2年未満の賃貸借期間を定めた場合、期間の定めがない建物
の賃貸借として取り扱われる。

② 賃貸人からの普通借家契約の更新拒絶は、正当の事由があると認められる場合でな
ければすることができない。

③ 定期借家契約を締結するためには、賃貸人は、あらかじめ、賃借人に対して、契約
の更新がなく期間満了により賃貸借が終了する旨を記載した書面を交付して説明する
必要がある。

【第5問】 次の設例に基づいて、下記の各問(《問13》~《問15》)に答えなさい。

<hr />

《設　例》

　Aさんは、本年3月25日に病気により78歳で死亡した。Aさんには妻Bさん(77歳)との間に生まれた長男Cさん、二男Dさん(45歳)の2人の子がいたが、長男Cさんは10年前に既に死亡している。Aさんは、4年前に長男Cさんの配偶者Eさん(53歳)と養子縁組をした。Aさんには3人の孫がおり、孫Fさん(30歳)、孫Gさん(28歳)は長男Cさんの子、孫Hさん(19歳)は二男Dさんの子である。

　Aさんは、遺言書を作成しておらず、遺産分割については相続人で協議を行う予定である。

　Aさんの親族関係図および主な財産の状況等は、以下のとおりである。

　なお、妻Bさん、二男Dさん、孫Fさんは、Aさんから生前に財産の贈与を受けている。

〈親族関係図〉

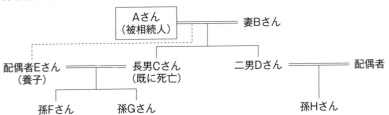

〈Aさんの主な財産の状況(相続税評価額)〉

・預貯金	：	7,000万円
・有価証券(上場株式)	：	8,000万円
・自宅の敷地	：	1億8,000万円
・自宅の建物	：	2,200万円
・貸駐車場の敷地(300㎡)	：	1億5,000万円

〈Aさんが生前に行った贈与の内容〉

①　妻Bさんに対して、2年前に自宅の敷地の持分8分の1および自宅の建物の持分8分の1を贈与し、妻Bさんはこの贈与について贈与税の配偶者控除の適用を受けた。

②　二男Dさんに対して、3年前に上場株式を贈与し、二男Dさんは、この贈与について相続時精算課税制度の適用を受けた。

③　孫Fさんに対して、2年前に「直系尊属から結婚・子育て資金の一括贈与を受けた場合の贈与税の非課税の特例」の適用を受けて、現金800万円を一括贈与した。なお、Aさんの死亡日において、非課税拠出額からの支出はない。

※　上記以外の条件は考慮せず、各問に従うこと。

(2017年5月)

《問13》 相続開始後の手続に関する以下の文章の空欄①～③に入る最も適切な語句を、下記の〈語句群〉のイ～チのなかから選び、その記号を記入しなさい。

i）被相続人の財産は相続開始と同時に共同相続人の共有状態になるため、財産の取得者を確定させるためには、遺産分割を行うことになる。遺産分割にあたり、遺言書がない場合、協議分割をすることになるが、協議分割を成立させるためには共同相続人の全員の参加と合意が必要である。この合意が成立しないために協議分割を行えない場合、共同相続人は（ ① ）に対して申立てを行い、（ ① ）の調停・審判による遺産分割を行うことになる。

ii）Aさんが所有している上場株式の相続税評価額は、原則として、その株式が上場されている金融商品取引所の公表する課税時期の最終価格によって評価する。ただし、その最終価格が課税時期の属する月以前（ ② ）間の毎日の最終価格の各月ごとの平均額のうち最も低い価額を超える場合には、その最も低い価額によって評価する。

iii）Aさんが本年分の所得税について確定申告をしなければならない者に該当する場合、相続人は、原則として、相続の開始があったことを知った日の翌日から（ ③ ）以内に準確定申告書を提出しなければならない。

```
─〈語句群〉─────────────────────────────────
 イ. 法務局    ロ. 公証役場    ハ. 家庭裁判所    ニ. 2ヵ月    ホ. 3ヵ月
 ヘ. 4ヵ月    ト. 6ヵ月    チ. 10ヵ月
─────────────────────────────────────────
```

《問14》 Aさんの相続に関する次の記述①～③について、適切なものには○印を、不適切なものには×印を記入しなさい。

① 二男DさんがAさんから贈与を受けた上場株式については、相続開始時点の相続税評価額がAさんの相続に係る相続税の課税価格に加算される。

② 妻BさんがAさんから贈与を受け、贈与税の配偶者控除の適用を受けた財産のうち、その配偶者控除額に相当する金額（特定贈与財産の額）は、Aさんの相続に係る相続税の課税価格に加算されない。

③ 孫FさんがAさんから贈与を受けた結婚・子育て資金について、Aさんの死亡日における非課税拠出額の残額は、Aさんの相続に係る相続税の課税価格に加算されることはない。

《問15》 Aさんの相続における課税遺産総額(「課税価格の合計額−遺産に係る基礎控除額」)が2億8,800万円であった場合の相続税の総額を計算した下記の表の空欄①〜④に入る最も適切な数値を求めなさい。なお、問題の性質上、明らかにできない部分は「□□□」で示してある。

課税価格の合計額	□□□万円
遺産に係る基礎控除額	（　①　）万円
課税遺産総額	2億8,800万円
相続税の総額の基となる税額	
妻Bさん	（　②　）万円
二男Dさん	（　③　）万円
養子Eさん	□□□万円
孫Fさん	□□□万円
孫Gさん	□□□万円
相続税の総額	（　④　）万円

〈資料〉相続税の速算表(一部抜粋)

法定相続分に応ずる取得金額		税率	控除額
万円超	万円以下		
〜	1,000	10%	—
1,000 〜	3,000	15%	50万円
3,000 〜	5,000	20%	200万円
5,000 〜	10,000	30%	700万円
10,000 〜	20,000	40%	1,700万円

〈実技編〉

ファイナンシャル・プランニング技能検定・実技試験

2級 個人資産 相談業務

（金融財政事情研究会）

第2回

解答・解説

【第1問】

《問1》 （正解） ① 967,928（円）　　② 446（円）　　③ 968,374（円）
　　　　　　　④ 1,376,474（円）

〈計算式〉

1.　報酬比例部分の額（円未満四捨五入）

$$300,000円\times\frac{7.125}{1,000}\times180月\overset{※1}{} + 400,000円\times\frac{5.481}{1,000}\times266月\overset{※2}{} = \underset{空欄①}{967,928円}$$

　　※1　2003年3月以前…180月、　※2　2003年4月以後…266月

2.　経過的加算額（円未満四捨五入）

$$1,701円\times446月\overset{※}{} - 816,000円\times\frac{446月\overset{※}{}}{480月} = \underset{空欄②}{446円}$$

　　※　厚生年金保険被保険者期間　446月（ $= \underset{2003年3月以前}{180月} + \underset{2003年4月以後}{266月}$ ）

3.　基本年金額（上記「1＋2」の額）
　　967,928円 ＋ 446円 ＝ $\underset{空欄③}{968,374円}$

4.　老齢厚生年金の年金額

　　Aさんが加給年金額を受給できる年齢（65歳到達時）に、妻Bさんは65歳に到達していないため、加給年金額408,100円が加算される。

　　968,374円 ＋ 408,100円 ＝ $\underset{空欄④}{1,376,474円}$

《問2》 （正解）　① ハ　　② ホ　　③ ト

> 「X社を退職した後における公的医療保険制度への加入については、国民健康保険に加入する、退職時の健康保険に任意継続被保険者として加入する、妻Bさんの健康保険の被扶養者となる、などの選択肢があります。退職時の健康保険に任意継続被保険者として加入する場合、原則として、退職日の翌日から（20日）以内に任意継続被保険者の資格取得手続を行う必要があり、任意継続被保険者として健康保険に加入できる期間は最長で（2年間）となります。また、Aさんが妻Bさんの健康保険の被扶養者となるためには、Aさんの退職後の年間収入が180万円未満の見込みで、かつ、原則として妻Bさんの年間収入の（2分の1）未満の見込みであることなどの要件を満たす必要があります」

《問3》 （正解）　①　1,657（万円）　　②　144（万円）

(1) 元金1,500万円を、利率(年率)1%で10年間複利運用する場合、10年後の元利合計金額を求めるには、終価係数(1%、10年)を用いる。

係数早見表より、終価係数は1.1046である。

1,500万円×1.1046＝1,656.9万円→<u>1,657万円</u>（万円未満四捨五入）空欄①

(2) 2,000万円について、15年間にわたって、利率(年率)1%で複利運用しながら、15年間毎年一定額を取り崩す場合、毎年の取崩し金額の上限となる金額を求めるには、資本回収係数(1.0%、15年)を用いる。

係数早見表より、資本回収係数は0.0721である。

2,000万円×0.0721＝144.2万円→<u>144万円</u>（万円未満四捨五入）空欄②

【第2問】

《問4》 （正解）　① ハ　　② ホ　　③ リ

> 　「個人向け国債には、変動金利型10年満期、固定金利型5年満期、固定金利型(3年)満期があります。Aさんは、現在、変動金利型10年満期をお持ちですが、その適用利率は、基準金利に(0.66を乗じた)ものとなります。なお、基準金利は各利子計算期間の開始日の前月までの最後に行われた10年固定利付国債の入札における平均落札利回りとなりますが、変動金利型10年満期には、最低金利が保証されており、適用利率は、その下限である(0.05％)を下回ることはありません」

《問5》 （正解）　① ○　　② ×　　③ ×

①　○

②　×　証券会社を通してETFを買い付ける場合、売買委託手数料が必要となる。

③　×　証券取引所に上場している株式、ETF(上場投資信託)、REIT(不動産投資信託)や株式投資信託等はNISA(少額投資非課税制度)の適用対象となるが、社債や国債のような債券は適用対象とならない。

《問6》 （正解）　① 1.16(％)　　② 0.31(％)　　③ 0.19(％)

①　X社社債を購入した場合の直接利回り

$$\frac{1.2円}{103.5円} \times 100 ≒ \underline{1.16％}（小数点第3位四捨五入）$$

②　X社社債を購入し、償還まで保有した場合の最終利回り

$$\frac{1.2円 + \dfrac{100円 - 103.5円}{4年}}{103.5円} \times 100 ≒ \underline{0.31％}（小数点第3位四捨五入）$$

③　X社社債を購入し、2年後に額面100円当たり101.50円で売却した場合の所有期間利回り

$$\frac{1.2円 + \dfrac{101.5円 - 103.5円}{2年}}{103.5円} \times 100 ≒ \underline{0.19％}（小数点第3位四捨五入）$$

【第3問】

《問7》　（正解）　① ロ　② ニ　③ ト　④ ル

> i ）不動産所得、事業所得または山林所得を生ずべき業務を行う者が、一定の帳簿
> 書類を備え付け、所轄税務署長に対して青色申告の承認申請を行い、その承認を
> 受けた場合、所得税について青色申告書を提出することができる。青色申告承認
> 申請書の提出期限は、原則として、青色申告をしようとする年の（3月15日）まで
> （その年1月16日以後新たに業務を開始した場合、その業務を開始した日から
> （2ヵ月）以内）である。
>
> ii ）青色申告者が受けられる税務上の特典として、青色申告特別控除、青色事業専
> 従者給与の必要経費算入、純損失の繰戻還付、最長（3年間）の純損失の繰越控除
> などがある。不動産所得または事業所得を生ずべき事業を営む青色申告者が、そ
> の取引の内容を正規の簿記の原則により記帳し、それに基づいて作成した貸借対
> 照表等とともに確定申告書をe-Taxを使用して法定申告期限内に申告した場合の
> 青色申告特別控除の控除額は、最高（65万円）である。

《問8》　（正解）　① ×　② ×　③ ○

① ×　配偶者控除の適用を受けるためには、納税者の合計所得金額が1,000万円以
下であり、かつ、配偶者の合計所得金額が48万円以下が要件となる。Aさんの
合計所得金額は1,000万円以下（問9の解説参照）であるが、妻Bさんの合計所得
金額は48万円超※であるため、Aさんは配偶者控除の適用を受けることができ
ない。
※　1,200,000円（給与収入の金額）－550,000円（給与所得控除額）＝650,000円

② ×　長男Cさん（21歳）の合計所得金額は48万円以下※であり、年齢19歳以上23歳
未満であるため、63万円（特定扶養親族）、長女Dさん（17歳）の合計所得金額は
48万円以下であり、年齢16歳以上であるため、38万円（一般扶養親族）の扶養控
除を受けることができる。結果、Aさんの扶養控除の控除額は101万円（63万円
＋38万円）である。
※　1,000,000円（給与収入の金額）－550,000円（給与所得控除額）＝450,000円

③ ○　「退職所得の受給に関する申告書」を提出している場合、源泉徴収税額が厳密
に計算されるため、原則として、その退職所得について所得税の確定申告は不
要である。

《問9》 （正解）　①　3,400,000円　　②　1,300,000円　　③　6,600,000円

　　Aさんの本年分の各種所得の金額は、次のとおりとなる。

①　事業所得の金額　2,550,000円（問題より）

②　給与所得の金額
$$4,800,000円 - (\underset{給与所得控除額}{4,800,000円 \times 20\% + 44万円}) = \underset{空欄①}{3,400,000円}$$

③　一時所得の金額
$$\underset{解約返戻金額}{9,000,000円} - \underset{正味払込保険料}{7,200,000円} - \underset{特別控除}{500,000円} = \underset{空欄②}{1,300,000円}$$

④　退職所得の金額　15,000,000円（問題より）

＜総所得金額＞

$$① + ② + ③ \times 1／2^{※1} = \underset{空欄③}{6,600,000円}$$

※1　一時所得の金額は、総所得金額に算入する際、1／2に減額する点に留意すること。

※2　退職所得の金額（申告分離課税）は、総所得金額には算入しない点に留意すること。

【第4問】

《問10》（正解）　①　ロ　　②　ホ　　③　リ

> ⅰ）甲土地と乙土地を一体とした土地上に建築物を建築する場合、建築物の用途制限については、甲土地と乙土地の一体の土地の全部について、（第一種住居）地域の建築物の用途に関する規定が適用される。
>
> ⅱ）防火地域内においては、原則として、地階を含む階数が（ 3 ）以上または延べ面積が100㎡を超える建築物は耐火建築物としなければならないとされており、準防火地域内においては、原則として、地階を除く階数が4以上または延べ面積が（1,500㎡）を超える建築物は耐火建築物としなければならないとされている。なお、建築物が防火地域と準防火地域にわたる場合、原則として、その建築物の全部について、防火地域内の建築物に関する規定が適用される。

空欄①　　敷地が2つ以上の用途地域にまたがる場合には、敷地の過半（面積の大きい方：本問では、第一種住居地域（360㎡））を占める用途地域の規制に従う。

個人資産　相談業務（第2回）

（正解）　①　80（%）　　②　240（%）　　③　900（㎡）

　　　　　　　④　1,620（㎡）

　　甲土地および乙土地を一体とした土地上に耐火建築物を建築する場合、建蔽率の上限となる建築面積および容積率の上限となる延べ面積は、次のとおりとなる。

〈計算式〉

1.　建蔽率の上限となる建築面積

・第一種住居地域部分　$360㎡×(\underset{指定建蔽率}{60\%} + \underset{※緩和措置}{20\%}) = \underset{空欄①}{\underline{80\%}} = 288㎡$

　※　特定行政庁が指定する角地：10%緩和

　　　指定建蔽率80%の地域外で防火地域内に耐火建築物を建築：10%緩和

　　　（甲土地は準防火地域内にあるが、乙土地（防火地域）と一体として土地を利用する場合、その全体が防火地域にあるものとみなされる）

・近隣商業地域部分　$300㎡×\underset{適用除外※}{100\%} = 300㎡$

　※　指定建蔽率80%の地域内で防火地域内に耐火建築物を建築：適用除外

したがって　$\underset{第一種住居地域}{288㎡} + \underset{近隣商業地域}{300㎡} = 588㎡$

2.　容積率の上限となる延べ面積

⑴　容積率の判定

・甲土地部分

指定容積率：200%

前面道路幅員による容積率の制限：　$\underset{前面道路幅員※}{6m} × \underset{法定乗数}{4/10} = \underset{空欄②}{\underline{240\%}}$

　※　前面道路が2以上ある場合、幅員の最大の前面道路　4m＜6m　∴6m

したがって200%（いずれか小さい方）

・乙土地部分

指定容積率：300%

前面道路幅員による容積率の制限：　$\underset{前面道路幅員}{6m} × \underset{法定乗数}{6/10} = 360\%$

したがって300%（いずれか小さい方）

⑵　容積率の上限となる延べ面積

・甲土地部分：$360㎡×200\% = 720㎡$

・乙土地部分：$300㎡×300\% = \underset{空欄③}{\underline{900㎡}}$

したがって$720㎡ + \underline{900㎡} = \underset{空欄④}{1,620㎡}$

《問12》（正解）　①　×　　②　○　　③　○

①　×　普通借家契約において1年未満の賃貸借期間を定めた場合、期間の定めがない建物の賃貸借として取り扱われる。

②　○

③　○

【第5問】

《問13》（正解） ① ハ ② ホ ③ ヘ

> ⅰ）被相続人の財産は相続開始と同時に共同相続人の共有状態になるため、財産の取得者を確定させるためには、遺産分割を行うことになる。遺産分割にあたり、遺言書がない場合、協議分割をすることになるが、協議分割を成立させるためには共同相続人の全員の参加と合意が必要である。この合意が成立しないために協議分割を行えない場合、共同相続人は(家庭裁判所)に対して申立てを行い、<u>家庭裁判所</u>の調停・審判による遺産分割を行うことになる。
>
> ⅱ）Aさんが所有している上場株式の相続税評価額は、原則として、その株式が上場されている金融商品取引所の公表する課税時期の最終価格によって評価する。ただし、その最終価格が課税時期の属する月以前(3ヵ月)^{空欄②}間の毎日の最終価格の各月ごとの平均額のうち最も低い価額を超える場合には、その最も低い価額によって評価する。
>
> ⅲ）Aさんが本年分の所得税について確定申告をしなければならない者に該当する場合、相続人は、原則として、相続の開始があったことを知った日の翌日から(4ヵ月)^{空欄③}以内に準確定申告書を提出しなければならない。

《問14》（正解） ① × ② ○ ③ ×

① × 二男DさんがAさんから贈与を受けた上場株式については、贈与時の価額がAさんの相続に係る相続税の課税価格に加算される。

② ○

③ × 孫FさんがAさんから贈与を受けた結婚・子育て資金について、Aさんの死亡日における非課税拠出額の残額は、相続または遺贈により取得したものとみなされ、Aさんの相続に係る相続税の課税価格に加算される。

《問15》（正解）　①　6,000（万円）　　②　4,060（万円）　　③　760（万円）
　　　　　　　　④　6,200（万円）

〈遺産に係る基礎控除額〉
　3,000万円＋600万円×5（法定相続人の数※）＝6,000万円（空欄①）
　※　妻Bさん、二男Dさん、養子Eさん、孫Fさん、孫Gさん
　課税遺産総額を2億8,800万円とした場合の相続税の総額は、次のとおりとなる。
　・法定相続分に応じた取得金額
　　妻Bさん　　　　　　　　　2億8,800万円×1／2＝1億4,400万円
　　二男Dさん、養子Eさん　　2億8,800万円×1／2×1／3＝4,800万円
　　孫Fさん、孫Gさん　　　　2億8,800万円×1／2×1／3×1／2＝2,400万円
　・相続税の総額の基となる税額
　　妻Bさん　　　　　　　　　1億4,400万円×40％−1,700万円＝4,060万円（空欄②）
　　二男Dさん、養子Eさん　　4,800万円×20％−200万円＝760万円（空欄③）
　　孫Fさん、孫Gさん　　　　2,400万円×15％−50万円＝310万円
　・相続税の総額
　　4,060万円＋760万円×2（二男Dさん、養子Eさん）＋310万円
　　×2（孫Fさん、孫Gさん）＝6,200万円（空欄④）

〈実技編〉

ファイナンシャル・プランニング技能検定・実技試験

2級 生保顧客 資産相談業務

（金融財政事情研究会）

第1回

問　題

【第1問】　次の設例に基づいて、下記の各問(《問1》~《問3》)に答えなさい。

------ 《設　例》 ------

　X株式会社(以下、「X社」という)に勤務するAさん(63歳)は、妻Bさん(58歳)と2人家族である。X社は、65歳定年制であるが、65歳以後も定年退職者を1年更新の契約で継続雇用する制度を採用している。

　65歳以後に継続勤務するかを悩んでいるAさんは、その判断基準のひとつとして、65歳以後の公的年金制度について理解を深めたいと考えている。そこで、懇意にしているファイナンシャル・プランナーのMさんに相談することにした。

　Aさんおよび妻Bさんに関する資料は、以下のとおりである。

＜Aさんおよび妻Bさんに関する資料＞

⑴　Aさん

　　生年月日：1961年10月3日

　　公的年金加入歴：1984年4月にX社に入社し、現在も在職中である。

	1981年10月 1984年4月 2003年4月			2025年5月 2026年10月
国民年金	厚 生 年 金 保 険			
未加入期間	被保険者期間（493月）			加入予定期間
30月	228月	222月	43月	17月

20歳　　　　22歳　　　　　　　　　　　　　　　60歳　　　　　　　65歳

⑵　妻Bさん(専業主婦)

　　生年月日：1966年11月25日

　　公的年金加入歴：20歳から現在に至るまで国民年金に加入。保険料の未納期間はない。

※　妻Bさんは、現在および将来においてもAさんと同居し、生計維持関係にあるものとする。

※　Aさんおよび妻Bさんは、現在および将来においても公的年金制度における障害等級に該当する障害の状態にないものとする。

※　上記以外の条件は考慮せず、各問に従うこと。

(2014年5月)

《問1》 Mさんは、Aさんに対して、65歳以後の公的年金制度の仕組みについて説明した。Mさんが、Aさんに対して説明した以下の文章の空欄①～③に入る最も適切な語句を、下記の〈語句群〉のイ～チのなかから選び、その記号を記入しなさい。

「Aさんが65歳以後に公的年金制度から受給することができる老齢給付は、老齢基礎年金と老齢厚生年金です。仮に、Aさんが65歳以後も厚生年金保険の被保険者としてX社で勤務した場合、老齢基礎年金は、全額が（　①　）となります。また、老齢厚生年金は、（　②　）との間で調整が行われ、年金額の一部または全部が支給停止となる場合があります。

　具体的には、老齢厚生年金の受給権者のその月の標準報酬月額とその月以前1年間の標準賞与額の総額を12で除して得た額との合計額を（　②　）といい、（　②　）と基本月額との合計額が支給停止調整額（2024年度は50万円）を超える場合、その超えた額の（　③　）が老齢厚生年金の1ヵ月当たりの支給停止額となります」

┌─〈語句群〉──────────────────────────────
│ イ．支給停止　　ロ．支給されること　　ハ．算定基礎月額
│ ニ．平均標準報酬月額相当額　　ホ．総報酬月額相当額
│ ヘ．3分の2　　ト．2分の1　　チ．3分の1
└────────────────────────────────────

《問2》 Aさんが65歳で定年退職後、X社の継続雇用制度を利用しない場合に、原則として65歳から受給することができる老齢厚生年金の年金額を、計算過程を示して求めなさい。年金額は2024年10月時点の価額に基づくものとし、計算にあたっては《設例》および下記の<資料>を利用すること。なお、〔計算過程〕および〈答〉の年金額の端数処理は、1円未満四捨五入とする。

<資料>

老齢厚生年金の年金額
　下記、老齢厚生年金の計算式の i) + ii) + iii)
老齢厚生年金の計算式
i) 報酬比例部分の額 = ① + ②
　① 2003年3月以前の期間分

$$平均標準報酬月額 \times \frac{7.125}{1,000} \times 2003年3月以前の被保険者期間の月数$$

　② 2003年4月以後の期間分

$$平均標準報酬額 \times \frac{5.481}{1,000} \times 2003年4月以後の被保険者期間の月数$$

　　※ 平均標準報酬月額は360,000円、平均標準報酬額は500,000円とする。

ii) 経過的加算額 = 1,701円 × 480月

$$- 816,000円 \times \frac{1961年4月以後で20歳以上60歳未満の厚生年金保険の被保険者期間の月数}{480月}$$

iii) 加給年金額 = 408,100円（要件を満たしている場合のみ加算すること）

《問3》 Mさんは、Aさんに対して、Aさんが65歳以後もX社に勤務した場合における注意点等についてアドバイスした。Mさんの、Aさんに対するアドバイスに関する次の記述①〜③について、適切なものには○印を、不適切なものには×印を記入しなさい。

① 「Aさんが65歳以後も厚生年金保険の被保険者としてX社に勤務し、67歳で退職した場合、妻Bさんは、Aさんが退職するまでの間、国民年金に第3号被保険者として加入することになります」

② 「Aさんが65歳以後も雇用保険の被保険者としてX社に勤務し、賃金の額が65歳到達時点に比べて75％未満に低下した場合、Aさんは雇用保険の高年齢雇用継続基本給付金の支給対象者となります」

③ 「Aさんが70歳以後もX社に勤務した場合、Aさんは厚生年金保険の被保険者ではなくなりますので、厚生年金保険の保険料負担はありません」

【第2問】 次の設例に基づいて、下記の各問(《問4》~《問6》)に答えなさい。

---------------------------《設 例》---------------------------

　会社員のAさんは、妻Bさん、長女Cさん、長男Dさんおよび母Eさんの5人家族である。Aさんは、独身時代に契約した生命保険の保険料支払に負担を感じており、かつ、長男の誕生を機に教育資金の準備を考えていることから、生命保険の見直しを検討している。そこで、懇意にしているファイナンシャル・プランナーのMさんに相談することにした。

　Aさんの家族構成およびAさんが現在加入している生命保険の契約内容に関する資料は、以下のとおりである。

<Aさんの家族構成>
　Aさん（39歳）　：1985年10月3日生まれ
　　　　　　　　　　2024年中に600万円の給与収入を得ており、現在の貯蓄額は
　　　　　　　　　　250万円である。
　妻Bさん（39歳）：1985年7月9日生まれ
　　　　　　　　　　2024年中にパートタイマーとして50万円の給与収入を得てい
　　　　　　　　　　る。
　長女Cさん（9歳）：2015年4月9日生まれ（小学校3年生）
　　　　　　　　　　2024年中の収入はない。
　長男Dさん（1歳）：2023年11月18日生まれ
　　　　　　　　　　2024年中の収入はない。
　母Eさん（69歳）：1955年5月3日生まれ
　　　　　　　　　　2024年中に110万円の公的年金収入を得ており、後期高齢者
　　　　　　　　　　医療広域連合からの障害認定は受けていない。

<Aさんが現在加入している生命保険の契約内容>
　保険の種類　：終身保険（60歳払込満了）
　契約年月日　：2012年3月1日
　保険料（月額）：3万6,000円
　死亡保険金額：2,000万円
　疾病入院特約：5日目から日額5,000円
　災害入院特約：5日目から日額5,000円

　※　家族全員、Aさんと同居し、生計維持関係にある。
　※　家族全員、Aさんが加入する健康保険の被扶養者である。

　※　上記以外の条件は考慮せず、各問に従うこと。

（2014年1月）

《問4》 Aさんは、生命保険の見直しの前提として、Aさん家族に関連する社会保障制度の概要等について確認したいと考えている。Mさんが、Aさんに対して説明した以下の文章の空欄①～④に入る最も適切な語句を、下記の〈語句群〉のイ～ヲのなかから選び、その記号を記入しなさい。

i)「Aさんは、今年の誕生日で40歳となりますので、公的介護保険の（ ① ）被保険者資格を取得し、介護保険料を負担することになります」

ii)「お母さまは、原則として（ ② ）になると、後期高齢者医療制度の被保険者となり、後期高齢者医療制度の保険料を負担することになります」

iii)「Aさんが病気やケガで医師の診察などを受けた場合、保険医療機関等の窓口で支払う一部負担金の割合は、原則として、かかった医療費の（ ③ ）です」

iv)「Aさんに支給されている児童手当は、原則として（ ④ ）に達する日以後の最初の3月31日までの間にある児童が対象となっています」

〈語句群〉

| イ．第1号 | ロ．第2号 | ハ．第3号 | ニ．12歳 | ホ．15歳 | ヘ．18歳 |
| ト．70歳 | チ．75歳 | リ．80歳 | ヌ．1割 | ル．2割 | ヲ．3割 |

《問5》 Mさんは、Aさんに対して、生命保険の見直しについてアドバイスをした。Mさんの、Aさんに対するアドバイスに関する次の記述①～③について、適切なものには○印を、不適切なものには×印を記入しなさい。

① 「生命保険の見直しの前提として、まずは、Aさんが死亡した場合の必要保障額を試算しましょう。必要保障額はお子さまの成長とともに逓減することが一般的ですので、逓減定期保険への加入を検討してみてはいかがでしょう」

② 「現在加入している生命保険の保険料支払に負担を感じているのであれば、払済終身保険に変更することも選択肢のひとつです。Aさんが現在加入している生命保険契約を払済終身保険に変更した場合、付加されている疾病入院特約や災害入院特約も継続されますので、検討してみてはいかがでしょう」

③ 「学資（こども）保険は、教育資金の準備に適した保険商品です。仮に、学資（こども）保険加入後、保険料支払に負担を感じて中途解約する場合であっても、保障内容や経過年数等を問わず、解約返戻金の額は既払込保険料総額を上回りますので、貯蓄性を兼ね備えた学資（こども）保険への加入を検討してみてはいかがでしょう」

《問6》 Aさんは、長女Cさんの教育資金として、5年後に400万円を準備したいと考えている。現在の貯蓄額250万円と毎年の積立額を、それぞれ年利1.0%で複利運用することで目標金額を達成するとした場合、必要となる毎年の概算積立額を、下記の<資料>の係数を利用して求めなさい。計算過程を示し、〈答〉に円未満の端数がある場合は、切り捨てて円単位とすること。また、税金や手数料等は考慮しないものとする。

<資料>年利1.0%の諸係数早見表

期間	終価係数	資本回収係数	減債基金係数	年金現価係数
5年	1.0510	0.2060	0.1960	4.8534

【第3問】 次の設例に基づいて、下記の各問(《問7》~《問9》)に答えなさい。

《設 例》

　X株式会社(以下、「X社」という)の代表取締役社長であるAさん(65歳)は、X社の専務取締役である長男Bさんに事業を譲ることを検討している。また、社長の交代時期に合わせ、X社の役員や従業員を対象とした福利厚生制度の整備・充実も検討している。そこで、生命保険会社の営業職員であるファイナンシャル・プランナーのMさんに相談したところ、下記の生命保険の提案を受けた。

＜Aさんが提案を受けた生命保険の内容＞

保険の種類		養老保険(特約付加なし)
契約者(=保険料負担者)		X社
被保険者		全役員・全従業員(20名)
保険金受取人	満期時	X社
	死亡時	被保険者の遺族
保険期間・保険料払込期間		65歳満了
保険金額		被保険者1人当たり800万円
年払保険料		600万円
配当方法		積立配当

※　上記以外の条件は考慮せず、各問に従うこと。

(2014年9月)

《問7》 仮に、Aさんが役員在任期間(勤続年数)18年2ヵ月で退任し、X社が役員退職金として2,000万円を支給した場合、Aさんが受け取る役員退職金に係る退職所得の金額を、計算過程を示して求めなさい。〈答〉は万円単位とすること。なお、Aさんは、これ以外に退職手当等の収入はなく、障害者になったことが退職の直接の原因ではないものとする。

《問8》 Mさんが、Aさんに対して提案した生命保険に関する次の記述①〜③について、適切なものには○印を、不適切なものには×印を記入しなさい。

① X社が支払う保険料は、保険期間の当初6割相当期間は支払保険料の2分の1の金額が資産に計上され、残りの2分の1の支払保険料は損金に算入される。その後の4割相当期間は支払保険料の全額を損金の額に算入するとともに、資産に計上されている支払保険料の額を期間の経過に応じて取り崩し、損金の額に算入する。

② X社では、現時点における役員・従業員だけでなく、プラン導入後に入社する従業員に対しても、当該プランの趣旨を周知徹底するとともに、プラン導入後に加入漏れ等が生じないように留意する必要がある。

③ 提案を受けている生命保険に加入した後、被保険者が保険期間中に退社し、保険契約を解約した場合、その時点での解約返戻金相当額が被保険者本人に直接支払われる。

《問9》 提案を受けている生命保険に加入した後、従業員のCさんが死亡し、Cさんの遺族が死亡保険金を受け取った場合のX社の経理処理(仕訳)について、下記の＜条件＞を基に、空欄①〜④に入る最も適切な語句または数値を、下記の〈語句群〉のイ〜ルのなかから選び、その記号を記入しなさい。

＜条件＞
・従業員Cさんを被保険者とする保険契約について、Cさんの死亡時までにX社が支払った保険料の総額を100万円とする。
・従業員Cさんを被保険者とする保険契約について、X社が計上している配当金積立金の額を5万円とする。
・契約者貸付制度の利用や契約内容の変更等はいっさいないものとする。
・上記以外の条件は考慮しないものとする。

＜経理処理(仕訳)＞

借　　方		貸　　方	
(　　①　　)	(　②　)万円	(　　③　　)	(　④　)万円
		配当金積立金	5万円

〈語句群〉
イ. 雑損失　　　ロ. 雑収入　　ハ. 現金・預金　　ニ. 保険料積立金
ホ. 死亡退職金　ヘ. 50　　ト. 55　　チ. 100　　リ. 105　　ヌ. 800
ル. 805

【第4問】 次の設例に基づいて、下記の各問(《問10》~《問12》)に答えなさい。

《設 例》

Aさん(63歳)は、理髪店を営む個人事業主である。理髪店は地域密着型で、開業以来、安定した経営をしている。

Aさんの家族構成に関する資料等は、以下のとおりである。

＜Aさんの家族構成＞

Aさん(63歳)　　：個人事業主

妻Bさん(61歳)：Aさんの営む理髪店の事業にもっぱら従事している。

母Cさん(84歳)：本年中の収入はない。

＜Aさんの本年分の収入等に関する資料＞

(1) 事業所得の金額　　　　　　　　　　：4,600,000円(青色申告特別控除後)

(2) 上場株式の譲渡損失の金額　　　　　：300,000円

　　(証券会社を通じて譲渡したものである)

(3) 特別支給の老齢厚生年金の年金額　　：400,000円

(4) 個人年金保険に係る確定年金の年金額：1,200,000円(必要経費960,000円)

(5) 生命保険の解約返戻金額　　　　　　：4,800,000円

＜Aさんが本年中に解約(契約より5年超)した生命保険の契約内容＞

保険の種類　　　　　　　：一時払養老保険(10年満期)

契約年月日　　　　　　　：20X1年2月1日

契約者(＝保険料負担者)：Aさん

被保険者　　　　　　　　：Aさん

死亡保険金受取人　　　　：妻Bさん

解約返戻金額　　　　　　：4,800,000円

一時払保険料　　　　　　：5,000,000円

＜妻Bさんの本年分の収入に関する資料＞

(1) 理髪店に係る青色事業専従者給与　　：840,000円

(2) 個人年金保険に係る確定年金の年金額：600,000円(必要経費402,000円)

※　妻Bさんおよび母Cさんは、Aさんと同居し、生計を一にしている。

※　全員、障害者または特別障害者には該当しない。

※　年齢は、本年12月31日現在のものである。

※　上記以外の条件は考慮せず、各問に従うこと。

(2013年5月)

《問10》 青色申告制度に関する以下の文章の空欄①～③に入る最も適切な語句を、下記の〈語句群〉のイ～リのなかから選び、その記号を記入しなさい。

　　不動産所得、事業所得または山林所得を生ずべき業務を行う者が、一定の帳簿書類を備え付け、所轄税務署長に対して青色申告の承認申請を行い、その承認を受けた場合、所得税について青色申告書を提出することができる。青色申告承認申請書の提出期限は、原則として、青色申告をしようとする年の3月15日まで(その年1月16日以後新たに業務を開始した場合、その業務を開始した日から(　①　)以内)である。
　　青色申告者のみが受けられる税務上の特典として、青色申告特別控除の適用、青色事業専従者給与の必要経費算入、(　②　)などが挙げられる。なお、青色申告者が備え付けるべき帳簿書類は、原則として(　③　)保存しなければならない。

┌─〈語句群〉────────────────────────────┐
│ イ. 2ヵ月　　ロ. 3ヵ月　　ハ. 4ヵ月
│ ニ. 損益通算　　ホ. 純損失の繰戻還付　　ヘ. 雑損失の繰越控除
│ ト. 3年間　　チ. 7年間　　リ. 10年間
└──────────────────────────────────┘

《問11》 Aさんの本年分の所得税の計算に関する次の記述①～③について、適切なものには○印を、不適切なものには×印を記入しなさい。

① Aさんは、妻Bさんについて配偶者控除の適用を受けることはできないが、配偶者特別控除の適用を受けることはできる。

② Aさんは、母Cさんについて扶養控除として63万円の控除を受けることができる。

③ 上場株式の譲渡損失の金額は、一定の要件を満たせば、その翌年以降3年間にわたり、上場株式等に係る譲渡所得等の金額および上場株式等に係る配当所得の金額(申告分離課税を選択したものに限る)から繰越控除することができる。

《問12》 Aさんの本年分の納付すべき所得税額を計算した下記の空欄①～④に入る最も適切な数値を求めなさい。なお、予定納税額や源泉徴収税額は考慮しないものとし、Aさんの本年分の所得税に係る所得控除の額の合計額は1,800,000円とする。また、問題の性質上、明らかにできない部分は□□□で示してある。

・事業所得の金額：4,600,000円
・雑所得の金額：
 (a) 公的年金に係る雑所得の金額：(①)円
 (b) 個人年金保険に係る雑所得の金額：(②)円
 (a) + (b) = □□□
・一時所得の金額：□□□円
・総所得金額：(③)円
・課税総所得金額：(③) - 1,800,000円 = □□□
・納付すべき所得税額：(④)円

<資料>公的年金等控除額の速算表（一部抜粋）

公的年金等に係る雑所得以外の所得に係る合計所得金額が1,000万円超2,000万円以下		
年金を受け取る人の年齢	公的年金等の収入金額(A)	公的年金等控除額
65歳未満	130万円以下	500,000円
	130万円超　　410万円以下	A×25% + 175,000円
	410万円超　　770万円以下	A×15% + 585,000円
	770万円超　1,000万円以下	A×5% + 1,355,000円
	1,000万円超	1,855,000円

<資料>所得税の速算表

課税総所得金額		税率	控除額
万円超	万円以下		
	195	5%	—
195 ～	330	10%	97,500円
330 ～	695	20%	427,500円
695 ～	900	23%	636,000円
900 ～	1,800	33%	1,536,000円
1,800 ～	4,000	40%	2,796,000円
4,000		45%	4,796,000円

【第5問】 次の設例に基づいて、下記の各問(《問13》~《問15》)に答えなさい。

《設 例》

　Aさんは、本年4月に、病気により76歳で死亡した。Aさんは、生前、自身の死後に家族の生活が困らないよう、生命保険に加入していた。また、自身の死後に家族が争わないよう、公正証書遺言を作成していた。

　Aさんの親族関係図等は、以下のとおりである。なお、長女Cさんは家庭裁判所に相続の放棄をする旨を申述し、正式に受理されている。

＜Aさんの親族関係図＞

＜Aさんの主な相続財産(下記生命保険を除く)＞

　現預金　　　　　：2億円
　自宅(土地240㎡)：5,000万円
　(「小規模宅地等についての相続税の課税価格の計算の特例」適用前の相続税評価額)
　自宅(建物)　　　：1,000万円(固定資産税評価額)

＜Aさんが加入していた生命保険に関する資料＞

①　終身保険
　　契約者(＝保険料負担者)・被保険者：Aさん
　　死亡保険金受取人　　　　　　　　：妻Bさん
　　死亡保険金額　　　　　　　　　　：5,000万円

②　終身保険
　　契約者(＝保険料負担者)・被保険者：Aさん
　　死亡保険金受取人　　　　　　　　：長女Cさん
　　死亡保険金額　　　　　　　　　　：4,000万円

③　一時払終身保険
　　契約者(＝保険料負担者)・被保険者：Aさん
　　死亡保険金受取人(受取割合)　　　：長男Dさん(50%)、二女Eさん(50%)
　　死亡保険金額　　　　　　　　　　：4,000万円

※　上記以外の条件は考慮せず、各問に従うこと。

(2014年9月)

《問13》 遺言に関する以下の文章の空欄①〜③に入る最も適切な語句を、下記の〈語句群〉のイ〜リのなかから選び、その記号を記入しなさい。

　　民法上、厳格な方式が定められている普通方式遺言のうち、Aさんが作成していた公正証書遺言は、証人（　①　）以上の立会いのもと、遺言者が遺言の趣旨を公証人に口授して作成する遺言である。公正証書遺言は、（　②　）に遺言書の原本が保管されているため、紛失や改ざん等のおそれがない遺言である。
　　なお、遺言により遺留分が侵害された場合、遺留分権利者は、遺留分侵害額請求権を行使することができるが、民法によれば、その請求権は、遺留分権利者が相続の開始および侵害する贈与または遺贈があったことを知った時から（　③　）間行使しないときは、時効によって消滅するとされている。

```
┌─〈語句群〉──────────────────────────────
│ イ．1人　　ロ．2人　　ハ．3人　　ニ．家庭裁判所　　ホ．簡易裁判所
│ ヘ．公証役場　　ト．1年　　チ．2年　　リ．3年
└─────────────────────────────────────
```

《問14》 Aさんの相続に関する次の記述①〜③について、適切なものには○印を、不適切なものには×印を記入しなさい。

① 相続税に係る死亡保険金の非課税限度額は、2,000万円である。
② 長女Cさんが受け取った終身保険の死亡保険金についても、相続税に係る死亡保険金の非課税の規定が適用される。
③ Aさんに係る相続により、妻Bさんが自宅の土地および建物を取得した場合、妻Bさんは、相続税の申告期限までにその土地および建物を売却したとしても、その土地について「小規模宅地等についての相続税の課税価格の計算の特例」の適用を受けることができる。

《問15》 Aさんの相続における課税遺産総額(「課税価格の合計額−遺産に係る基礎控除額」)が2億4,000万円であった場合の相続税の総額を計算した下記の表の空欄①〜④に入る最も適切な数値を求めなさい。なお、問題の性質上、明らかにできない部分は「□□□」で示してある。

(a) 課税価格の合計額	□□□万円
(b) 遺産に係る基礎控除額	(①)万円
課税遺産総額(a−b)	2億4,000万円
相続税の総額の基となる税額	
妻Bさん	(②)万円
長女Cさん	□□□万円
長男Dさん	(③)万円
二女Eさん	□□□万円
相続税の総額	(④)万円

＜相続税の速算表(一部抜粋)＞

法定相続分に応ずる取得金額		税率	控除額
万円超	万円以下		
	1,000	10%	―
1,000 ～	3,000	15%	50万円
3,000 ～	5,000	20%	200万円
5,000 ～	10,000	30%	700万円
10,000 ～	20,000	40%	1,700万円

〈実技編〉

ファイナンシャル・プランニング技能検定・実技試験

2級 生保顧客 資産相談業務

（金融財政事情研究会）

第1回

解答・解説

【第1問】

《問1》 （正解） ① ロ　　② ホ　　③ ト

> 「Aさんが65歳以後に公的年金制度から受給することができる老齢給付は、老齢基礎年金と老齢厚生年金です。仮に、Aさんが65歳以後も厚生年金保険の被保険者としてX社で勤務した場合、老齢基礎年金は、全額が（支給されること）となります。また、老齢厚生年金は、（総報酬月額相当額）との間で調整が行われ、年金額の一部または全部が支給停止となる場合があります。
>
> 具体的には、老齢厚生年金の受給権者のその月の標準報酬月額とその月以前1年間の標準賞与額の総額を12で除して得た額との合計額を総報酬月額相当額といい、総報酬月額相当額と基本月額との合計額が支給停止調整額（2024年度は50万円）を超える場合、その超えた額の（2分の1）が老齢厚生年金の1ヵ月当たりの支給停止額となります」

《問2》 （正解）　1,817,221円

〔計算過程〕

1. 報酬比例部分の額
   （360,000円×7.125／1,000×228月）＋（500,000円×5.481／1,000×282月※）
   ＝1,357,641円
   ※　222月＋43月＋17月＝282月

2. 経過的加算額
   （1,701円×480月）－（816,000円×450月※／480月）＝51,480円（円未満四捨五入）
   ※　228月＋222月＝450月

3. 基本年金額
   1,357,641円＋51,480円＝1,409,121円

4. 加給年金額
   408,100円
   Aさんが65歳に到達した時点において、妻Bさんは65歳未満であり、かつ、Aさんの厚生年金保険の被保険者期間が20年（240月）以上となっているため適用される。

5. 老齢厚生年金の年金額
   1,409,121円＋408,100円＝1,817,221円

《問3》 　（正解）　① ×　　② ×　　③ ○

① 　×　　Aさんが65歳に達すると、厚生年金の被保険者であるAさんは国民年金の第2
号被保険者ではなくなる。第2号被保険者の被扶養配偶者でない妻Bさんは、
国民年金に第3号被保険者として加入することはできない。なお、Aさんが65
歳に達した後は、専業主婦である妻Bさんは、60歳に達するまで国民年金に第
1号被保険者として加入しなければならない。

② 　×　　高年齢雇用継続基本給付金は、雇用保険の被保険者期間が5年以上ある60歳
以上65歳未満の一般被保険者が、60歳以降の賃金が60歳時点の賃金に対して
75％未満に低下した状態で働いている場合、各月の賃金に最大15％（61％未満
に低下した場合）を乗じた額を支給（65歳に達するまで）するものである。

③ 　○

【第2問】

《問4》　（正解）　① ロ　　② チ　　③ ヲ　　④ ホ

> ⅰ）「Aさんは、今年の誕生日で40歳となりますので、公的介護保険の（第2号）被保
>   険者資格を取得し、介護保険料を負担することになります」
> ⅱ）「お母さまは、原則として（75歳）になると、後期高齢者医療制度の被保険者と
>   なり、後期高齢者医療制度の保険料を負担することになります」
> ⅲ）「Aさんが病気やケガで医師の診察などを受けた場合、保険医療機関等の窓口
>   で支払う一部負担金の割合は、原則として、かかった医療費の（3割）です」
> ⅳ）「Aさんに支給されている児童手当は、原則として（15歳）に達する日以後の最
>   初の3月31日までの間にある児童が対象となっています」

《問5》　（正解）　① ○　　② ×　　③ ×

①　○

②　×　生命保険契約を払済終身保険に変更した場合、付加されている疾病入院特約
　　　や災害入院特約などの特約は消滅する。

③　×　学資（こども）保険を中途解約する場合の解約返戻金の額は、病気やけがなど
　　　に対する保障が充実したタイプや保険加入後の経過年数が短い場合では、既払
　　　込保険料総額を下回ることがある。

《問6》 （正解） 269,010円

〔計算過程〕

1. 現在の貯蓄額を年利1%で複利運用した場合の5年後の元利金合計額

   2,500,000円×1.0510＝2,627,500円

2. 上記1の計算結果から、目標額に対して不足する金額

   4,000,000円－2,627,500円＝1,372,500円

3. 必要となる毎年の概算積立額

   1,372,500円×0.1960＝269,010円

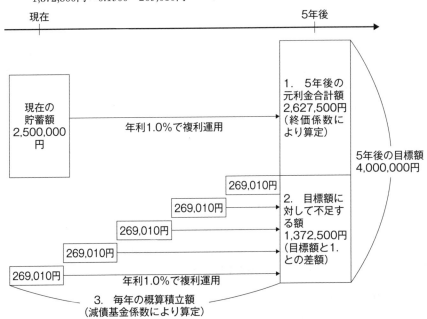

【第3問】

《問7》 （正解） 620万円

〔計算過程〕

1. 退職所得控除額

   40万円×19年＝760万円

   ※ 勤続年数18年2ヵ月→19年(1年未満切上)

2. 退職所得の金額

   (2,000万円－760万円)×1／2＝620万円

《問8》 （正解） ① × ② ○ ③ ×

① × X社が提案を受けた養老保険は、満期時の保険金受取人がX社、被保険者死亡時の保険金受取人が被保険者の遺族であることから、2分の1養老保険に該当する。2分の1養老保険については、支払保険料の2分の1の金額が資産に計上され、残りの2分の1の金額は損金に算入される。

② ○

③ × 解約返戻金は、契約者であるX社がいったん受け取り、退職金として被保険者に支払われる。

《問9》 （正解） ① イ ② ト ③ ニ ④ ヘ

借 方		貸 方	
(雑 損 失) 空欄①	(55)万円※2 空欄②	(保険料積立金) 空欄③	(50)万円※1 空欄④
		配当金積立金	5万円

※1 100万円×1／2＝50万円 （保険料の総額）

※2 50万円＋5万円＝55万円

344

【第4問】

《問10》（正解） ① イ　　② ホ　　③ チ

> 　不動産所得、事業所得または山林所得を生ずべき業務を行う者が、一定の帳簿書類を備え付け、所轄税務署長に対して青色申告の承認申請を行い、その承認を受けた場合、所得税について青色申告書を提出することができる。青色申告承認申請書の提出期限は、原則として、青色申告をしようとする年の3月15日まで（その年1月16日以後新たに業務を開始した場合、その業務を開始した日から（2ヵ月）以内）である。青色申告者のみが受けられる税務上の特典として、青色申告特別控除の適用、青色事業専従者給与の必要経費算入、（純損失の繰戻還付）などが挙げられる。なお、青色申告者が備え付けるべき帳簿書類は、原則として（7年間）保存しなければならない。

《問11》（正解） ①　×　　②　×　　③　○

① 　×　　妻Bさんは青色事業専従者給与の適用を受けているため、配偶者控除および配偶者特別控除のいずれも適用を受けることはできない。

② 　×　　母Cさんに所得はなく、年齢70歳以上でAさんと同居をしているため、扶養控除（同居老親）として58万円の控除を受けることができる。

③ 　○

《問12》（正解） ①　0円　　② 240,000円　　③ 4,840,000円　　④ 206,500円

　Aさんの本年分の納付すべき所得税額の計算は、次のとおりとなる。

・事業所得の金額　4,600,000円

・雑所得の金額

　（a）公的年金に係る雑所得の金額　$\overset{\text{老齢厚生年金}}{400,000\text{円}} - \overset{\text{公的年金等控除額}}{600,000\text{円}} < 0$　∴$\overset{\text{空欄①}}{0\text{円}}$

　（b）個人年金保険に係る雑所得の金額　$\overset{\text{確定年金の年金額}}{1,200,000\text{円}} - \overset{\text{必要経費}}{960,000\text{円}} = \overset{\text{空欄②}}{240,000\text{円}}$

　（a）＋（b）＝240,000円

・一時所得の金額　$\overset{\text{解約返戻金額}}{4,800,000\text{円}} - \overset{\text{一時払保険料}}{5,000,000\text{円}} < 0$　∴0円

・総所得金額　$\overset{\text{事業所得の金額}}{4,600,000\text{円}} + \overset{\text{雑所得の金額}}{240,000\text{円}} = \overset{\text{空欄③}}{4,840,000\text{円}}$

・課税総所得金額　4,840,000円 － 1,800,000円 ＝ 3,040,000円

・納付すべき所得税額　$3,040,000\text{円} \times 10\% - 97,500\text{円} = \overset{\text{空欄④}}{206,500\text{円}}$

生保顧客　資産相談業務（第1回）

【第5問】
《問13》（正解）　①　ロ　　②　ヘ　　③　ト

　　　民法上、厳格な方式が定められている普通方式遺言のうち、Aさんが作成してい
　　た公正証書遺言は、証人(2人)^{空欄①}以上の立会いのもと、遺言者が遺言の趣旨を公証人
　　に口授して作成する遺言である。公正証書遺言は、(公証役場)^{空欄②}に遺言書の原本が保
　　管されているため、紛失や改ざん等のおそれがない遺言である。
　　　なお、遺言により遺留分が侵害された場合、遺留分権利者は、遺留分侵害額請求
　　権を行使することができるが、民法によれば、その請求権は、遺留分権利者が相続
　　の開始および侵害する贈与または遺贈があったことを知った時から(1年)^{空欄③}間行使し
　　ないときは、時効によって消滅するとされている。

《問14》（正解）　①　○　　②　×　　③　○

①　○　　Aさんの相続に係る死亡保険金の非課税限度額は、次のとおりである。
　　　　　＜生命保険金等の非課税金額＞
　　　　　　500万円×4（法定相続人の数[※]）＝2,000万円
　　　　　　※　相続放棄をしている長女Cを法定相続人の数に含める点に留意すること
②　×　　長女Cさんは相続の放棄をしているため、相続税に係る死亡保険金の非課税
　　　　の規定は適用されない。
③　○　　妻Bさん(配偶者)が自宅の土地および建物を取得した場合、妻Bさんは、相
　　　　続税の申告期限までにその土地および建物を売却した、あるいは、申告期限ま
　　　　で引き続き居住の用に供していなくても、その土地について「小規模宅地等に
　　　　ついての相続税の課税価格の計算の特例」の適用を受けることができる。

《問15》（正解）　　①　5,400万円　　②　3,100万円　　③　600万円
　　　　　　　　　④　4,900万円

＜遺産に係る基礎控除額＞

3,000万円＋600万円×4（法定相続人の数※）＝5,400万円　〔空欄①〕

※　妻Bさん、長女Cさん、長男Dさん、二女Eさん

課税遺産総額を2億4,000万円とした場合の相続税の総額は、次のとおりとなる。

・法定相続分に応じた取得金額

妻Bさん　　　　　　　　　　　　　　2億4,000万円×1／2＝1億2,000万円

長女Cさん、長男Dさん、二女Eさん　2億4,000万円×1／2×1／3＝4,000万円

・相続税の総額の基となる税額

妻Bさん　　　　　　　　　　　　　　1億2,000万円×40％－1,700万円＝3,100万円　〔空欄②〕

長女Cさん、長男Dさん、二女Eさん　4,000万円×20％－200万円＝600万円　〔空欄③〕

・相続税の総額

3,100万円＋600万円×3（長女Cさん、長男Dさん、二女Eさん）＝4,900万円　〔空欄④〕

生保顧客　資産相談業務（第1回）

〈実技編〉

ファイナンシャル・プランニング技能検定・実技試験

2級 生保顧客 資産相談業務

（金融財政事情研究会）

第2回

問　題

【第1問】 次の設例に基づいて、下記の各問(《問1》～《問3》)に答えなさい。

《設 例》

個人事業主のAさん(45歳)は、妻Bさん(45歳)とともに、飲食店を営んでいる。Aさんの店は、常連客が多く、経営も順調であるため、体力の続く限り仕事は続けたいと思っているが、年齢を重ねるたびに老後の生活資金の準備について考えるようになった。Aさんは、最近、将来受給できる公的年金の年金額や老後の年金収入を増やす方法について知りたいと思っている。

Aさんは、これまで、厚生年金保険に加入したことはなく、国民年金のみに加入しているが、現在の店をオープンする前の修業時代に国民年金の保険料未納期間や保険料免除期間がある。

そこで、Aさんは、ファイナンシャル・プランナーのMさんに相談することにした。なお、Aさんおよび妻Bさんに関する資料は、以下のとおりである。

<Aさんに関する資料>
  (1) 生年月日:1980年5月16日
  (2) 国民年金の加入歴

2000年5月	2005年7月		2025年10月
未納23月	全額免除39月	納付　243月	納付予定　175月
(20歳)			(60歳)

<妻Bさんに関する資料>
  (1) 生年月日:1980年8月10日
  (2) 公的年金の加入歴:18歳からAさんと結婚するまで厚生年金保険に加入。Aさんとの結婚後は国民年金に加入し、国民年金の保険料未納期間はない。

1999年4月		2025年10月
厚生年金保険84月	納付　234月	納付予定　178月
(18歳) △ Aさんと結婚		(60歳)

※　Aさんおよび妻Bさんは、現在および将来においても、公的年金制度における障害等級に該当する障害の状態にないものとする。

※　上記以外の条件は考慮せず、各問に従うこと。

(2015年9月)

《問1》 はじめに、Mさんは、Aさんに対して、Aさん夫妻が受給できる公的年金の額について説明した。下記の＜条件＞および＜資料＞に基づき、計算過程を示して、次の①、②を求めなさい。〈答〉は円単位とすること。なお、Aさんおよび妻Bさんは、60歳まで国民年金の保険料を納付するものとする。

①　原則として、Aさんが65歳から受給できる老齢基礎年金の年金額はいくらか。
②　原則として、妻Bさんが65歳から受給できる老齢基礎年金の年金額はいくらか。

＜条件＞
・年金額の端数処理は円未満を四捨五入すること。

＜資料＞

老齢基礎年金の年金額(2024年度価額)

$$816{,}000円 \times \frac{保険料納付済月数 + 保険料半額免除月数 \times \frac{○}{□} + 保険料全額免除月数 \times \frac{△}{□}}{加入可能年数 \times 12}$$

※　上記計算式において、保険料4分の1免除月数および4分の3免除月数は省略している。

※　問題の性質上、明らかにできない部分は「○」「△」「□」で示してある。

《問2》 次に、Mさんは、Aさんに対して、老齢基礎年金の繰下げ支給について説明した。Mさんが説明した以下の文章の空欄①～③に入る最も適切な数値を、下記の〈数値群〉のイ～リのなかから選び、その記号を記入しなさい。なお、問題の性質上、明らかにできない部分は「□□□」で示してある。

「Aさんがご希望されているとおり、体力の続く限り仕事をされ、生活費等に困らない程度の収入を得ることができれば、老齢基礎年金の支給開始を繰り下げることもできます。仮に、Aさんが（　①　）歳に達する前に老齢基礎年金の請求をしなかった場合、Aさんは（　①　）歳に達した日以後の希望するときから、老齢基礎年金の繰下げ支給の申出をすることができます。繰下げによる増額率は、『□□□％×繰下げ月数』となりますが、繰下げ月数は（　②　）月が上限となります。したがって、繰下げによる増額率は最高で（　③　）％となります」

〈数値群〉
イ. 15　　ロ. 21　　ハ. 30　　ニ. 42　　ホ. 60　　ヘ. 65　　ト. 66
チ. 84　　リ. 120

《問3》　最後に、Mさんは、Aさんに対して、老後の年金収入を増やす方法として各種
　　　　制度について説明した。Mさんが説明した次の記述①～③について、適切なもの
　　　　には○印を、不適切なものには×印を記入しなさい。

① 「小規模企業共済制度は、個人事業主または会社等の役員（小規模企業者）が、廃業
　や退職をした場合に必要となる資金を準備しておくための共済制度です。Aさんが当
　該制度に加入し、個人事業を廃業した場合に一括で受け取る共済金は、税法上、退職
　所得として課税の対象となります」
② 「Aさんが確定拠出年金の個人型年金に現時点から60歳に達するまで掛金を拠出し
　た場合は、通算加入者等期間が10年以上となるため、Aさんは60歳から老齢給付金を
　受け取ることができます」
③ 「国民年金基金は、老齢基礎年金に上乗せする年金を支給する任意加入の年金制度
　です。国民年金基金の掛金の拠出限度額は月額68,000円となります。なお、小規模企
　業共済制度に加入している場合は、その掛金と合わせて月額68,000円が上限となりま
　す」

《設　例》

　会社員であるAさん(37歳)は、長男Cさん(0歳)の誕生とマイホーム(戸建て)の購入を機に、生命保険の見直しを考えている。そこで、Aさんは、懇意にしているファイナンシャル・プランナーのMさんに相談した。

　Aさんの生命保険の見直しにあたり、MさんがAさんから収集した情報の一部は、以下のとおりである。その他の情報については、《問4》の表を参照すること。

<Aさんの家族構成>
　Aさん　　　年齢　37歳(会社員)
　妻Bさん　　年齢　33歳(会社員、産休中)
　長男Cさん　年齢　0歳

<支出に関する資料>
　日常生活費：月額30万円
　(日常生活費以外の支出については、《問4》の表のとおりである)

<取得予定のマイホーム(戸建て)に関する資料>
　物件概要　　……取得価額：3,200万円、建物の延床面積：90㎡
　取得予定　　……来年7月
　資金調達方法……自己資金　700万円
　　　　　　　　　銀行からの借入金　2,500万円(Aさんが全額借入予定)
　住宅ローン　……返済期間30年、毎年の返済額110万円、元利均等方式
　　　　　　　　　(団体信用生命保険に加入)

<Aさんが現在加入している生命保険(死亡保険金受取人はすべて妻Bさん)>
　終身保険(2014年4月加入)　　　：死亡保険金額　1,000万円
　勤務先で加入している団体定期保険：死亡保険金額　1,000万円

※　上記以外の条件は考慮せず、各問に従うこと。

(2016年5月)

《問4》 はじめに、Mさんは、下記の各ケースにおいて、Aさんが死亡した場合の必要保障額を試算した。下記の<条件>を参考に、Aさんの必要保障額を計算した下記の表の空欄①～④に入る金額を求めなさい。なお、問題の性質上、明らかにできない部分は「□□□」で示してある。また、金額がマイナスになる場合は、金額の前に「▲」を記載し、マイナスであることを示すこと。

<条件>

i ）長男Cさんが独立する年齢は、22歳(大学卒業時)とする。

ii ）Aさんの死亡後から長男Cさんが独立するまで(22年間)の生活費は、現在の日常生活費の70%とし、長男Cさんが独立した後の妻Bさんの生活費は、現在の日常生活費の50%とする。

iii）長男Cさん独立時の妻Bさんの平均余命は、33年とする。

		<ケース1> 来年7月時	<ケース2> 長男Cさん独立時
Aさんの年齢		37歳	59歳
妻Bさんの年齢		33歳	55歳
長男Cさんの年齢		0歳	22歳
	日常生活費	（ ① ）	（ ④ ）
	住宅ローンの返済額	（ ② ）	（ ② ）
	住宅修繕・リフォーム費用	800	480
	租税公課(固定資産税等)	750	450
	教育・結婚援助資金	1,500	200
	耐久消費財購入費用	600	370
	その他費用(趣味・娯楽等)	1,400	850
	死亡整理資金(葬儀費用等)	300	300
(a)	遺族に必要な資金の総額	□□□	□□□
	遺族厚生年金等	4,000	2,300
	妻Bさんの公的年金	3,000	3,000
	妻Bさんの給与収入等	9,200	2,200
	死亡退職金等	500	1,800
	金融資産(現金、預貯金等)	300	1,300
(b)	準備資金	17,000	10,600
必要保障額(a−b)		（ ③ ）	□□□

※ 各数値の単位は万円であり、Mさんが収集した情報を基に概算の金額を算出したものである。

※ 計算にあたって、物価上昇率等は考慮していない。

《問5》 次に、Mさんは、Aさんに対して、必要保障額の考え方について説明した。Mさんが説明した次の記述①～③について、適切なものには○印を、不適切なものには×印を記入しなさい。

① 「＜ケース１＞における必要保障額はマイナスとなるため、計算上、死亡保障は必要ないことになります。しかし、今回の計算は妻Bさんが働き続けることを前提としていますので、少しでも状況が変化すれば、必要保障額の算出結果が大きく異なる可能性があることに留意してください」

② 「教育費は進路希望等により大きく変わります。特に、高校・大学と進学するにつれて高額となり、国公立と私立（文系・理系・医歯系）、自宅と下宿などの違いにより、学費等に大きな差異が生じます。教育費の概算額は、文部科学省等の統計データや各生命保険会社の資料等で確認することができますので、参考にしてください」

③ 「妻Bさんが死亡あるいはケガや病気等で働けなくなった場合、世帯収入が減少するだけでなく、それまで夫婦が行ってきた家事や育児等の労力を少なからず外部に頼ることになると思います。Aさんの生命保険の見直しと同時に、妻Bさんの加入内容も確認する必要があると思います」

《問6》 最後に、Mさんは、Aさんに対して、生命保険の見直しについて説明した。Mさんが説明した次の記述①～③について、適切なものには○印を、不適切なものには×印を記入しなさい。

① 「死亡保障の準備と同じく、Aさんがケガや病気等で働けなくなった場合の保障を検討することも大切です。最近では、公的介護保険制度や身体障害者福祉法に連動して保険金が支払われる保険商品もありますので、生命保険の見直しの際には、それらの保険商品の保障内容を確認してみるとよいでしょう」

② 「Aさんが加入している終身保険の予定利率は、契約時期から判断して、現在よりも高く、少なくとも3.75％以上であることが推察されるため、終身保険についてはそのまま継続されたほうがよいでしょう」

③ 「学資（こども）保険は、教育資金の準備に適した貯蓄性の比較的高い保険商品です。学資（こども）保険は、生命保険会社によって、返戻率（受取総額÷既払込保険料総額）や保障内容が異なりますので、加入を検討される際には、返戻率に加えて、保障内容も十分に確認する必要があります」

【第3問】　次の設例に基づいて、下記の各問（《問7》～《問9》）に答えなさい。

《設　例》

　Aさん（40歳）は、X株式会社（以下、「X社」という）の代表取締役社長である。Aさんは、現在、従業員および自身の退職金準備の方法について検討している。

　そこで、生命保険会社の営業担当者であるファイナンシャル・プランナーのMさんに相談したところ、従業員の退職金準備を目的として＜資料1＞の生命保険（福利厚生プラン）、自身の退職金準備を目的として＜資料2＞の生命保険の提案を受けた。

＜資料1＞

保険の種類	養老保険（特約付加なし）
契約者（＝保険料負担者）	X社
被保険者	全従業員（30名）
死亡保険金受取人	被保険者の遺族
満期保険金受取人	X社
保険期間・保険料払込期間	60歳満期
死亡・高度障害保険金額	500万円（1人当たり）
年払保険料	600万円（30名の合計）

＜資料2＞

保険の種類	低解約返戻金型終身保険（特約付加なし）
契約者（＝保険料負担者）	X社
被保険者	Aさん
死亡保険金受取人	X社
保険期間・保険料払込期間	終身・65歳満了
死亡・高度障害保険金額	5,000万円
年払保険料	180万円
65歳時の解約返戻金額(注1)	4,720万円・単純返戻率104.9％(注2)

（注1）　解約返戻金額の80％の範囲内で、契約者貸付制度を利用することができる。

（注2）　保険料払込期間満了直前の単純返戻率は70％となる。

※　上記以外の条件は考慮せず、各問に従うこと。

《問7》 仮に、Aさんが役員在任期間（勤続年数）32年3ヵ月でX社を退任し、X社が役員
退職金として8,000万円を支給した場合、Aさんが受け取る役員退職金に係る退
職所得の金額を計算した下記の計算式の空欄①〜③に入る最も適切な数値を解答
用紙に記入しなさい。なお、Aさんは、これ以外に退職手当等の収入はなく、障
害者になったことが退職の直接の原因ではないものとする。また、問題の性質
上、明らかにできない部分は「□□□」で示してある。

＜退職所得控除額＞
　800万円＋□□□万円×（（　①　）年−20年）＝（　②　）万円
＜退職所得の金額＞
　（8,000万円−（　②　）万円）×□□□＝（　③　）万円

《問8》 Mさんは、Aさんに対して、＜資料1＞の生命保険の特徴等について説明した。
Mさんが説明した次の記述①〜③について、適切なものには○印を、不適切なも
のには×印を解答用紙に記入しなさい。

① 「福利厚生プランは、原則として、従業員全員を被保険者とする等の普遍的加入で
なければなりませんので、制度導入後に入社した従業員について加入漏れがないよう
に注意してください」
② 「福利厚生プランの保険料は、その2分の1を資産計上し、残りの2分の1を福利厚生
費として損金の額に算入します」
③ 「部課長以上など、一定以上の役職者のみを被保険者とする場合は、保険料の全額
を給与として損金の額に算入します」

《問9》　Mさんは、Aさんに対して、＜資料2＞の終身保険の特徴等について説明した。
　　　　Mさんが説明した次の記述①～④について、適切なものには○印を、不適切なも
　　　　のには×印を解答用紙に記入しなさい。

① 「当該終身保険は、保険料払込期間における解約返戻金額が低解約返戻金型ではな
　　い通常の終身保険に比べて低く抑えられており、通常の終身保険に比べて割安な保険
　　料が設定されています」
② 「Aさんが勇退する際に、契約者をAさん、死亡保険金受取人をAさんの相続人に名
　　義変更することで、当該保険契約を役員退職金の一部として支給することができま
　　す。個人の保険として継続することにより、納税資金の確保や死亡保険金の非課税金
　　額の規定の適用など、相続対策として活用することができます」
③ 「X社が高度障害保険金を受け取った場合、法人税法上、当該保険金については非
　　課税所得となりますので、益金に計上する必要はありません」
④ 「Aさんが死亡した場合にX社が受け取る死亡保険金は、借入金の返済や運転資金等
　　の事業資金として活用することができます」

次の設例に基づいて、下記の各問（《問10》～《問12》）に答えなさい。

《設　例》

　個人で不動産賃貸業を営むAさんは、妻Bさん、長女Cさんおよび二女Dさんの4人暮らしである。Aさんの家族構成および本年分の収入等に関する資料は、以下のとおりである。

<Aさんとその家族に関する資料>
　Aさん　　　（57歳）：個人で不動産賃貸業を営んでいる。
　妻Bさん　　（52歳）：会社員。本年分の給与収入は650万円である。
　長女Cさん（24歳）：大学院生。本年中に収入はない。
　二女Dさん（20歳）：大学生。本年中に収入はない。

<Aさんの本年分の収入等に関する資料>
　(1)　不動産所得の金額　　　　　　　　：1,000万円（青色申告特別控除後）
　(2)　上場株式の譲渡損失の金額　　　：　　30万円
　　　（証券会社を通じて譲渡したものである）
　(3)　一時払終身保険の解約返戻金
　　　契約年月　　　　　　　　　　　：本年より3年前
　　　契約者（＝保険料負担者）・被保険者：Aさん
　　　解約返戻金額　　　　　　　　　：　940万円
　　　正味払込済保険料　　　　　　　：1,000万円
　(4)　一時払変額個人年金保険（10年確定年金）の解約返戻金
　　　契約年月　　　　　　　　　　　：本年より8年前
　　　契約者（＝保険料負担者）・被保険者：Aさん
　　　解約返戻金額　　　　　　　　　：　670万円
　　　正味払込済保険料　　　　　　　：　500万円

※　妻Bさん、長女Cさんおよび二女Dさんは、Aさんと同居し、生計を一にしている。
※　Aさんとその家族は、いずれも障害者または特別障害者には該当しない。
※　Aさんとその家族の年齢は、いずれも本年12月31日現在のものである。

※　上記以外の条件は考慮せず、各問に従うこと。

（2016年5月）

生保顧客　資産相談業務（第2回）

《問10》 不動産所得に係る青色申告制度に関する以下の文章の空欄①～③に入る最も適切な語句または数値を、下記の〈語句群〉のイ～ヌのなかから選び、その記号を記入しなさい。

建物の貸付が事業的規模に該当する場合、不動産所得に係る取引を正規の簿記の原則に従い記帳し、その記帳に基づいて作成した貸借対照表、損益計算書その他の計算明細書とともに確定申告書をe-Taxを使用して法定申告期限内に申告することにより、不動産所得の金額の計算上、青色申告特別控除として最高（ ① ）万円を控除することができる。なお、不動産所得を生ずべき業務が事業的規模でない場合、青色申告特別控除額は最高10万円である。

不動産所得の金額の計算において、建物の貸付が事業的規模に該当するか否かについては、社会通念上、事業と称するに至る程度の規模かどうかにより実質的に判断するが、形式基準によれば、独立した家屋の貸付についてはおおむね（ ② ）棟以上、アパート等については貸与することができる独立した室数がおおむね10以上であれば、特に反証のない限り、事業的規模として取り扱われる。

なお、青色申告者が受けられる税務上の特典として、青色申告特別控除の適用、青色事業専従者給与の必要経費算入、（ ③ ）などが挙げられる。

┌─〈語句群〉─────────────────────────────
│ イ．5　　ロ．12　　ハ．15　　ニ．25　　ホ．38　　ヘ．55　　ト．65
│ チ．雑損失の繰越控除　　リ．純損失の繰戻還付　　ヌ．損益通算
└──────────────────────────────────

《問11》 Aさんの本年分の所得税の課税に関する次の記述①～③について、適切なものには○印を、不適切なものには×印を記入しなさい。

① 「Aさんが受け取った一時払終身保険および一時払変額個人年金保険（10年確定年金）の解約返戻金は、一時所得の収入金額として総合課税の対象になります」
② 「長女Cさんは特定扶養親族に該当するため、Aさんは、長女Cさんについて63万円の扶養控除の適用を受けることができます」
③ 「上場株式の譲渡損失の金額は、不動産所得や一時所得の金額と損益通算することができます」

《問12》 Aさんの本年分の所得税の算出税額を計算した下記の表の空欄①～③に入る最も適切な数値を求めなさい。なお、問題の性質上、明らかにできない部分は「□□□」で示してある。

(a) 総所得金額	（ ① ）円
社会保険料控除	□□□円
生命保険料控除	□□□円
扶養控除	（ ② ）円
基礎控除	380,000円
(b) 所得控除の額の合計額	3,000,000円
(c) 課税総所得金額（(a)－(b)）	□□□円
(d) 算出税額（(c)に対する所得税額）	（ ③ ）円

＜資料＞所得税の速算表

課税総所得金額		税率	控除額
万円超	万円以下		
〜	195	5%	—
195 〜	330	10%	9万7,500円
330 〜	695	20%	42万7,500円
695 〜	900	23%	63万6,000円
900 〜	1,800	33%	153万6,000円
1,800 〜	4,000	40%	279万6,000円
4,000 〜		45%	479万6,000円

【第5問】 次の設例に基づいて、下記の各問(《問13》~《問15》)に答えなさい。

《設　例》

Aさん(72歳)は、大都市圏にあるX市において、個人で不動産賃貸業を営んでいる。Aさんの推定相続人は、妻Bさん(70歳)、長男Cさん(45歳)および二男Dさん(43歳)の3人である。

長男Cさんは、X市内の企業に勤務しており、Aさん宅から比較的近い場所に住んでいる。他方、二男Dさんは他県にある上場企業に勤務しており、仕事の関係上、X市に戻る意思はない。

Aさんは、自己の相続に関し、不動産賃貸業を手伝ってくれている長男Cさんに賃貸ビルを相続させたいと考えている。しかし、二男Dさんは長男Cさんとは仲が悪く、以前から、「Aさんの相続が発生したら、相当額の財産を相続しなければ納得できない」と言っている。Aさんは、長男Cさんに偏った相続が行われると、長男Cさんと二男Dさんとの間で争いが起こるのではないかと心配している。

＜Aさんの推定相続人＞
　妻Bさん　　：Aさんと同居し、生計を一にしている。
　長男Cさん：会社員。妻と子2人(17歳・15歳)の4人暮らし。
　二男Dさん：会社員。妻と子1人(14歳)の3人暮らし。

＜Aさんが保有する主な財産(相続税評価額)＞
　現預金　　　　　　　：　　6,000万円
　自宅(敷地330㎡)　　：　　3,000万円
　自宅(建物)　　　　　：　　1,000万円
　賃貸ビル(敷地400㎡)：1億2,000万円
　賃貸ビル(建物)　　　：　　7,000万円
※　敷地は、「小規模宅地等についての相続税の課税価格の計算の特例」適用前の金額

＜Aさんが加入している一時払終身保険の内容＞
　契約者(＝保険料負担者)・被保険者：Aさん
　死亡保険金受取人　　　　　　　：妻Bさん
　死亡保険金額　　　　　　　　　：1,500万円

※　上記以外の条件は考慮せず、各問に従うこと。

(2017年1月)

《問13》 下記の表は、現時点(本年5月22日)において、Aさんの相続が開始し、相続税の課税価格の合計額が3億円とした場合における相続税の総額を試算したものである。空欄①～③に入る最も適切な数値を求めなさい。なお、問題の性質上、明らかにできない部分は「□□□」で示してある。

(a) 相続税の課税価格の合計額	3億円
(b) 遺産に係る基礎控除額	(①)万円
課税遺産総額(a−b)	□□□万円
相続税の総額の基となる税額	
妻Bさん	□□□万円
長男Cさん	(②)万円
二男Dさん	□□□万円
(c) 相続税の総額	(③)万円

<資料>相続税の速算表(一部抜粋)

法定相続分に応ずる取得金額		税率	控除額
万円超	万円以下		
〜	1,000	10%	—
1,000 〜	3,000	15%	50万円
3,000 〜	5,000	20%	200万円
5,000 〜	10,000	30%	700万円
10,000 〜	20,000	40%	1,700万円

《問14》 Aさんの相続に係る遺産分割に関する以下の文章の空欄①〜④に入る最も適切な語句または数値を、下記の〈語句群〉のイ〜ヌのなかから選び、その記号を記入しなさい。

Ⅰ 「仮に、Aさんの相続に係る遺留分算定の基礎となる財産の価額を3億円とした場合、二男Dさんの遺留分の金額は、（ ① ）万円になります。Aさんについて相続が開始し、長男Cさんが賃貸ビルなど相続財産の大部分を取得したならば、二男Dさんの遺留分は侵害される可能性があります。遺留分が侵害された場合、遺留分権利者である二男Dさんは、Aさんの相続の開始を知った時から（ ② ）年以内に遺留分侵害額請求権を行使することにより、遺留分を保全することができます」

Ⅱ 「Aさんの相続開始後、相続税の申告期限までに遺産分割協議が調わなかった場合、『配偶者に対する相続税額の軽減』『小規模宅地等についての相続税の課税価格の計算の特例』の適用を受けることはできません。ただし、相続税の申告の際に『申告期限後（ ③ ）年以内の分割見込書』を提出し、申告期限後（ ③ ）年以内に遺産分割協議が成立したならば、『配偶者に対する相続税額の軽減』『小規模宅地等についての相続税の課税価格の計算の特例』の適用を受けることが可能となり、分割後4ヵ月以内に更正の請求を行うことができます」

Ⅲ 「遺産分割を巡る争いを防ぐ手段として遺言書の作成をお勧めします。遺言の効力を確かなものにすることを考えると、（ ④ ）証書遺言の作成が望ましいと思います。（ ④ ）証書遺言は、証人2人以上の立会いのもと、遺言者が遺言の趣旨を公証人に口授し、公証人がこれを筆記して作成します」

〈語句群〉
イ. 1　　ロ. 3　　ハ. 5　　ニ. 10　　ホ. 3,750　　ヘ. 7,500
ト. 1億5,000　　チ. 自筆　　リ. 秘密　　ヌ. 公正

《問15》 Aさんの相続等に関する次の記述①～③について、適切なものには○印を、不適切なものには×印を記入しなさい。

① 「仮に、妻Bさんが『特定居住用宅地等』に該当する自宅の敷地（330㎡）と『貸付事業用宅地等』に該当する賃貸ビルの敷地（400㎡）を相続により取得した場合には、それぞれの適用対象面積（730㎡）まで『小規模宅地等についての相続税の課税価格の計算の特例』の適用を受けることができます」

② 「現時点（本年5月22日）において、Aさんの相続が開始した場合、妻Bさんが受け取る死亡保険金のうち、相続税の課税価格に算入される金額は500万円となります」

③ 「契約者および死亡保険金受取人を長男Cさん、被保険者をAさんとする終身保険に加入し、長男Cさんが負担する保険料相当額の現金をAさんが贈与することも検討事項の1つです。納税資金の確保に加えて、二男Dさんに対する代償交付金の準備もできます」

〈実技編〉

ファイナンシャル・プランニング技能検定・実技試験

2級 生保顧客 資産相談業務

（金融財政事情研究会）

第2回
解答・解説

【第1問】

《問1》　（正解）　① 732,700（円）　② 816,000（円）

老齢基礎年金の年金額は、次の計算式により算出される。

$$\overset{\text{2024年度価額}}{816{,}000円} \times \frac{\text{保険料納付済月数} + \text{保険料免除月数} \times \text{反映率}^※}{480月}$$

※ 免除期間の反映率は下記の表のとおりとなる。

免除の内容		国庫負担	
		1／3（～2009.3月）	1／2（2009.4月～）
法定免除（全額免除）		1／3反映	1／2反映
申請免除	全額免除	1／3反映	1／2反映
	3／4免除	1／2反映	5／8反映
	半額免除	2／3反映	3／4反映
	1／4免除	5／6反映	7／8反映

① Aさんが65歳から受給できる老齢基礎年金の年金額

$$816{,}000円 \times \frac{418月^※ + \overset{\text{2009年3月以前の全額免除}}{39月 \times 1／3}}{480月} = \underline{732{,}700円}（円未満四捨五入）$$

※ 保険料納付月数は418月（$= \overset{\text{保険料納付済期間}}{243月} + \overset{\text{保険料納付予定期間}}{175月}$）

また、保険料未納期間の23月は、免除期間に該当しない。

② 妻Bさんが65歳から受給できる老齢基礎年金の年金額

$$816{,}000円 \times \frac{480月}{480月} = \underline{816{,}000円}$$

※ 18歳～20歳までの第2号被保険者期間の月数（16月）は、保険料納付済期間にはならない。

《問2》　（正解）　① ト　　② リ　　③ チ

「Aさんがご希望されているとおり、体力の続く限り仕事をされ、生活費等に困らない程度の収入を得ることができれば、老齢基礎年金の支給開始を繰り下げることもできます。仮に、Aさんが（ 66 ）歳に達する前に老齢基礎年金の請求をしなかった場合、Aさんは66歳に達した日以後の希望するときから、老齢基礎年金の繰下げ支給の申出をすることができます。繰下げによる増額率は、『0.7％ × 繰下げ月数』となりますが、繰下げ月数は（ 120 ）月が上限となります。したがって、繰下げによる増額率は最高で（ 84 ）％となります」

《問3》 （正解）　①　○　　②　○　　③　×

①　○　　なお、分割で受け取る共済金は、税法上、公的年金等に係る雑所得として公的年金等控除額の対象となる。

②　○　　なお、10年を経過していない場合でも、遅くとも65歳から受け取ることができる。

③　×　　国民年金基金の掛金の拠出限度額は月額68,000円であり、小規模企業共済制度の拠出限度額は月額70,000円である。国民年金基金と小規模企業共済制度に同時に加入する場合は、合計で月額68,000円が上限となる制限はない。なお、国民年金基金（または付加年金）と確定拠出年金に同時に加入する場合は、合計で月額68,000円が上限となる。

【第2問】

《問4》 （正解）　①　11,484（万円）　②　0（万円）　③　▲166（万円）

　　　　④　5,940（万円）

	＜ケース1＞	＜ケース2＞
	来年7月時	長男Cさん独立時
Aさんの年齢	37歳	59歳
妻Bさんの年齢	33歳	55歳
長男Cさんの年齢	0歳	22歳
日常生活費	空欄①（ 11,484）	空欄④（ 5,940）
住宅ローンの返済額	空欄②（　　0）	空欄②（　　0）
（省略）	（省略）	（省略）
（a）遺族に必要な資金の総額	16,834	8,590
遺族厚生年金等		
（省略）	（省略）	（省略）
（b）準備資金	17,000	10,600
必要保障額（a－b）	空欄③（ ▲166）	▲2,010

＜日常生活費＞

空欄①　21万円[※1]×12月×22年＋15万円[※2]×12月×33年＝11,484万円

空欄④　15万円[※2]×12月×33年＝5,940万円

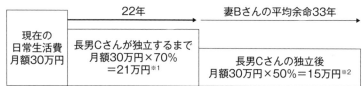

＜住宅ローンの返済額＞

空欄②　団体信用生命保険に加入しているため、夫死亡後の返済は不要　∴0

＜必要保障額＞

空欄③　(a)遺族に必要な資金の総額※ 16,834万円　－17,000万円(b)準備資金 ＝▲166万円

　　　※　11,484万円＋800万円＋750万円＋1,500万円＋600万円＋1,400万円

　　　　＋300万円＝16,834万円

（参考）　＜ケース2＞における必要保障額

　　　　(a)遺族に必要な資金の総額※ 8,590万円　－10,600万円(b)準備資金 ＝▲2,010万円

　　　※　5,940万円＋480万円＋450万円＋200万円＋370万円＋850万円＋300万円

　　　　＝8,590万円

《問5》　（正解）　① 〇　　② 〇　　③ 〇

① 〇　必要保障額は、将来に予定される収入額の方が支出額より多い場合にマイナ
　　　スとなる。マイナスの場合は、計算上、死亡保障がなくとも将来の生活は可能
　　　であることを意味する。

② 〇

③ 〇

《問6》　（正解）　① 〇　　② ×　　③ 〇

① 〇

② ×　Aさんが加入している終身保険の予定利率は、契約時期(2011年4月)から判
　　　断して、1.5％程度である。現在の予定利率はさらに低い水準であるため、現
　　　在よりは高いが、必要保障額がマイナスであることを考えると、保障内容の見
　　　直しも選択肢のひとつである。

③ 〇

生保顧客　資産相談業務（第2回）

【第3問】

《問7》 （正解） ① 33（年）　　② 1,710（万円）　　③ 3,145（万円）

　　　＜退職所得控除額＞

　　　800万円 + 70万円 × (33 年 − 20年) = 1,710万円
　　　　　　　　　　　　　空欄①※　　　　　　　　　　空欄②

　　　※　勤続年数に1年未満の端数がある場合はこれを1年として計算する。

　　　　　32年3ヵ月→33年

　　　＜退職所得の金額＞

　　　（8,000万円 − 1,710万円）× 1／2 = 3,145万円
　　　　　　　　　　　　　　　　　　　空欄③

《問8》 （正解） ① ○　　② ○　　③ ×

　　① ○

　　② ○

　　③ ×　部課長以上など、一定以上の役職者のような特定の者のみを被保険者とする
　　　　　加入の場合には、支払保険料の2分の1を資産計上し、残りの2分の1を被保険者
　　　　　に対する給与として損金の額に算入する。

《問9》 （正解） ① ○　　② ○　　③ ×　　④ ○

　　① ○

　　② ○

　　③ ×　X社（法人）が高度障害保険金を受け取った場合、法人税法上、当該保険金に
　　　　　ついては非課税所得とならず、益金に計上しなければならない。なお、個人が
　　　　　高度障害保険金を受け取った場合には、所得税法上、当該保険金については非
　　　　　課税所得となる。

　　④ ○

【第4問】

《問10》（正解）　① ト　② イ　③ リ

> 　建物の貸付が事業的規模に該当する場合、不動産所得に係る取引を正規の簿記の原則に従い記帳し、その記帳に基づいて作成した貸借対照表、損益計算書その他の計算明細書とともに確定申告書をe-Taxを使用して法定申告期限内に申告することにより、不動産所得の金額の計算上、青色申告特別控除として最高（ 65 ）万円を控除することができる。なお、不動産所得を生ずべき業務が事業的規模でない場合、青色申告特別控除額は最高10万円である。_{空欄①}
>
> 　不動産所得の金額の計算において、建物の貸付が事業的規模に該当するか否かについては、社会通念上、事業と称するに至る程度の規模かどうかにより実質的に判断するが、形式基準によれば、独立した家屋の貸付についてはおおむね（ 5 ）棟以上、アパート等については貸与することができる独立した室数がおおむね10以上であれば、特に反証のない限り、事業的規模として取り扱われる。_{空欄②}
>
> 　なお、青色申告者が受けられる税務上の特典として、青色申告特別控除の適用、青色事業専従者給与の必要経費算入、（純損失の繰戻還付）などが挙げられる。_{空欄③}

《問11》（正解）　① ○　② ×　③ ×

① ○　なお、一時払変額個人年金保険（10年確定年金）について、5年以内に解約された場合は、一時所得の源泉分離課税の対象となる。

② ×　長女Cさん（24歳）には収入がなく、成年扶養親族（年齢23歳以上70歳未満）に該当するため、Aさんは、長女Cさんについて38万円の扶養控除の適用を受けることができる。

③ ×　上場株式の譲渡損失の金額は、申告分離課税を選択した上場株式等に係る配当所得等の金額と損益通算することができる。

《問12》（正解）　①　10,300,000（円）　　②　1,010,000（円）
　　　　　　　　③　1,043,000（円）

　Aさんの本年分の総所得金額、扶養控除、算出税額は、次のとおりとなる。

＜総所得金額＞

　　　不動産所得の金額　　　一時所得の金額※1　　　　　　　　　空欄①
　10,000,000円 ＋ 600,000円 × 1／2※2 ＝ 10,300,000円

　　　　　　解約返戻金（終身）　解約返戻金（変額）　　保険料（終身）　保険料（変額）　　特別控除額
　※1　（ 940万円 ＋ 670万円 ）－（1,000万円＋500万円）－50万円＝600,000円

　※2　一時所得の金額は、総所得金額に算入する際、1／2に減額する点に留意する。

＜扶養控除＞

　・長女Cさん（24歳）：問11の解説より、380,000円を控除することができる。

　・二女Dさん（20歳）：年齢19歳以上23歳未満、かつ、収入がないため、特定扶養親
　　　　　　　　　　　　　族として630,000円を控除することができる。

　　　　　　　　　長女Cさん　　　二女Dさん　　　　　空欄②
　・合計：380,000円 ＋ 630,000円 ＝ 1,010,000円

＜算出税額＞

　　　　　総所得金額　　　　所得控除の額の合計額　　　　　　速算表　　　　　空欄③
　（10,300,000円 － 3,000,000円）× 23％ － 636,000円 ＝ 1,043,000円

【第5問】

《問13》（正解）　①　4,800（万円）　　②　1,190（万円）　　③　5,720（万円）

　　＜遺産に係る基礎控除額＞

　　　3,000万円＋600万円×3（法定相続人の数※）＝<u>4,800万円</u>　_{空欄①}

　　　※　妻Bさん、長男Cさん、二男Dさん

　　＜課税遺産総額＞

　　　3億円　－　4,800万円　＝2億5,200万円
　　　_{課税価格の合計額}　　_{遺産に係る基礎控除額}

　　・法定相続分に応じた取得金額

　　　妻Bさん　　　　　　　　　　　2億5,200万円×1／2＝1億2,600万円

　　　長男Cさん、二男Dさん　　　　2億5,200万円×1／2×1／2＝6,300万円

　　・相続税の総額の基となる税額

　　　妻Bさん　　　　　　　　　　　1億2,600万円×40％－1,700万円＝3,340万円

　　　長男Cさん、二男Dさん　　　　6,300万円×30％－700万円＝<u>1,190万円</u>　_{空欄②}

　　・相続税の総額

　　　3,340万円＋1,190万円×2（長男Cさん、二男Dさん）＝<u>5,720万円</u>　_{空欄③}

《問14》（正解）　①　ホ　②　イ　③　ロ　④　ヌ

Ⅰ　「仮に、Aさんの相続に係る遺留分算定の基礎となる財産の価額を3億円とした場合、二男Dさんの遺留分の金額は、(3,750)万円になります。Aさんについて相続が開始し、長男Cさんが賃貸ビルなど相続財産の大部分を取得したならば、二男Dさんの遺留分は侵害される可能性があります。遺留分が侵害された場合、遺留分権利者である二男Dさんは、Aさんの相続の開始を知った時から(1)年以内に遺留分侵害額請求権を行使することにより、遺留分を保全することができます」

Ⅱ　「Aさんの相続開始後、相続税の申告期限までに遺産分割協議が調わなかった場合、『配偶者に対する相続税額の軽減』『小規模宅地等についての相続税の課税価格の計算の特例』の適用を受けることはできません。ただし、相続税の申告の際に『申告期限後(3)年以内の分割見込書』を提出し、申告期限後3年以内に遺産分割協議が成立したならば、『配偶者に対する相続税額の軽減』『小規模宅地等についての相続税の課税価格の計算の特例』の適用を受けることが可能となり、分割後4ヵ月以内に更正の請求を行うことができます」

Ⅲ　「遺産分割を巡る争いを防ぐ手段として遺言書の作成をお勧めします。遺言の効力を確かなものにすることを考えると、(公正)証書遺言の作成が望ましいと思います。公正証書遺言は、証人2人以上の立会いのもと、遺言者が遺言の趣旨を公証人に口授し、公証人がこれを筆記して作成します」

空欄①

　Aさんの相続に係る遺留分算定の基礎となる財産の価額を3億円とした場合、二男Dさんの遺留分の金額は、次のとおりとなる。

　　3億円×1／2×1／2×1／2＝3,750万円

《問15》（正解）　①　×　②　×　③　○

①　×　妻Bさんが『特定居住用宅地等』に該当する自宅の敷地と「貸付事業用宅地等」に該当する賃貸ビルの敷地を取得する場合、それぞれの減額限度面積まで適用を受けることはできず、減額限度面積について所定の調整が加えられる。なお、「特定居住用宅地等」と「特定事業用宅地等」の組み合わせであれば、それぞれの減額限度面積まで適用を受けることができる。

②　×　Aさんの相続が開始した場合、妻Bさんが受け取る死亡保険金のうち、相続税の課税価格に算入される金額は、次のとおりとなる。

　　1,500万円－1,500万円＝0

　　※　生命保険金等の非課税金額　500万円×3(法定相続人の数)＝1,500万円

③　○

MEMO

FP講座のご案内　ステップアップを目指す講座！

パススル Pass-sul　大原の**新感覚**Web通信講座、**新登場**！

パススルでFPをライトに学習！

パススルでは、学習のすべてがスマホで完結できます。
場所や時間を選ばず、自分の都合にあわせて学習できる新しい講座です。

01　1コマ5分の分かりやすい講義映像

☑ 講義映像は1コマ5分！
通勤や通学途中、休憩時間などの
スキマ時間にサクッと視聴できます。

☑ ダウンロード可能！

スキマ時間にサクッと視聴！

いつでもどこでも簡単学習

DL（ダウンロード）可能

02　機能充実！デジタルテキスト

☑ 過去の本試験を徹底分析し豊富な図解で
分かりやすいテキスト。ブックマークやマーカー、
書き込みなどの機能も充実！

☑ ダウンロード可能！

03　反復学習の強い味方！Web問題集

☑ 分野ごとに問題を選択して、いつでもどこでも
問題演習できます。

☑ 問題演習後はランキング機能で自身の現在地を
確認できます。

ラインナップ　6月より順次視聴開始！

	受講料（消費税10%込）	
パススル　FP（2級）	受講料（消費税10%込）	**66,000**円
パススル　FP（3級）	受講料（消費税10%込）	**17,600**円

※ 大原グループの講座（通学・通信）に初めてお申込みの方は、受講料の他に入学金6,000円（税込）が必要です。

詳細・お申込みはコチラから

2級(AFP)合格コース <small>(全18回)</small>

専門的な知識を身につけ、2級・AFPを取得するためのすべてが揃ったコース!

カリキュラム

2級基本講義 全14回

<INPUT>

3級レベルを修了されている方を対象に、より高いレベルの6課目の知識を習得していきます。
また、FPにとって重要なコンプライアンス(法令順守)や倫理等についても学習します。

FP総論	提案書

FP各論
○ライフプランニングと資金計画
○リスク管理 ○金融資産運用
○タックスプランニング
○不動産 ○相続・事業承継

日本FP協会認定:AFP認定研修

2級直前対策 全4回

<OUTPUT>

2級総まとめ(学科・実技)

公開模試(学科・実技)

※実技対策は「資産設計提案業務」に対応しています。

2級FP技能検定 / AFP登録

日本FP協会認定講座

本コースは「AFP認定研修」として日本FP協会の指定を受けているので、コースを修了することにより、2級FP技能検定の受検資格が付与されるとともに、2級FP技能検定合格後にAFPとして登録することも可能です。

※ 大原グループの講座(通学・通信)に初めてお申込みの方は、受講料の他に入学金6,000円(税込)が必要です。

受講料
(消費税10%込)

映像通学　教室通学

	一般価格	大学生協等割引価格
	97,700円〜	**92,810円〜**

大原の多彩な学習スタイル

全国各校で開講!お近くの大原で! 通学講座

映像通学

収録した講義映像を大原校内の個別視聴ブースにて視聴する学習スタイルです。
自分のスケジュールに合わせて無理なく受講を続けることができます。

教室通学 (名古屋校)

大原に通って講義を受ける学習スタイルです。講師の情熱溢れる講義や解説を、同じ目的を持った仲間と一緒に受講します。

ゴウカクスルナラオオハラ

FP講座パンフレットのご請求はフリーダイヤルで **☎0120-597-008**

正誤・法改正に伴う修正について

本書掲載内容に関する正誤・法改正に伴う修正については「資格の大原書籍販売サイト　大原ブックストア」の「正誤・改正情報」よりご確認ください。

https://www.o-harabook.jp/
資格の大原書籍販売サイト　大原ブックストア

正誤表・改正表の掲載がない場合は、書籍名、発行年月日、お名前、ご連絡先を明記の上、下記の方法にてお問い合わせください。

お問い合わせ方法

【郵　送】　〒101-0065　東京都千代田区西神田 2 - 2 -10
　　　　　　大原出版株式会社　書籍問い合わせ係
【Ｆ Ａ Ｘ】　03-3237-0169
【E-mail】　shopmaster@o-harabook.jp

※お電話によるお問い合わせはお受けできません。
　また、内容に関する解説指導・ご質問対応等は行っておりません。
　予めご了承ください。

'24-'25年受検対策 解いて覚える！
ＦＰ２級ＡＦＰ合格問題集

■発 行 年 月 日　　2016年 6 月 5 日　初版発行
　　　　　　　　　　2024年 5 月27日　　第 9 版発行
■著　　　者　　資格の大原　FP講座
■発 行 所　　大原出版株式会社
　　　　　　　　〒101-0065
　　　　　　　　東京都千代田区西神田1-2-10
　　　　　　　　TEL 03-3292-6654
■印刷・製本　　株式会社メディオ

※落丁本・乱丁本はお取り替えいたします。定価はカバーに表示してあります。
ISBN978-4-86783-112-0　C3033

Blind
Sheet